Esta colecção visa essencialmente
o estudo da evolução do homem
sob os aspectos mais genericamente antropológicos
— isto é, a visão do homem como um ser
que se destacou do conjunto da natureza,
que soube modelar-se a si próprio,
que foi capaz de criar técnicas e artes,
sociedades e culturas

PERSPECTIVAS DO HOMEM
(AS CULTURAS, AS SOCIEDADES)

TÍTULOS PUBLICADOS:

1. A CONSTRUÇÃO DO MUNDO, dir. *Marc Augé*
2. OS DOMÍNIOS DO PARENTESCO, dir. *Marc Augé*
3. ANTROPOLOGIA SOCIAL, de *E. E. Evans-Pritchard*
4. A ANTROPOLOGIA ECONÓMICA, dir. *François Pouillon*
5. O MITO DO ETERNO RETORNO, de *Mircea Eliade*
6. INTRODUÇÃO AOS ESTUDOS ETNO-ANTROPOLÓGICOS, de *Bernardo Bernardi*
7. TRISTES TRÓPICOS, de *Claude Lévi-Strauss*
8. MITO E SIGNIFICADO, de *Claude Lévi-Strauss*
9. A IDEIA DE RAÇA, de *Michael Banton*
10. O HOMEM E O SAGRADO, de *Roger Callois*
11. GUERRA, RELIGIÃO, PODER, de *Pierre Clastres, Alfred Adler e outros*
12. O MITO E O HOMEM, de *Roger Callois*
13. ANTROPOLOGIA: CIÊNCIA DAS SOCIEDADES PRIMITIVAS?, de *J.Copans, S. Tornay, M. Godelier e C. Backés-Clement*
14. HORIZONTES DA ANTROPOLOGIA, de *Maurice Godelie*
15. CRÍTICAS E POLÍTICAS DA ANTROPOLOGIA, de *Jean Copans*
16. O GESTO E A PALAVRA – I TÉCNICA E LINGUAGEM, de *André Leroi-Gourhan*
17. AS RELIGIÕES DA PRÉ-HISTÓRIA, de *André Leroi-Gourhan*
18. O GESTO E A PALAVRA – II A MEMÓRIA E OS RITMOS, de *André Leroi-Gourhan*
19. ASPECTOS DO MITO, de *Mircea Eliade*
20. EVOLUÇÃO E TÉCNICAS – I O HOMEM E A MATÉRIA, de *André Leroi-Gourhan*
21. EVOLUÇÃO E TÉCNICAS – II O MEIO E AS TÉCNICAS, de *André Leroi-Gourhan*
22. OS CAÇADORES DA PRÉ-HISTÓRIA, de *André Leroi-Gourhan*
23. AS EPIDEMIAS NA HISTÓRIA DO HOMEM, de *Jacques Ruffié e Jean-Charles Sournia*
24. O OLHAR DISTANCIADO, de *Claude Lévi-Strauss*
25. MAGIA, CIÊNCIA E CIVILIZAÇÃO, de *J. Bronowski*
26. O TOTEMISMO HOJE, de *Claude Lévi-Strauss*
27. A OLEIRA CIUMENTA, de *Claude Lévi-Strauss*
28. A LÓGICA DA ESCRITA E A ORGANIZAÇÃO DA SOCIEDADE, de *Jack Goody*
29. O ENSAIO SOBRE A DÁDIVA, de *Marcel Mauss*
30. MAGIA, CIÊNCIA E RELIGIÃO, de *Bronislaw Malinowski*
31. O INDIVÍDUO E PODER, de *Paul Veyne, Jean Pierre Vernant, Louis Dumont, Paul Ricoeur, Françoise Dolto e outros*
32. MITOS, SONHOS E MISTÉRIOS, de *Mircea Eliade*
33. HISTÓRIA DO PENSAMENTO ANTROPOLÓGICO, de *E. E. Evans-Pritchard*
34. ORIGENS, de *Mircea Eliade*
35. A DIVERSIDADE DA ANTROPOLOGIA, de *Edmund Leach*
36. ESTRUTURA E FUNÇÃO NAS SOCIEDADES PRIMITIVAS, de *A. R. Radcliffe-Brown*
37. CANIBAIS E REIS, de *Marvin Harris*
38. HISTÓRIA DAS RELIGIÕES, *de Maurilio Adriani*
39. PUREZA E PERIGO, de *Mary Douglas*
40. MITO E MITOLOGIA, de *Walter Burkert*
41. O SAGRADO, de *Rudolf Otto*
42. CULTURA E COMUNICAÇÃO, de *Edmund Leach*
43. O SABER DOS ANTROPÓLOGOS, de *Dan Sperber*
44. A NATUREZA DA CULTURA, de *A. L. Kroeber*
45. A IMAGINAÇÃO SIMBÓLICA, de *Gilbert Durand*
46. ANIMAIS, DEUSES E HOMENS, de *Pierre Lévêque*
47. UMA TEORIA CIENTÍFICA DA CULTURA, de *Bronislaw Malinowski*
48. SIGNOS, SÍMBOLOS E MITOS, de *Luc Benoist*
49. INTRODUÇÃO À ANTROPOLOGIA, de *Claude Rivière*
50. ESBOÇO DE UMA TEORIA GERAL DA MAGIA, de *Marcel Mauss*
51. O ENIGMA DA DÁDIVA, de *Maurice Godelier*
52. A CIÊNCIA DOS SÍMBOLOS, *de René Alleau*
53. INTRODUÇÃO À TEORIA EM ANTROPOLOGIA, *Robert Layton*

INTRODUÇÃO À TEORIA
EM
ANTROPOLOGIA

Título original: *An Introduction to Theory in Anthropology*

© Robert Layton, 1997

Tradução: Paulo Rodrigues

Revisão da tradução: Pedro Bernardo

Capa de Edições 70

Depósito Legal n.º 171534/01

ISBN 972-44-1081-1

Direitos reservados para língua portuguesa
por Edições 70 - Lisboa - Portugal

EDIÇÕES 70, LDA.
Rua Luciano Cordeiro, 123 - 2.º Esq.º – 1069-157 LISBOA / Portugal
Telef.: 213 190 240
Fax: 213 190 249
E-mail: edi.70@mail.telepac.pt
www.edicoes70.com

Esta obra está protegida pela lei. Não pode ser reproduzida
no todo ou em parte, qualquer que seja o modo utilizado,
incluindo fotocópia e xerocópia, sem prévia autorização do Editor.
Qualquer transgressão à Lei dos Direitos do Autor será passível de
procedimento judicial.

ROBERT LAYTON

INTRODUÇÃO À TEORIA EM ANTROPOLOGIA

edições 70

NOTA SOBRE O TEXTO

A ideia deste livro não é fornecer ao leitor uma história completa do pensamento antropológico. É, isso sim, lançar um olhar sobre o debate actual, concentrando-se no impacto que as diversas teorias têm tido no âmbito da Antropologia, sem contudo relatar de um modo exaustivo a história dessas mesmas teorias. A aplicação de cada uma delas é exemplificada pela demonstração da maneira como contribuíram para a explicação dos processos sociais e culturais no seio de cada povo. Sempre que possível, tentou-se demonstrar a forma como as diversas teorias forneceram informações complementares ou antagónicas relativamente aos mesmos casos etnográficos. Na nossa opinião, as teorias mais importantes da actualidade são as da Socioecologia e do Pós--Modernismo, tendo-nos influenciado (ao seleccionarmos teorias mais antigas para o debate) devido à sua contribuição para a discussão teórica actual. Não se procede a uma revisão do Difusionismo e a teoria da evolução enquanto forma de progresso recebe provavelmente menos atenção do que aquela que mereceria. Mesmo nos campos teóricos aqui tratados, são muitos os autores e obras importantes que não são referidos. Mas, regressando às fontes que são debatidas, descobrimos invariavelmente que são muito mais ricas em ideias do que as fontes secundárias indicam. Este livro pretende remeter o leitor para os textos originais, mais do que substituí-los.

1

A IDEIA DE SISTEMA SOCIAL

A antropologia estuda os povos, enquanto a antropologia social estuda a sociedade humana. A antropologia social pode ser definida como uma "sociologia comparativa", ou seja, o estudo de um vasto leque de sociedades humanas com o objectivo de se desenvolver teorias gerais sobre como funcionam as sociedades. Mais concretamente, a antropologia social tem sido muitas vezes encarada como o estudo de sociedades de "pequena escala", cuja simplicidade relativa as torna mais fáceis de analisar na íntegra. A antropologia social também pode ser caracterizada como "a tradução da cultura", explicando os aparentemente exóticos costumes dos povos com os quais não nos encontramos familiarizados.

Por volta do ano 450 a.C., o historiador grego Heródoto escreveu um relato dos acontecimentos que tinham acabado por levar (uma geração antes) à derrota infligida pelos Gregos aos Persas. A ideia de Heródoto era de que a derrota persa não fora provocada apenas pelos feitos de grandes homens, ou pela vontade dos deuses; segundo ele, fora o resultado de um conflito entre duas culturas estranhas. Assim se justifica todos os testemunhos por si recolhidos sobre os povos vizinhos dos Gregos e, para reforçar os seus argumentos, forneceu relatos bastante detalhados sobre as sociedades contemporâneas e muito diferentes da sua, traçando a história do contacto dessas mesmas sociedades com o Império Persa. É por isso que há quem o considere o pai da

INTRODUÇÃO À TEORIA EM ANTROPOLOGIA

antropologia (Gould, 1989: 1). Heródoto descreve-nos um mundo antigo em que se verifica uma enorme diversidade cultural, na qual os valores de todo um povo são frequentemente postos em causa pelo inesperado ou pelo exótico. Por exemplo, os Citas, que viviam a norte do Mar Negro, eram, segundo Heródoto, invencíveis devido ao seu modo de vida nómada. Um povo que não tinha cidades fortificadas e vivia em carroças (que levava consigo para onde quer que fosse), que combatia a cavalo e dependia mais do gado do que da agricultura para a sua subsistência, jamais poderia ser vencido. Não havia árvores no território cita e, sempre que estes abatiam uma vaca, faziam fogo com os seus ossos para cozinhar a carne. Assim que Ciro invadiu as suas terras, os Citas afastaram-se e, na única vez em que os dois exércitos estiveram frente a frente, os guerreiros citas distraíram-se ao ver uma lebre saltitando no prado que se estendia entre eles e os invasores. Os Citas demonstraram então todo o seu desprezo pelos Persas, ao desatar a galope atrás da lebre (Heródoto, 1954: 286 e segs.). Outro bom exemplo da técnica de Heródoto é-nos dado pelo episódio em que Cambises manda enviados seus a um povo que aquele historiador conhecia por "Etíopes". O rei persa envia-os com a missão de espiar a terra para preparar uma futura invasão, mas ordena-lhes que se apresentem aos Etíopes como amigos. Na esperança de estarrecer os Etíopes com o seu grau de sofisticação, os enviados persas oferecem ao rei da Etiópia diversos presentes, entre os quais tecidos tingidos e vinho. Mas, para surpresa sua, este soberano recusa os primeiros, classificando a prática de tingir tecidos como um truque para fazer com que as coisas pareçam aquilo que não são. E, embora goste do vinho, ridiculariza a comida persa, classificando-a como "esterco", indo mesmo mais longe ao afirmar que os Persas devem necessitar do vinho para conseguir chegar a velhos, tão má é a sua alimentação. O rei informa-os ainda de que os Etíopes vivem até aos 120 anos alimentando-se exclusivamente de leite e carne cozida. Ao ouvir tudo isto, Cambises enfurece-se mas, facto que não surpreende, a invasão persa que se segue será um fracasso (Heródoto, 1954: 211-12).

O historiador romano Tácito utilizou técnicas semelhantes na sua descrição das tribos germânicas que habitavam os limites do Império Romano por volta do ano 100 d.C. Menos patriota do que

A IDEIA DE SISTEMA SOCIAL

Heródoto, Tácito contrasta implicitamente as vidas virtuosas e simples dos Germanos com a decadência da vida viciosa em Roma. Pretendia, além disso, avaliar a ameaça militar que aquele povo representava, pelo que investiga a forma segundo a qual a sociedade germânica se encontrava, à época, organizada. Os Germanos tinham à sua disposição grandes extensões de terra arável e, anualmente, todas as comunidades atribuíam uma parcela nova a cada família. O sistema de democracia seguido por esta sociedade era conduzido de modo muito diferente do Senado romano: "Quando os participantes na assembleia acham apropriado fazê--lo, sentam-se com as suas armas junto a si. (...) Quando é feita uma proposta que lhes desagrada, gritam o seu descontentamento. Mas, quando esta lhes agrada, fazem ruído com as lanças". Os chefes e embaixadores ostentavam nas suas casas os recipientes de prata que lhes tinham sido oferecidos nas suas viagens, e que também eram usados no dia-a-dia, junto com os recipientes de barro (Tácito 1985: 104, 110, 123).

A *etnografia*, ou "escrita sobre os povos" constitui a tradição descritiva da antropologia. Uma descrição completa é impossível: conscientemente ou não, as nossas ideias e conjecturas levam-nos a reparar em certos aspectos da vida social de cada povo e a negligenciar outros. Nem Tácito nem Heródoto foram desinteressados ao elaborar as suas obras: ambos pretendiam, através das mesmas, corroborar o seu ponto de vista. Contudo, a investigação arqueológica viria a confirmar algumas das suas afirmações, tais como os complexos rituais de inumação dos Citas ou o sistema agrícola e a organização dos povoados germânicos (Heródoto, 1954: 294n.; Hedeager 1992: 205, 230, 250). A teoria dirige a nossa atenção para as características particulares do comportamento social, sugerindo ligações entre aquilo que vemos e aquilo que ouvimos. As teorias da evolução como progresso, que dominaram as ciências sociais durante o século XIX, incentivam-nos a um amplo olhar sobre a diversidade cultural, ao passo que as teorias interaccionistas promovem uma observação mais centrada nos detalhes das acções individuais. Outras teorias, ainda, nascem das mais antigas, que entretanto se tornaram obsoletas. A Socioecologia, por exemplo, supera o Funcionalismo como forma de explicar as ligações entre costumes. Noutros casos,

INTRODUÇÃO À TEORIA EM ANTROPOLOGIA

as teorias chocam entre si: o Marxismo explica a vida social com base nas suas consequências materiais; o Estruturalismo explica--a como o resultado de ideias e valores. Quer existam leis gerais que expliquem a vida social ou todas as sociedades devam ser entendidas nos seus próprios termos, é uma questão que permanece em aberto em Antropologia. As teorias não são mera especulação: sempre que suscitam uma acção prática, têm implicações políticas. Na origem de muitas das teorias que aqui descrevemos encontra--se uma tentativa de dar sentido à condição social do escritor e de a colocar no contexto de outras (aparentemente exóticas) formas de viver em sociedade.

Enquadrando as questões actuais

Os problemas sobre os quais a antropologia social se tem mais recentemente debruçado são muito diferentes daqueles que suscitaram o interesse de Heródoto e Tácito, tendo começado a ser identificados durante o período do Iluminismo. O aparecimento das teorias que tentam resolver estes problemas data do mesmo período. Até aos séculos XVII e XVIII, segundo a concepção da época, os monarcas europeus governavam por direito divino, e a sociedade humana era uma transposição, a uma escala mais reduzida, da sociedade celestial. Mas estas ideias foram postas em causa pelo pensamento iluminista (ver Watson 1991): dado que as pessoas se consideravam livres para decidir por si próprias o que era ou deixava de ser um comportamento social adequado segundo a lei natural (preferencialmente à lei divina), tornou-se possível colocar questões relativas não só à forma como a sociedade poderia progredir, mas também ao modo como as sociedades actuais tinham divergido da condição natural, ou humana, original. Tanto o passado europeu como as mais exóticas, mas contemporâneas sociedades humanas, eram vistos como fontes de informação que poderiam ajudar a responder a estas questões. A qualidade dos testemunhos e as técnicas para a sua avaliação eram no entanto muito inferiores àquelas que podemos encontrar nas obras de Heródoto e Tácito (comparar Trigger 1989: 55-60).

No período que culminaria com o eclodir da Guerra Civil inglesa, os defensores do Parlamento (que se opunham à ideia de que o rei governava por direito divino) recorreram ao relato de

A IDEIA DE SISTEMA SOCIAL

Tácito sobre a democracia germânica, argumentando que esse costume fora trazido para Inglaterra pelos Anglo-saxões, após o que fora transmitido de geração em geração até ao presente através do Direito Comum inglês [*Common Law*]. Por seu turno, os realistas defendiam que esse tipo de direito fora levada para Inglaterra por Guilherme, *o Conquistador*, extinguindo quaisquer liberdades que pudessem ter previamente existido. Enquanto a maioria dos participantes neste debate partia do pressuposto de que a sociedade germânica fora um fenómeno particular de um dado período histórico, os Igualitaristas (*Levellers*) mostravam-se mais radicais, afirmando que tal sociedade representava a "condição humana original" (ou seja, que corporizava os direitos naturais do homem anteriormente à apropriação da terra por parte dos mais abastados) e inaugurando assim uma teoria geral da sociedade humana (ver Burrow 1981; Hill 1958; MacDougall 1982).

Hobbes (1588-1679), que chegou a ser preceptor particular do futuro rei Carlos II, assistiu a todo o clima de desordem que se viveu com a Guerra Civil inglesa, tendo-se interrogado sobre quais seriam os factores que mantinham uma sociedade unida. Em oposição ao comunalismo primitivo defendido pelos Igualitaristas, este filósofo imaginou a condição oposta à vida social regulamentada como uma desordem generalizada, na qual as pessoas procuravam apenas preservar-se a si próprias através do controlo exercido sobre os outros. Uma tal condição seria uma guerra de todos contra todos, e a vida "solitária, pobre, má, embrutecida e curta" (Hobbes 1970 [1651]: 65). Hobbes imaginava que as pessoas que vivessem numa sociedade assim seriam obrigadas a escolher um chefe, ou soberano, abdicando de parte da sua liberdade pessoal para lhe dar a força necessária para fazer cumprir o contrato social. As pessoas apenas estariam dispostas a trabalhar para o bem geral se conseguissem ter alguma garantia de que aqueles que infringissem as regras seriam punidos pela lei. Hobbes não conseguia apresentar grandes provas de que esta guerra de todos contra todos alguma vez se verificara, mas nem por isso deixou de assinalar que "entre os povos selvagens de muitas regiões da América, exceptuando-se o governo de pequenas famílias, em que a concórdia depende da vontade natural, não existe qualquer

INTRODUÇÃO À TEORIA EM ANTROPOLOGIA

forma de governo, pelo que ainda hoje se vive desta forma abrutalhada" (Hobbes 1970 [1651]: 65). O objectivo principal de Hobbes era construir uma oposição lógica entre a ordem e a desordem, mais do que identificar a condição relativamente à qual a sociedade europeia de então podia ser avaliada (Hill 1958: 271).

Diplomata e cidadão de Genebra nos últimos tempos do *ancien régime* feudal, Rousseau (1712-72) tinha outro ponto de vista relativamente à condição original da sociedade humana. Tal como os Igualitaristas, classificava os regimes europeus do seu tempo como sistemas opressivos. No seu ensaio sobre *O Contrato Social*, escreveu: "O Homem nasce livre. E, no entanto, está acorrentado por todos os lados" (Rousseau 1963 [1762]: 3). Admitindo desconhecer a forma como a humanidade, no seu início, vivera, colocou a hipótese (no seu *Discurso Sobre a Origem da Desigualdade*) de, ao princípio, terem existido apenas indivíduos que viviam isoladamente em estado natural, satisfazendo de imediato os seus parcos desejos nas raras vezes em que encontravam alguém da sua espécie. Mas o ser humano era diferente dos animais, meras máquinas criadas pela natureza: o Homem agia por vontade própria. Rousseau imaginava que as pessoas se tivessem associado numa altura em que os recursos alimentares começaram a escassear, sendo então necessário recorrer à agricultura e à formação de grupos para defender os terrenos cultivados de outros grupos que os quisessem anexar. "Na esperança de assegurar a sua liberdade, todos correram para os seus grilhões" (Rousseau 1963 (1755): 205).

Rousseau baseava-se nas descrições dos povos contemporâneos e exóticos das Caraíbas para reconstituir a condição humana original. De uma forma semelhante àquela como imaginava o ser humano original, ou seja, parco em desejos e "satisfazendo a fome no primeiro carvalho e matando a sede no primeiro regato" (Rousseau 1963 [1755]: 163), também os habitantes das Caraíbas do século XVIII, segundo se dizia, vendiam as suas camas de manhã, sem pensar que iriam necessitar delas mais tarde, e solicitavam a sua devolução à noite (relativamente à fonte de Rousseau, ver Du Tertre 1992 [1667]: 133). Da mesma forma, "os Caribenhos, que, de entre todos, é o povo que por enquanto menos se desviou do estado natural" é para este filósofo o mais pacífico

A IDEIA DE SISTEMA SOCIAL

em termos de relações amorosas, divergindo em muito daquela imagem de seres egoístas criada por Hobbes (Rousseau 1963 [1755]: 187). "Que espectáculo seriam as incríveis e invejadas tarefas de um ministro de Estado europeu aos olhos de um nativo das Caraíbas!" (Rousseau 1963 [1755]: 220). Nesta época, ainda segundo este filósofo, até mesmo os ricos se encontravam dependentes de serviços alheios. Contudo, numa sociedade em que as pessoas andassem livremente na sua individualidade, ninguém podia exigir servidão ou obediência a outra pessoa. Os muitos desejos do selvagem de Hobbes (tais como a inveja, a ambição e a magnanimidade) eram na realidade o produto da sociedade: "O primeiro homem que, tendo fechado uma parcela de terreno, disse 'Isto é meu' e encontrou pessoas suficientemente simples para acreditarem nele, foi o verdadeiro fundador da sociedade civil" (Rousseau 1963 [1755]: 192).

Sistemas sociais

Os fundadores da antropologia social sentiram-se intrigados pela forma como, na vida social, as pessoas são influenciadas pelos pensamentos e acções dos que as rodeiam, dando origem a uma concepção da sociedade como um sistema composto de várias partes relacionadas entre si. Embora tenha sido necessário esperar--se até meados do século XX para que surgisse uma teoria dos sistemas (von Bertalanffy 1951), os teóricos dos séculos XVIII e XIX encontravam-se já familiarizados com dois tipos de sistemas. Um sistema é constituído por um conjunto de componentes relacionadas entre si de tal forma que as propriedades do todo são diferentes das que essas componentes, isoladamente, exibem. Este todo apresenta um certo grau de coerência interna e uma fronteira reconhecível, de forma a que tende para se manter como um sistema, em vez de se desfazer e diluir no meio envolvente (cf. Buckley 1967).

Para Hobbes, as pessoas eram condicionadas pelas acções umas das outras devido ao facto de terem (ou elas ou os seus ante-passados) estabelecido um contrato social. Este contrato impedia que agissem totalmente de sua livre vontade, mas beneficiava a todos. Da mesma forma, Rousseau via a sociedade não como uma coisa natural mas sim como um "somatório de forças que apenas

INTRODUÇÃO À TEORIA EM ANTROPOLOGIA

se conseguem manifestar quando várias pessoas se juntam". Se algum direito individual permanecesse, perpetuar-se-ia o estado natural: cada indivíduo deveria ceder esses direitos não a um soberano, mas sim à colectividade ou associação, passando então a obedecer "às ordens supremas da vontade da maioria" (Rousseau 1963 [1762]: 12-13). O aparente paradoxo de um todo maior do que a soma das suas partes era, segundo Rousseau, exemplificado pelo problema da origem da linguagem: se esta surgira da utilização de signos arbitrários ou convencionais, como seria então possível ter existido um acordo relativo aos mesmos sem que existisse já uma sociedade? Para haver um acordo relativamente a esses signos, era necessária a existência prévia de um consentimento comum (Rousseau 1963 [1755]: 176-7). No entanto, como pudera esta sociedade concretizar-se sem a existência prévia de conceitos como os de *propriedade* ou *interesse mútuo*? Rousseau calculava que as ideias subjacentes a tais conceitos poderiam ter sido transmitidas pelo tipo de gritos semelhantes aos que as gralhas e os macacos emitem e que, a partir de então, a linguagem e a sociedade se tinham desenvolvido em conjunto.

Durante os séculos XVIII e XIX, surgiram duas abordagens gerais para explicar a forma como os sistemas sociais surgiram e se desenvolveram: a interaccionista e a orgânica. Adam Smith defendeu uma teoria interaccionista, segundo a qual a ordem social surge a partir da interacção entre indivíduos que procuravam satisfazer as suas necessidades. Smith considerava que a sociedade era fruto da especialização do trabalho, que não fora criada pela sabedoria ou pela inteligência, mas sim por uma propensão inerente ao ser humano para "transportar, negociar e trocar uma coisa pela outra" (Smith 1976 [1776]: 25). Ao mesmo tempo, notou que a propensão para a troca era uma característica exclusiva dos humanos, uma vez que nunca se vira dois cães a trocar ossos. No entanto, os humanos dependiam uns dos outros em muitos outros aspectos. Seria inútil confiar na benevolência alheia: segundo Smith, as pessoas conseguiam mais facilmente aquilo que pretendiam apelando aos interesses dos outros: "Não é por benevolência do cervejeiro, do talhante ou do padeiro que conseguimos o nosso jantar, mas sim pelo interesse que eles têm na sua própria subsistência" (Smith 1976 [1776]: 27). Uma vez

A IDEIA DE SISTEMA SOCIAL

que, na sociedade do seu tempo, muitos produtos eram negociados pelo sistema de troca directa, Smith imaginava a especialização do trabalho como algo que surgira a partir desse sistema nas sociedades primitivas:

"Numa tribo de caçadores ou pastores, há uma determinada pessoa que fabrica arcos e flechas, por exemplo, com mais destreza e prontidão do que qualquer outra, trocando frequentemente esses objectos por carne de vaca ou de veado (...) com o tempo, acaba por verificar que consegue obter mais carne dessa forma do que se fosse ele próprio à caça" (Smith 1976 [1776]: 27).

Começada a especialização do trabalho, os seus poderes produtivos aumentam, mas só até ao ponto em que a sua divisão o permite. Entre os Hotentotes da África do Sul, os artesãos especializados apenas parcialmente se conseguiam sustentar com o seu trabalho. Até mesmo um carpinteiro de uma aldeia inglesa não conseguia, à época, especializar-se exclusivamente na construção de carroças ou liteiras (Smith 1976 [1776]: 32n). No entanto, quanto mais se obtém através das trocas mais se trabalha para se obter um excedente para se negociar, dando origem, "numa sociedade bem governada, a essa abundância universal que se estende até às suas camadas mais baixas" (Smith 1976 (1776): 22). As diferenças entre um filósofo e um trabalhador manual seriam assim quase inteiramente o resultado (mais do que a causa) da divisão do trabalho alcançada pelo mercado.

Comte (cujas obras datam da primeira metade do século XIX) surge-nos com uma perspectiva oposta, segundo a qual o género humano é composto por seres intrinsecamente sociais, pelo que não é de forma alguma um contrato estabelecido por indivíduos livres que está na origem da sociedade. A sociedade tem órgãos (como o corpo de um animal), nos quais a função da parte é determinada pelo lugar que ocupa no todo. O conceito de "indivíduo" é uma construção social, que deriva do papel que a sociedade atribui à acção individual. Isto tornou-se conhecido por "analogia orgânica". Mais tarde, em meados do século XIX, Herbert Spencer desenvolve esta teoria, encarando o progresso social como a consequência lógica da evolução dos sistemas sociais e defendendo que as sociedades se desenvolvem da mesma forma que os organismos animais ou vegetais. Opondo-se à teoria

INTRODUÇÃO À TEORIA EM ANTROPOLOGIA

darwinista da selecção natural, segundo a qual as variações aleatórias entre indivíduos da mesma população têm consequências diferentes para a sua sobrevivência num determinado meio ambiente, a teoria de Spencer defende a existência de uma dinâmica interna que leva as populações e a sociedade a adquirir uma complexidade cada vez maior. Tal como um embrião, na primeira fase da sua vida, não é mais que um aglomerado de células indiferenciadas, desenvolvendo-se depois até se transformar num complexo sistema de tecidos e órgãos, também as sociedades humanas se vão tornando cada vez mais diferenciadas com o passar do tempo (Spencer 1972 [1857]: 39). Uma vez que todas as sociedades devem, segundo este modelo, seguir a mesma sequência em termos de desenvolvimento, todas elas podem (quer se situem no presente ou no passado) ser classificadas de acordo com o seu grau de complexidade: as sociedades contemporâneas que ainda permanecem num estado simples mantêm assim aquilo que foram em tempos níveis de organização universais. As sociedades mais simples assemelham-se pois a organismos em que o corpo se encontra segmentado em muitas partes semelhantes, contraria-mente às mais complexas, em que cada parte desempenha o seu papel específico. Não obstante, as políticas de governo apenas atingirão os seus objectivos se corresponderem aos desejos do colectivo (Spencer 1972 [1860]: 55, 64).

A formulação de teorias gerais

De entre os autores cujas ideias acabamos de resumir, apenas Smith e Comte chegaram a elaborar teorias pormenorizadas e susceptíveis de serem postas à prova. Os pensadores que mais influenciaram o desenvolvimento da teoria antropológica foram Durkheim e Marx, que transformaram em teorias solidamente articuladas as ideias do contrato social, da evolução enquanto mudança cumulativa e do aparecimento de relações sociais através da mudança. Comte influenciou Durkheim, da mesma forma que Smith influenciou Marx.

Marx (1818-1883)

A obra de Marx antecede a de Durkheim em cinquenta anos, e embora a sua influência na antropologia tivesse sido menos

A IDEIA DE SISTEMA SOCIAL

imediata, a teoria marxista sobre o modo de funcionamento dos sistemas sociais é mais complexa. Marx foi contemporâneo de Darwin e o seu livro *Um Contributo para a Crítica da Economia Política* foi publicado no mesmo ano que *A Origem das Espécies*. Enquanto que Darwin contrariava a Igreja ao negar que Deus tivesse criado um número fixo de espécies num dado momento, também Marx chocou o *status quo* político ao negar os benefícios universais do sistema capitalista. A teoria de Darwin da selecção natural (tal como a teoria da evolução de Spencer) concordava com a ética de mercado capitalista, segundo a qual a competição eliminava os fracos ou inadaptados e favorecia os fortes, ou mais adaptados. Quanto a Marx, mais do que condenar implicitamente a sociedade industrial do século XIX, acusava-a de ser irremediavelmente injusta.

Marx foi buscar quatro ideias ao pensamento de Adam Smith:

1. As relações sociais são geradas pela mudança;

2. Uma pessoa pode produzir mais do que aquilo que necessita para a sua própria subsistência (Smith 1976 [1776]: 22);

3. O poder que a posse do dinheiro confere é o que permite comprar a força de trabalho alheia (Smith 1976 [1776]: 48);

4. Se por um lado a oferta e a procura podem levar à flutuação do preço de uma determinada mercadoria, o seu valor verdadeiro ou natural é determinado pelo custo do trabalho necessário para a produzir (Smith 1976 [1776]: 47).

Mas, enquanto Adam Smith defendia que a economia de mercado produzia uma melhoria universal da riqueza dos cidadãos, Marx acusava esse modelo económico de gerar desigualdades.

O filósofo alemão escreveu numa época em que as casas dos bairros degradados albergavam dez ou mais pessoas por cada quarto, por vezes só com uma cama para três. Em que as crianças começavam a trabalhar logo aos oito anos e o dia de trabalho durava entre dez a quinze horas. Era pois claro para Marx que a abundância universal não fora extensível às camadas mais pobres da sociedade. Marx reconhece que os sistemas sociais possuem características específicas a cada um, que não podem ser reduzidas à motivação individual ou, tal como Hegel defendera, ao desenvolvimento generalizado da mente humana. "Na produção social da sua existência, os homens entram inevitavelmente em relações

INTRODUÇÃO À TEORIA EM ANTROPOLOGIA

definidas, que são independentes da sua vontade (…). Não é a consciência dos homens que define a sua existência, mas sim a sua existência social que define a sua consciência" (Marx 1971 [1859]: 20-1). Contrariamente a Durkheim, via os sistema sociais como algo intrinsecamente instável e não como algo que existisse normalmente numa condição estável. Em termos de teoria dos sistemas de meados do século XX, Durkheim viria mais tarde a identificar processos de resposta negativa (ou *feedback negativo*), tais como a punição dos desvios às normas sociais, cuja função era restaurar o equilíbrio. Marx tentou identificar os processos de resposta positiva (ou *feedback positivo*), cuja função era aumentar o efeito provocado pelos desvios à estabilidade, identificando além disso como força motriz da instabilidade social a capacidade dos seres humanos para produzir, através do seu próprio trabalho, mais do que aquilo que necessitam para a sua subsistência. Reconheceu ainda que a forma pela qual um sistema social controlava o acesso das pessoas aos recursos de que necessitavam era igualmente fundamental. O conceito de propriedade, segundo ele, era fruto do carácter da sociedade, não distando muito de Rousseau ao afirmar que "para um indivíduo isolado seria tão impossível possuir terra como falar. Quando muito poderia encará-la numa perspectiva de fonte de alimentos, como fazem os animais" (Marx 1964: 81- -2). O modo como as pessoas trocam os bens que produzem, sem os armazenar para a sua própria subsistência, a sua "produção excedentária", é também uma característica do sistema social, uma vez que, para haver trocas, é necessária a existência de mais do que um indivíduo. Os tipos de troca estão por sua vez dependentes da especialização do trabalho, sendo que sistemas sociais diferentes dividirão o trabalho dos seus membros de formas igualmente diferentes. As diversas formas que as três vertentes sociais assumem, em conjunto, constituem os modos de produção, sendo cada um deles composto por três aspectos:

- um princípio distintivo que determina a propriedade;
- uma divisão distintiva do trabalho;
- um princípio distintivo da troca.

Tal como Durkheim e outros teóricos sociais do século XIX, Marx concebia a evolução social como a consequência de uma dinâmica social interna e não como fruto de uma adaptação ao

A IDEIA DE SISTEMA SOCIAL

meio. Embora o esquema marxista da evolução apresentasse vários caminhos alternativos, não constituindo assim uma cadeia do desenvolvimento única, os processos dinâmicos não deixavam todavia de revelar uma clara tendência para que a mudança social fosse orientada numa determinada direcção. Efectivamente, até o próprio Darwin sentiu dificuldades para dominar a relatividade inerente ao seu modelo de selecção natural, chegando mesmo a escrever notas a si próprio dizendo: "Não posso classificar as formas de vida como superiores ou inferiores" (Trivers 1985: 32).

Um elemento fundamental para a análise que Marx fez da sociedade foi a sua teoria sobre a forma como os objectos que são trocados adquirem valor. Opondo-se à teoria económica liberal de que o valor dos bens é determinado exclusivamente pela lei da oferta e da procura, defendeu que o valor básico dos mesmos é determinado pela quantidade de trabalho necessária para os produzir, sendo o efeito da oferta e da procura, para ele, um factor cujo efeito é secundário. Assim, se com a mesma quantidade de trabalho forem fabricados vários produtos diferentes, todos terão o mesmo valor. Da mesma forma, se o mesmo produto puder ser fabricado através de duas técnicas que exijam quantidades de trabalho diferentes, a menos trabalhosa irá prevalecer sobre a outra, uma vez que, graças a ela, os mesmos produtos poderão ser vendidos por menos dinheiro. A forma como o trabalho é aplicado nas diversas técnicas de produção é assim uma força social, "um organismo produtivo de crescimento espontâneo" (Marx 1930 [1867]: 84). Marx defendeu ainda que, tal como (segundo os antropólogos de então) as divindades religiosas eram expressões externas dos fenómenos mentais, também os produtos que são trocados se transformam em expressões concretas das relações sociais: quando as pessoas acreditam que os produtos valem algo só por si, não reconhecendo que é o trabalho gasto na sua produção que lhes confere realmente o seu valor, isso mostra que esses produtos adquiriram um carácter fetichista.

O modo de produção capitalista

A maior parte da análise de Marx encontra-se claramente orientada para a explicação dos processos que estiveram na origem

INTRODUÇÃO À TEORIA EM ANTROPOLOGIA

do aparecimento da sociedade capitalista no Ocidente, sendo em relação a esse mesmo modelo de sociedade que as suas ideias se exemplificam de uma forma mais concreta. Em *O Capital*, Marx defende que as economias simples se caracterizam pela troca directa entre produtores: o agricultor troca o seu excedente de cereais pelas ferramentas fabricadas pelo artesão. Um produto é trocado por outro de valor semelhante e ambos são avaliados em termos da sua utilidade:

produto' → dinheiro → produto''.

A origem do capitalismo está no aparecimento de um novo conceito de troca, cujo objectivo é a obtenção de lucro. Marx chamou-lhe um sistema de troca mercantil. Aqui, o valor do produto que está a ser trocado predomina sobre o valor que a sua utilização possa vir a ter:

dinheiro' → produto → dinheiro''.

Dado que ninguém consegue alimentar-se de dinheiro, este tipo de troca só fará sentido se a segunda quantia for superior à primeira. Um capitalista é uma pessoa que utiliza o capital, principalmente sob a forma de dinheiro, para proceder a transacções que lhe tragam lucros. E como pode consegui-lo? Inicialmente, na opinião de Marx, existiam duas formas de se obter lucro: através de empréstimos e da cobrança dos respectivos juros ou através da transacção de produtos. Estas transacções surgiram nos "poros" ou "interstícios" da sociedade medieval, no interior das cidades. No entanto, se o mercador não despender trabalho nos produtos, não poderá aumentar o seu valor. Tal facto parecia limitar a possibilidade de obter lucro, pelo que a única forma através da qual as transacções capitalistas poderiam realmente adquirir força seria com o comércio de produtos que, por si, gerassem valor, ou seja, o trabalho humano. Mas tal não seria possível enquanto as pessoas que fabricassem as ferramentas, os artesãos, fossem donos das suas próprias oficinas e obtivessem as matérias-primas de que necessitavam directamente do produtor. Por isso, interessava aos capitalistas tirar os artesãos dessas oficinas e colocá-los a trabalhar nas suas. Poderiam assim comprar o trabalho destes últimos, dando--lhes em troca um salário para a sua subsistência e vendendo o produto desse mesmo trabalho. Se um artesão necessitar de trabalhar seis horas para ganhar a sua subsistência mas o capitalista

A IDEIA DE SISTEMA SOCIAL

o obrigar a trabalhar oito, estas duas horas de trabalho que sobram permitirão ao capitalista obter o seu lucro, com o qual poderá obter mais trabalho ou mais equipamento para a sua oficina ou fábrica. É a este processo que se chama "resposta positiva" (ou *feedback positivo* – ver Figura 1.1) ou, nas palavras de Marx, "valor auto--expansivo ... um monstro ágil com vida" (Marx 1930: 189).

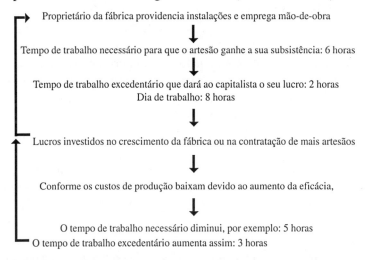

Figura 1.1. Modelo marxista de resposta positiva no modo de produção capitalista

Marx salientava que as condições sociais em que o comércio dos produtos se poderia expandir o suficiente para tornar o capitalismo viável não eram universais, embora se tivessem verificado no sistema social da Europa medieval. Nessa época, os artesãos estavam concentrados nas cidades, existindo uma rede de comunicação bastante desenvolvida. Estes dois factores contribuíram para uma mais elaborada divisão do trabalho, criando--se condições para o aparecimento do capitalismo, graças ao alargamento das oficinas corporativas medievais. Marx defendia que estas corporações tentaram deliberadamente impedir que os seus mestres se transformassem em capitalistas ao limitarem o número de artesãos que cada um podia empregar mas, uma vez estabelecido um capitalista num determinado campo da produção, os seus métodos tinham começado a demonstrar vantagens

INTRODUÇÃO À TEORIA EM ANTROPOLOGIA

evidentes: um maior número de trabalhadores fazia com que se esbatessem as diferenças entre a qualidade do trabalho de cada um; tornava-se mais barato fornecer alojamento a cada trabalhador; as tarefas de montagem podiam ser realizadas continuamente por equipas diferentes; e os trabalhadores incentivavam-se mutuamente a trabalhar com mais afinco.

Tudo isto se passara antes da mecanização, mas possibilitara o fabrico mais barato dos diversos produtos. Os métodos capitalistas tinham assim prevalecido em detrimento dos métodos organizacionais mais antiquados das corporações. E, enquanto que ao princípio tudo se resumira a uma minoria de trabalhadores que vendiam o seu trabalho aos capitalistas porque, em virtude de terem sofrido algum acidente ou serem demasiado pobres, não podiam ter uma oficina própria, com o passar do tempo todos os trabalhadores se viram obrigados a proceder dessa forma: o sistema transformara-se por completo, não lhes deixando outra alternativa.

O crescimento do capitalismo poderia, nesta altura, ter abrandado: as corporações tinham sido destruídas e as técnicas dos artesãos bem exploradas. No entanto, os capitalistas ainda queriam mais lucro, uma vez que é esse o objectivo inerente à filosofia da troca mercantil. E só havia duas maneiras de o poderem obter: ou aumentando a duração do dia de trabalho ou aperfeiçoando as técnicas de produção. Existem limites para a primeira destas opções: para além de capitalistas e trabalhadores poderem discutir qual é a duração de um dia de trabalho "natural", este tipo de acordo social acaba sempre por se ver limitado pela tendência da eficácia laboral para diminuir após muitas horas de laboração, ou mesmo pela possibilidade de, por terem de trabalhar mais horas, começarem a morrer a um ritmo mais elevado do que aquele a que podem ser substituídos. O modo de produção capitalista inicial dera assim origem a um ambiente social em que as inovações técnicas, a ocorrerem, se espalhariam rapidamente por todo o sistema.

A vantagem de uma máquina é o facto de, apesar de necessitar de quem trabalhe nela para produzir, poder continuar a laborar ao longo de muitos anos sem parar, sendo os encargos com a sua manutenção relativamente reduzidos. Assim, a longo prazo, acaba por custar menos utilizar máquinas do que pagar a operários

A IDEIA DE SISTEMA SOCIAL

especializados, pelo que a mecanização se revela uma forma mais eficaz de investimento do capital: uma máquina consegue fazer o trabalho de várias pessoas ao mesmo tempo (uma fiadeira mecânica funciona com doze a dezoito fusos), podendo igualmente ser concebida para laborar de forma mais rápida e eficaz. O sistema capitalista passou depois por uma segunda fase de resposta positiva. Nesta, o trabalho dos artesãos especializados deixou de ser o princípio regulador da produção, tendo toda e qualquer resistência da sua parte sido impossibilitada pelo recurso à mão-de-obra não especializada para operar as máquinas. Devido ao facto de a força física já não ser necessária (uma vez que se começara a aplicar a potência hidráulica ou a vapor às máquinas), as mulheres e as crianças podiam agora trabalhar também nas fábricas, com salários mais baixos do que os homens. E, graças à capacidade das máquinas para laborar continuamente, a duração do dia de trabalho aumentou. Marx não sustentava que os capitalistas fossem uma espécie de pessoas à parte, com uma psicologia intrinsecamente diferente. Defendia sim que, consoante a posição que ocupavam no sistema social, as pessoas se encontravam expostas a oportunidades ou restrições diferentes.

Existe contudo um segundo e determinante elemento na análise que Marx faz do processo social: assim que começa a ficar descontrolado, o sistema capitalista cria *contradições internas*, ou seja, forças sociais que provocam a sua queda. Quando aperfeiçoou a máquina a vapor, James Watt conseguiu que esta passasse a aproveitar o excedente de vapor que saía do cilindro que empurrava o pistão, puxando o ar quente por intermédio de tubos ligados à caldeira, o que permitia um mais rápido aquecimento da água. Assim, quanto mais rápido fosse o ritmo de funcionamento da máquina, maior era a quantidade de vapor novo a ser produzido. Watt teve então de inventar um "regulador", que reduzia o abastecimento de vapor ao pistão caso o máquina estivesse a funcionar a um ritmo demasiado elevado, evitando assim que o motor rebentasse. É possível que Marx tivesse imaginado o sistema capitalista a ficar descontrolado como se fosse uma máquina a vapor sem regulador. Os capitalistas procuravam constantemente diminuir a quantia que tinham de despender em salários, reduzindo o número de empregados e aumentando-lhes o horário de trabalho.

INTRODUÇÃO À TEORIA EM ANTROPOLOGIA

A sua capacidade para fazê-lo dependia de conseguirem estender o dia de trabalho para o número de horas máximo que os trabalhadores conseguissem aguentar. A decisão sobre aquilo que se poderia considerar um dia de trabalho normal "apresenta-se como uma luta entre o conjunto dos capitalistas, ou classe capitalista, e o conjunto dos trabalhadores, ou classe operária" (Marx 1930: 235). Quanto maior fosse o número de trabalhadores juntos na mesma fábrica, mais força teriam para resistir à avidez de lucro do patrão, acabando por se aperceber daquilo que é, na realidade, um processo social como sendo o resultado de uma "vontade de outrem" (*alien will*) que, deliberadamente, os está a subjugar. Conforme o trabalho se vai tornando mais especializado, os empregos vão-se tornando mais aborrecidos e os trabalhadores vão ficando alienados e sem motivação, ao mesmo tempo que um crescente investimento nas máquinas significa também o aumento do desemprego. Marx previu assim que os trabalhadores acabariam por se unir para derrubar os capitalistas e assumir o controlo dos meios de produção. Surgiria então uma fase final de equilíbrio, em que cada um receberia de acordo com as suas necessidades e cada um produziria de acordo com as suas capacidades (Marx e Engels 1967 [1848]). Mas o que Marx não conseguiu prever foi que também o comunismo não iria estar isento de contradições internas.

Marx e as sociedades não-ocidentais

Embora Marx nunca tenha feito uma aplicação detalhada da sua teoria às sociedades não ocidentais, nem por isso deixou de esboçar uma abordagem geral ao tema, patente nos seus manuscritos não publicados em vida e que viriam mais tarde a ser editados sob o título *Formações Económicas Pré-Capitalistas* (Marx 1964). Alguns dos modos de produção alternativos que nos são apresentados nesta obra encontram-se já referidos em O *Capital*. Marx seguia a tradição dos Igualitaristas e de Rousseau ao defender a existência de uma condição humana original, a que chamava comunalismo primitivo. Para ele, esta condição original era já social, surgindo explicada na sua obra *A Ideologia Germânica* (escrita em 1845-6), em que o comunalismo primitivo é descrito como "o estádio subdesenvolvido da produção, no qual um povo

A IDEIA DE SISTEMA SOCIAL

se sustenta a si próprio através da caça, da pesca da criação de gado ou, quando muito, da agricultura". Nesta fase, o parentesco constitui a base de todas as relações sociais, não existindo ainda o conceito de propriedade da terra: cada grupo explora temporariamente uma parcela de terreno, antes de se mudar para outras paragens. Marx reconhecia que uma análise do processo social deveria ter sempre uma dimensão histórica e, em *O Capital*, defendeu que, para se estudar o desenvolvimento do trabalho humano, era necessário um regresso à "forma espontaneamente desenvolvida com que somos confrontados no limiar da história de todas as raças civilizadas", um bom exemplo da qual era a família auto-suficiente que trabalhava a terra. Se bem que, por vezes, nos apresente esta condição como a "condição humana original", noutras ocasiões encara-a como algo que tende a reaparecer sempre que se verifica a queda de um mecanismo cujo objectivo seja criar um excedente de capital, subsistindo depois até que um outro desses mecanismos volte a surgir (por exemplo, Marx 1930: 349 e 351n.). Embora a divisão do trabalho seja socialmente determinada, Marx calculava que, na condição humana original por ele imaginada, essa divisão dependeria apenas da idade e do sexo de cada um dos membros do agregado. Nesta perspectiva, cada indivíduo é um mero instrumento dos esforços produtivos do grupo. Uma parte da produção do agregado é mantida como reserva para a produção futura, enquanto que a outra é consumida imediatamente como forma de subsistência do mesmo. O comércio de bens é mínimo e, conforme as relações entre agregados se vão desenvolvendo, a população vai aumentando e a guerra ou o comércio vão caracterizando essas mesmas relações, o sistema social começa também a alterar-se. Assim, aquilo que era anteriormente uma população que vivia num sistema igualitário começa a dividir-se em chefes, gente comum e escravos. Consoante os acidentes geográficos e a demografia, os sistemas sociais podem evoluir de formas diferentes quando saem do comunalismo primitivo. Poderão manter alguns aspectos da sua situação anterior, mas apresentarão sempre uma divisão social do trabalho própria. Onde quer que um determinado sector da sociedade detenha um monopólio sobre os recursos de produção, aqueles que trabalham a terra terão sempre de acrescentar ao tempo de trabalho necessário

INTRODUÇÃO À TEORIA EM ANTROPOLOGIA

para a sua subsistência umas horas suplementares para pagar aos proprietários das terras. As consequências deste processo dependerão das oportunidades de comércio que existirem nesse sistema.

Marx previu três caminhos possíveis a partir do comunalismo primitivo: os modos de produção *asiático, antigo* e *germânico*. O primeiro, característico da Índia, México e Perú pré-coloniais, era o mais estável: o indivíduo nunca vivia afastado da sua comunidade e a aldeia mantinha-se ao longo dos tempos como uma unidade auto-sustentada em termos agrícolas, de produção artesanal (contendo assim todos os meios necessários para a sua própria perpetuação) e produção de excedentes. Se a população aumentasse, parte da comunidade separava-se e criava uma nova aldeia, com a mesma estrutura da anterior. Por fim, numa tal sociedade, a procura para o trabalho de cada artesão ou trabalhador especializado é fixa. As comunidades deste tipo podiam ser incorporadas em sistemas políticos mais amplos, encabeçados por reis que mantinham a sua organização política, exigindo os resultados da produção excedentária como tributo, não sendo o caso das cidades esclarecedor, dado que estas apenas tinham tendência para surgir nos locais onde se praticasse o comércio com outros centros. A estabilidade da organização da comunidade asiática permitia-lhe sobreviver à ascensão e queda das dinastias.

O modo de produção *antigo* (típico da antiguidade Grega e Romana) era, por contraste, definido por um contexto de cidades-estado, revelando-se, por inerência, instável. A cidade e o território a si adstrito formavam uma unidade económica, na qual as terras pertenciam ao Estado e só os cidadãos tinham direito a utilizá-la. Qualquer pessoa que perdesse a porção de terra a si atribuída, perderia igualmente o direito à cidadania (que, mais do que as relações de parentesco que regulavam o comunalismo primitivo, constituía o princípio organizativo das relações sociais (ver Figura 1.2.).

A IDEIA DE SISTEMA SOCIAL

Figura 1.2. Modelo multilinear de evolução social progressiva segundo Marx.

Existiam contudo dois processos que tendiam a minar o sistema antigo: em primeiro lugar, dado que o sistema se encontrava dependente de uma concepção do cidadão como detentor da terra, conforme a população fosse aumentando tornar-se-ia necessária a incorporação de novos territórios no domínio da cidade, uma vez que o número de cidadãos aumentaria também. Isto provocava guerras entre os Estados vizinhos, pelo que o elemento militar da organização social tenderia a prevalecer sobre o agrícola. E, de forma a que as novas terras entretanto conquistadas pudessem ser distribuídas pelos cidadãos, era necessário submeter as populações vencidas à escravatura. Com o passar do tempo, o número de escravos acabava por ultrapassar o de cidadãos, pelo que só uma pequena minoria daqueles que faziam parte do sistema social teria interesse em garantir a sua perpetuação. Em segundo lugar, se um cidadão perdesse as suas terras, perderia igualmente a cidadania, vendo-se então também ele reduzido à condição de escravo. Desta forma, apesar de o comércio e as actividades de produção de objectos criarem uma situação de mercado através da qual se podia ganhar ou perder dinheiro, os riscos de perder faziam com que os cidadãos receassem toda a actividade mercantil, optando na maioria dos casos por excluir os artesãos da cidadania. Era devido também a este factor que os sistemas antigos tinham tendência a desagregar-se e, neste caso particular, a ser historicamente (senão mesmo inevitavelmente) substituídos pelos regimes feudais. O sistema

INTRODUÇÃO À TEORIA EM ANTROPOLOGIA

germânico era igualmente instável mas, contrariamente ao sistema antigo, revelava-se flexível. Marx deverá ter-se baseado em Tácito para imaginar este modo de produção que, em vez de se desfazer, acabava normalmente por transformar-se (de uma forma progressiva) no modo feudal. Este sistema assemelhava-se ao comunalismo primitivo ao contar com o agregado familiar como unidade de produção independente, embora reconhecesse dois tipos de propriedade de terra: a privada e a comunitária. A necessidade de gerir os recursos comunitários e defendê-los de ataques dava origem a assembleias periódicas, mas não existiam cidades e a eleição do chefe era feita democraticamente. Num tal sistema, era a capacidade de cada agregado para comercializar os seus produtos que acabava por provocar a diferenciação social.

Já no modo de produção feudal, surgiam simultaneamente aglomerados populacionais de carácter rural e urbano. No campo, os servos encontravam-se submetidos aos senhores feudais que detinham a posse dos meios de produção (isto é, da terra). Mas, embora tanto a condição de servos como a de escravos tivesse a sua origem em situações de guerra e conquista, os primeiros gozavam de mais independência do que os segundos (Hobsbawm 1964: 42). Os escravos (condição característica do modo *antigo*) encontravam-se totalmente dependentes dos seus amos e tudo aquilo que produziam era propriedade dos mesmos, que lhes devolviam não mais do que aquilo de que necessitavam para sobreviver. Pelo contrário, os servos cultivavam a terra acima de tudo para seu sustento, sendo apenas periodicamente que trabalhavam nas terras directamente exploradas pelos seus senhores. Tinham assim potencial para acumular um excedente próprio. Se os senhores feudais fossem eliminados, as aldeias continuariam a funcionar como unidades de auto-perpetuação, tal como acontecia no sistema *asiático*.

Embora reconhecesse a importância do acesso permanente à terra comunitária como factor de estabilidade para o mundo rural (Marx 1930: 794-801), Marx considerava que fora nas cidades que a desestabilização do sistema feudal se iniciara. As cidades eram centros de produção artesanal e comércio e as corporações permitiam aos mercadores que comprassem os seus produtos, mas não o trabalho dos artesãos. Algumas actividades menos

A IDEIA DE SISTEMA SOCIAL

especializadas (tais como cardar e tecer) eram controladas pelas corporações de uma forma menos rígida, tendo sido essa a ponta do novelo que os capitalistas aproveitaram para começar a assumir o controlo da produção. A força de trabalho derivada da expulsão de muita gente dos campos devido ao novo sistema de emparcelamento (*enclosure*) da terra comunitária e à expropriação das terras dos pequenos proprietários pode também ela ser recrutada pelos capitalistas. Então, aquilo que começara como um processo espontâneo passou a ser não só conscientemente procurado mas também sistematicamente implementado: um novo modo de produção, que os capitalistas lutariam por manter da mesma forma que as corporações tinham lutado por manter o sistema feudal. E, conforme o controlo capitalista se ia estendendo ao comércio internacional, também o sistema *asiático* da América e da Ásia acabava por cair sob o seu domínio e transformar-se.

Durkheim (1858-1917)

Apesar de Durkheim ter publicado as suas ideias quase meio século depois de Marx, a sua teoria revelar-se-ia não só mais simples, mas também mais completa relativamente ao carácter das sociedades não-ocidentais, tendo exercido imediata influência sobre a antropologia, o que não se verificara com a teoria marxista (cujos efeitos sobre esta ciência só se começariam a fazer sentir na segunda metade do século XX).

Tal como acontecera já com Hobbes, Rousseau e Marx, também Durkheim se preocupava com os problemas da sociedade do seu tempo, tendo sido influenciado simultaneamente por toda a conturbação provocada pela Revolução Industrial e pelos acontecimentos surgidos no âmbito da Guerra Franco-Prussiana, altura em que Paris se viu cercada pelas forças prussianas e o povo se revoltou contra o governo com a criação da Comuna, que viria a ser brutalmente reprimida (1871). Tal como Hobbes, interrogou-se sobre qual seria o factor que mantinha a sociedade unida, mas as suas respostas (influenciadas pela obra de Comte) revelar-se--iam mais sofisticadas. Assim, efectuou o seu próprio estudo sobre as taxas de suicídio em França, recorrendo a etnografias que na altura estavam a surgir para analisar algumas sociedades com as quais o mundo ocidental se encontrava pouco familiarizado.

INTRODUÇÃO À TEORIA EM ANTROPOLOGIA

Decidiu então lançar os fundamentos de uma ciência que estudasse a sociedade. Na altura dos seus estudos pós-universitários, a Sociologia encontrava-se desacreditada (Lukes 1973: 66), mas Durkheim conseguiu que a comunidade científica a aceitasse, após o que fundou um departamento dessa ciência na Universidade de Bordéus (Lukes 1973: 97 e segs.).

Contrariamente a Spencer, Durkheim defendia que as ciências sociais eram uma área de estudos diferente e não um ramo da psicologia ou da biologia. Destacava ainda que a vida social era o produto de uma interacção e que era susceptível de ser estudada cientificamente, de forma a poder-se identificar leis gerais do comportamento social. Esta concepção de Durkheim relativamente às ciências sociais viria a contribuir para uma divisão duradoura entre a antropologia social e biológica, em cuja base se encontram três diferenças de abordagem fundamentais.

1. Durkheim destacava que a interacção social deveria ser compreendida de uma forma sistemática e não retirando costumes, de forma isolada, do seu contexto. Uma tal ideia, ia aparentemente contra o axioma da biologia evolutiva, segundo o qual, dado que a selecção natural actuava sobre o indivíduo, era este último que constituía a unidade de análise.

2. Defendia também que o comportamento social era algo que se aprende, sendo determinado pelo *corpus* de costumes transmitido no seio da tradição social. No entanto, nesta época acreditava-se que a evolução agia sobre padrões de comportamento geneticamente determinados.

3. Durkheim seguia a teoria de Spencer ao classificar as sociedades por tipos, de acordo com a complexidade da sua estrutura social. A transição de um tipo para o outro, segundo defendia, era um movimento que se dava com alguma rapidez, ao passo que a selecção natural era um processo lento, embora contínuo.

Factos sociais

Durkheim definia os factos sociais como "formas de pensar ou agir com as características particulares do exercício de uma influência coerciva sobre as consciências individuais" (Durkheim 1938 [1901]: liii). Numa tal perspectiva, a sociedade não constitui a mera soma dos seus elementos individuais. O sistema formado

A IDEIA DE SISTEMA SOCIAL

pela associação das pessoas enquanto membros da sociedade é uma realidade específica com as suas características próprias. Durkheim partia do pressuposto de que aquilo que designava por impulsos psicológicos era comum a toda a espécie humana, fazendo parte da nossa constituição física, pelo que não podia recorrer-se a esses impulsos para explicar a diversidade das sociedades humanas. Contestava além disso a imagem criada por Hobbes e Rousseau de que existia um contrato social celebrado por indivíduos originariamente autónomos, à qual contrapunha o argumento de que todas as sociedades humanas tinham surgido a partir de outras já existentes (pelo que nunca poderia ter existido um momento em que as pessoas se tivessem juntado de livre vontade para constituir a primeira sociedade). Para Durkheim, os fenómenos sociais tinham causas sociais, tornando-se assim impossível que a sua origem estivesse na livre vontade de alguns indivíduos. Quando alguém cumpria as suas obrigações enquanto irmão, marido ou cidadão e as suas obrigações contratuais, estava a cumprir deveres que já tinham sido previamente definidos e que eram exteriores a si (Durkheim antecipa aqui os conceitos funcionalistas de estatuto e função, de que trataremos no capítulo seguinte).

O mesmo se passava quando alguém aceitava as crenças e práticas da sua religião: a existência dessas crenças e padrões de comportamento obrigatório antes do nascimento daqueles que actualmente os mantinham e praticavam implicava que essas crenças e padrões existissem independentemente dos indivíduos, impondo-se aos mesmos quaisquer que fossem as suas vontades pessoais. Enquanto esse alguém agisse de acordo com as exigências da sociedade, não dava pelas restrições que esta lhe impunha. Contudo, numa situação em que infringisse as normas, a moralidade seria imposta pela ridicularização pública e a lei por um castigo formal, um e outro como repressão ou forma de recuperação (estes conceitos foram também desenvolvidos pelos Funcionalistas, numa teoria de controlo social).

Para Durkheim, todas as sociedades e períodos históricos têm os seus condicionalismos: não era uma lei natural que o obrigava a falar francês ou a pagar em francos as mercadorias que comprava mas sim o facto de, na prática, não ter escolha. Se tivesse uma

INTRODUÇÃO À TEORIA EM ANTROPOLOGIA

fábrica não seria obrigado a utilizar tecnologia industrial mas, se recorresse às técnicas artesanais da Idade Média, a sua empresa não tardaria a falir, porque seria arrasada pela concorrência. Segundo este autor, para além das restrições específicas impostas por cada sociedade, existem ainda correntes sociais gerais que não contam com o mesmo grau de organização das instituições, mas que nem por isso deixam de ser fortes: as ondas de entusiasmo, compaixão ou indignação que se apoderam das multidões são um produto da interacção entre os elementos que compõem essa mesma multidão (sem dúvida que Durkheim pensava aqui na tragédia da Comuna de Paris). Devido ao facto de estas correntes sociais não se encontrarem dependentes de instituições previamente existentes, Durkheim supunha que eram elas que formavam o contexto no seio do qual as primeiras formas de sociedade tinham surgido.

Durkheim antecipou também o conceito do valor da observação participante, técnica determinante na investigação antropológica. Segundo esta, os factos sociais não podem ser estudados através da introspecção teórica. O cientista social deve, em vez disso, ir para o terreno e descobrir como cada sociedade concebe as suas próprias instituições. As provas serão então encontradas nos sinais externos e objectivos fornecidos pelos padrões de comportamento tais como a organização da família, os casamentos, os tipos de actos considerados criminosos e as formas de castigo que se considere apropriadas. Durkheim concordava com Comte ao afirmar que a definição daquilo que é "crime" e "moralidade" varia consoante o tipo de sistema social e que o cientista não pode partir do pressuposto de que aquilo que é considerado crime na sua sociedade também o seja nas outras. Em vez disso, deve identificar quais são as formas de comportamento que se encontram sujeitas a punição na sociedade sob estudo.

Isto levou Durkheim a perguntar, em termos gerais, o que poderia ser considerado comportamento normal ou patológico em qualquer tipo de sistema social. Reconheceu que isso não podia ser determinado, antecipadamente, só pela simples declaração de que determinado costume selvagem era imoral. Duas das formas possíveis de identificar o "comportamento normal" foram rejeitadas por motivos práticos, uma vez que Durkheim as considerava

A IDEIA DE SISTEMA SOCIAL

de muito difícil acesso: a primeira era o grau de adaptação de um sistema social ao meio-ambiente. Embora isto pudesse ter significado uma reaproximação à antropologia biológica, o que Durkheim propunha era investigar as qualidades de adaptação do sistema social e não o comportamento do indivíduo que nele participava. O segundo critério hipotético a que recorria era a probabilidade de o sistema sobreviver na sua forma actual, mas isto, concluiu Durkheim, era difícil de avaliar durante o tempo de vida do investigador. No final, acabou por adoptar uma posição empírica que era essencialmente tautológica: a condição normal para um dado tipo de sistema social era a condição que mais geralmente se observava nas sociedades desse mesmo tipo de sistema (cf. "Os Romanos superavam em número os Gregos porque tinham mais homens"). Aquilo que é normal para um molusco não é normal para um vertebrado. Durkheim argumentava que mesmo o crime e o suicídio podem ter taxas de ocorrência normais em qualquer tipo de sociedade e, da mesma forma, certos tipos de castigo podem ser normais em qualquer tipo de sociedade. Uma vez que os fenómenos sociais não podem ser controlados experimentalmente, o único método científico apropriado para o trabalho do cientista é o comparativo. Se um aspecto de dois sistemas sociais for o mesmo, as hipóteses relativas ao carácter geral desses sistemas podem ser testadas perguntando quais os outros aspectos das duas sociedades que são também semelhantes.

O método de Durkheim encontra-se assim dependente da criação de um esquema de classificação das sociedades por tipos. Segundo ele, isto não deveria ser feito através de uma descrição exaustiva de todas as características de qualquer sociedade mas sim pela mera identificação daquilo que considera as suas "características decisivas": dado que todas as sociedades são compostas por grupos de elementos, é possível classificá-las tanto pela natureza e dimensões desses mesmos grupos como pela forma como eles se encontram combinados. Para obter uma tal classificação, Durkheim recorria às opiniões de escritores mais antigos, principalmente às de Herbert Spencer, para obter uma quádrupla classificação das sociedades, cada uma delas diferenciada pela forma das suas componentes (ver Quadro 1.1).

INTRODUÇÃO À TEORIA EM ANTROPOLOGIA

Na sua opinião, as sociedades mais simples eram caracterizadas por grupos de famílias isolados ("hordas"), que não tinham contactos entre si, ao passo que as sociedades compostas do tipo *a* eram constituídas por clãs que, periodicamente, se juntavam como uma tribo. Já nas sociedades compostas do tipo *b*, os laços de parentesco davam lugar à organização local e, por fim, nas sociedades complexas desenvolvia-se uma estrutura governamental que tudo abrangia, privando as comunidades locais da sua autonomia política. Implícita a esta tipologia surge-nos uma concepção iluminista da evolução social, que prossegue numa direcção, aumentando a complexidade e a sofisticação social. A ideia revolucionária apresentada por Darwin e Wallace (de que a evolução podia dar-se em qualquer direcção e que o sucesso de uma população apenas podia ser avaliado em termos de adaptação da mesma ao seu meio ambiente específico) não fora bem recebida pelas ciências sociais do século XIX. Para Durkheim, como para outros cientistas sociais tais como Marx, Comte e Spencer, a evolução não surge em resposta às pressões de selecção impostas pelo meio ambiente, mas através de uma dinâmica social interna.

Quadro 1.1. Modelo unilinear de evolução social progressiva, segundo Durkheim

Tipo	Componentes
Simples	Hordas
Composto *a*	Clãs
Composto *b*	Comunidades locais
Complexo	Governo central

A sociedade como sistema orgânico

Durkheim fez uso frequente da "analogia orgânica" elaborada por Comte e Spencer para exemplificar as qualidades sistemáticas da vida social. Esta analogia compara a sociedade ao corpo de um animal: da mesma forma que as células estão constantemente a ser substituídas no corpo, também, argumenta-se, quando alguém morre o seu lugar na sociedade é ocupado por outra pessoa, sem

A IDEIA DE SISTEMA SOCIAL

que a estrutura do organismo seja afectada. A função de cada um dos órgãos do corpo é contribuir para o sustento da vida do organismo tal como, na vida social, a função de cada instituição é contribuir para a sobrevivência da sociedade. Durkheim recorria à analogia orgânica para comparar as sociedades compostas (que não tinham um governo centralizado) a um simples organismo segmentário, tal como uma estrela do mar ou (de uma forma menos correcta) uma minhoca, no qual cada segmento contém todos os órgãos essenciais e, por essa razão, todos desempenham funções semelhantes. Comparava também a sociedade complexa ao corpo humano, no qual cada órgão desempenha uma função específica e o todo não sobrevive à perda de qualquer das suas partes.

Durkheim desenvolveu a noção de *consciência colectiva* para descrever os sentimentos e impulsos partilhados que se manifestam na sua forma mais simples no seio de um grupo excitado. No seu livro *A Divisão do Trabalho Social* (Durkheim 1933 [1895], dedicou-se a investigar a forma como esta consciência colectiva se alterava conforme uma sociedade ia passando do estado composto ao estado complexo. Implicitamente, tomou como modelo as alterações que estavam a ocorrer em França durante a revolução industrial do final do século XIX. O desassossego industrial perturbava-o, bem como as altas e as depressões da economia. Queria compreender de que forma o individualismo poderia existir numa sociedade industrial sem que esta sucumbisse na guerra generalizada de que Hobbes falava. Embora tivesse optado por dar uma resposta empírica a esta questão, ao olhar para as formas de moralidade existentes nas sociedades suas contemporâneas não recorreu (nesta fase ainda inicial da sua carreira) aos estudos etnográficos das sociedades não ocidentais (Lukes 1973: 159). Em vez disso, encarou o carácter ideal das sociedades compostas como sendo axiomático, perguntando-se até que ponto a sociedade francesa de então diferia do seu modelo.

Durkheim sugeria que a consciência colectiva apresentava vários aspectos, tais como o ponto até ao qual todos os participantes partilhavam valores idênticos e a força que estes valores colectivos exerciam sobre o indivíduo. Imaginava uma relação matemática entre esses vários aspectos, por si concebida como se de uma fórmula matemática se tratasse, de tal modo que se um variasse os

INTRODUÇÃO À TEORIA EM ANTROPOLOGIA

outros variariam de igual forma (afirmação essa que tem talvez por base a Lei de Boyle, que exemplifica como o volume, a temperatura e a pressão do gás se encontram relacionados entre si). Num sistema social composto, cada unidade providencia a sua própria subsistência e desempenha funções idênticas às das outras unidades. Num sistema complexo, todas as unidades desempenham funções complementares e todas dependem das outras unidades para sobreviver. Durkheim sustentava que, quando uma sociedade composta se transforma em sociedade complexa, a consciência colectiva altera-se de tal forma que as consciências individuais se tornam mais diferenciadas, as crenças e os valores partilhados favorecem o desenvolvimento de capacidades individuais, e não de uma conformidade com um padrão único de comportamento, e o Estado planifica a articulação dos valores em mudança, para dirigir a política e para criar leis (principalmente a lei contratual) que facilitarão a transformação do organismo social. Durkheim defendia que este processo poderia ser medido empiricamente através da descrição das mudanças no carácter do castigo: numa sociedade composta, o desvio é punido por uma forte reacção gerada pela consciência colectiva, e as normas são reforçadas pelas sanções repressivas. Numa sociedade complexa, a quebra dos acordos contratuais entre indivíduos é punida por sanções restitutivas, e as sanções repressivas são aplicadas aos crimes que ameacem a liberdade individual dos seus elementos, como por exemplo o de homicídio.

Uma vez que Durkheim insistia que os acontecimentos sociais tinham causas sociais, estava decidido a demonstrar que a transformação da sociedade não era fruto das acções dos indivíduos mas sim dos processos colectivos. Lukes chama a atenção para o facto de Durkheim, aparentemente, se ter baseado na teoria darwiniana da selecção natural para defender que, quanto maiores fossem as parecenças entre dois organismos animais, maior seria a competição entre si pela posse dos recursos. Esta competição apenas poderá ser bem sucedida se os dois organismos se diferenciarem um do outro (Lukes 1973: 266-7). Assim, e por analogia, Durkheim defendia que, conforme os segmentos territoriais de uma sociedade de tipo composto se vão expandindo, vão igualmente entrando em competição pelos recursos, resolvendo

A IDEIA DE SISTEMA SOCIAL

esta disputa através de especializações económicas complementares. Desta forma, o equilíbrio inicial (no qual a sociedade é composta na sua forma) dá lugar a um período de transição, que termina na altura em que o equilíbrio é restaurado, só que agora numa sociedade que já se pode considerar complexa.

Durkheim via a falta de coordenação entre os diversos elementos da produção industrial, a natureza degradante do trabalho e as disputas entre os trabalhadores e os proprietários das fábricas (aspecto característico do auge da revolução industrial) como uma condição patológica e sintomática de um período de transição e não como características intrínsecas a qualquer sociedade industrial. "Em certos pontos do organismo, algumas funções sociais não se encontram ajustadas umas às outras" (Durkheim 1933 (1893): 344). Era a favor de políticas socialistas "suaves", nas quais houvesse uma intervenção do governo para regular os mercados e criar condições através das quais as capacidades individuais pudessem ser totalmente realizadas. Embora fosse contra a transmissão hereditária da propriedade, nem por isso deixava de ser igualmente contra os sindicatos, que considerava prolongadores da desarmonia social. Recomendava que as fábricas fossem organizadas como extensões benevolentes da família, um pouco à maneira das implementadas no Japão do pós-II Guerra Mundial (Abbeglan e Shack 1985; Clark 1979). Apesar da sua proclamada ideia de que aquilo que deveria ser considerado normal para qualquer tipo de sociedade era a condição presente numa sociedade média desse mesmo tipo, Durkheim foi obrigado a projectar as condições que considerava "normais" para uma sociedade industrial no futuro.

A etnografia nos séculos XVIII e XIX

Resulta provavelmente claro, mesmo das pequenas passagens citadas no início deste capítulo, que a tradição clássica da etnografia (ou seja, da "escrita sobre os povos"), para a qual Heródoto e Tácito contribuíram, era muito mais sofisticada que a dos séculos XVIII e XIX. A imagem que Adam Smith nos transmite do fabricante de flechas primitivo deriva de uma transposição do presente para o passado, ao mesmo tempo que a condição original de que fala Rousseau mais não é do que a inversão da forma como a sociedade

INTRODUÇÃO À TEORIA EM ANTROPOLOGIA

do seu tempo se apresentava: o intrigante comportamento do nativo das Caraíbas que vende a sua cama, caso seja verídico, resulta provavelmente do desconhecimento por parte do mesmo da diferença entre reciprocidade e transacção comercial. Por sua vez, Spencer, num descuidado agrupar de coisas diferentes, compara o comportamento dos alunos das escolas inglesas com o de "tribos nómadas" (por exemplo, Spencer 1972 (1857): 50).

Herbert Spencer comprimiu a diversidade das sociedades humanas num esquema único de progressão unilinear: as chamadas "tribos simples" (nas quais todos são caçadores, pescadores e construtores de cabanas), as complexas castas indianas e as corporações da Europa medieval são todas reduzidas a meros degraus de uma suposta ascensão da Humanidade até à sociedade mercantil do século XIX. Embora seja inegável que as primeiras sociedades humanas eram mais simples em termos de organização que as actuais, e que algumas das sociedades que ainda hoje existem se poderão assemelhar às mais antigas de uma forma mais evidente que a da Inglaterra do século XIX, o método utilizado por Spencer para comprimir a diversidade numa escala unilinear e a sua insistência na ideia de que a progressão por essa escala acima é inevitável reduz ao mínimo as hipóteses de exploração de explicações alternativas para a diversidade social humana. Não convida assim os investigadores a ir para o terreno e a explorar as diferentes sociedades, aliciando-os em vez disso a dar uma simples olhadela sobre as mesmas, suficiente para as catalogar em categorias pré-determinadas.

A influência de Durkheim e Marx na antropologia

A teoria de Durkheim (não obstante a sua aliança com a evolução progressiva) insiste que o comportamento social das comunidades exóticas deve ser observado com cuidado, de forma a descobrir-se aquilo que é "normal" nas sociedades de determinados tipos. A sua tipologia revelar-se-ia ela própria extremamente influente na busca da explicação para a forma como a diversidade das sociedades humanas estudadas pelos antropólogos durante o período colonial foi interpretada. A sua ideia de que as sociedades tendem, por inerência, a manter-se equilibradas (através dos costumes, da atribuição de posições

A IDEIA DE SISTEMA SOCIAL

sociais ao indivíduo e do controlo do desvio), estabeleceu o pano de fundo em cujo âmbito a estrutura interna das sociedades de pequena escala e supostamente estáveis deveria ser analisada. A teoria de Marx torna-se influente na antropologia a partir do momento em que os antropólogos se deslocam do estudo da estrutura social (inspirado por Durkheim), para o estudo do processo social. A teoria marxista tornou possível o reconhecimento de que tanto o igualitarismo como a hierarquia eram a consequência de princípios de troca, da distribuição dos direitos de propriedade e do controlo do trabalho. Logo que os antropólogos se consciencializaram do impacto do colonialismo e deixaram de tentar reconstruir os sistemas sociais de pequena escala como se estes nunca tivessem sido incorporados em regimes coloniais, os efeitos predatórios do capitalismo tornaram-se evidentes. Estes desenvolvimentos serão tratados nos capítulos que se seguem.

2

O FUNCIONALISMO

Os funcionalistas analisaram o interior das unidades daquilo a que Durkheim chamou "sociedades compostas". Investigaram a estrutura interna dos segmentos sociais, examinaram as relações que mantinham estes segmentos unidos e tentaram explicar a aparente estabilidade das sociedades segmentárias. O funcionalismo desenvolveu-se pouco depois da colonização da Nova Guiné e da África Oriental e Ocidental pelo Reino Unido e por outras potências europeias, tendo a sua investigação sido efectuada junto de povos colonizados. O efeito que tais circunstâncias tiveram na teoria funcionalista tem sido amplamente debatido (ver principalmente Kuper 1983: 99-120; Grillo 1985). Os funcionalistas tentaram reconstruir a forma das sociedades que estudaram tal como elas seriam antes da colonização. A política britânica do "domínio indirecto" dependia da identificação dos tradicionais padrões de autoridade e não há dúvida que alguns funcionalistas tentaram que os seus trabalhos de investigação fossem úteis para as autoridades coloniais. Se foram ou não bem sucedidos, ou se o seu trabalho foi ou não limitado pelo seu objectivo, é algo questionável. Malinowski, um dos nomes mais famosos do Funcionalismo, criticava abertamente o efeito exercido pelo colonialismo e pelos missionários britânicos sobre o bem-estar dos nativos das ilhas da Nova Guiné por si estudados (ver, por exemplo, Malinowski 1922: 464-8), tendo inspirado a investigação das condições em que, à data, se vivia nas cidades mineiras da África Oriental. Não obstante, o Funcionalismo não deixa de ser vulnerável às críticas de que as

INTRODUÇÃO À TEORIA EM ANTROPOLOGIA

suas teorias não conseguiram explicar os efeitos do colonialismo, acabando por ser esta lacuna a razão pela qual a teoria marxista passou por um período de revivalismo no fim da era colonial.

Os funcionalistas utilizavam três diferentes definições de função:

1. A primeira definia-o num sentido quase matemático. Qualquer costume de uma comunidade está em interligação com os restantes, pelo que cada qual condiciona o estado de outro.

2. A segunda, utilizada principalmente por Malinowski, é retirada da fisiologia, apresentando a função dos costumes como a satisfação das necessidades biológicas de base do indivíduo, através da cultura.

3. A terceira foi apresentada por Radcliffe-Brown a partir das teorias de Durkheim. Aqui, a função de cada costume é o papel por ele desempenhado na manutenção da integridade do sistema social.

Malinowski e Radcliffe-Brown são considerados os fundadores da escola funcionalista em Antropologia, embora se tivessem baseado nos primeiros trabalhos de Seligman (1910), Spencer e Gillen (1899), entre outros. Reagiram contra a ideia predominante no século XIX de que as sociedades podiam ser classificadas segundo o estádio que tivessem atingido na evolução social, defendendo que os costumes das sociedades mais pequenas não podiam ser explicados como reminiscências de uma era anterior mas sim em termos da sua função actual. O próprio Radcliffe--Brown classificava o Funcionalismo como um rótulo irresponsável inventado por Malinowski (Radcliffe-Brown 1952: 188), verificando-se diferenças fundamentais entre os conceitos de função em que ambos se baseavam. Só que, entre si, estes dois autores completavam-se: Malinowski era excelente em termos de trabalho de campo, tendo estudado a vida dos habitantes das Ilhas Trobriand ao longo de seis anos (de 1914 a 1920) e escrito um conjunto de obras etnográficas que demonstram as interligações entre os costumes das Tobriand. Já Radcliffe-Brown foi mais influente ao nível do desenvolvimento teórico. Contrariamente a Marx, nem Malinowski nem Radcliffe-Brown consideravam que as relações económicas tivessem primazia sobre os outros aspectos da vida social. Devido à falta de relatos escritos e dados

O FUNCIONALISMO

arqueológicos sobre as sociedades mais pequenas, era inútil especular-se sobre a história do desenvolvimento social das mesmas.

Nos Estados Unidos, Franz Boas reagiu contra os evolucionistas (Stocking 1982: 5, 16), destacando, também ele, a importância do estudo dos costumes no seu contexto social. Segundo ele, os "povos primitivos" não viviam num estado de simplicidade natural rousseauniano, sendo em vez disso os herdeiros de uma longa tradição. "Nenhum destes povos está livre de regras e de proscrições convencionais" (Boas 1940a [1896]: 663). Propunha por isso um estudo detalhado dos costumes em relação à totalidade da cultura da tribo que os praticava, bem como uma investigação da distribuição dos mesmos entre os povos vizinhos (Boas 1940b [1887]: 276). Este investigador afirmava ainda que a genética ("raça"), a linguagem e a cultura humanas se alteravam a níveis diferentes, negando assim todas as tentativas de as relacionar com estádios de desenvolvimento. Contrariamente aos funcionalistas, chamava ainda a atenção para o papel da difusão e do casamento endogâmico, concluindo que a história de um povo deveria ser estudada de forma a justificar as configurações específicas dos traços genéticos e culturais que possui num dado momento. Em lugar de procurar identificar ligações funcionais entre costumes, adoptou a ideia mais vaga de que o *Geist*, ou espírito de um povo, conferia alguma unidade à respectiva cultura. Cada povo desenvolve à sua maneira específica formas de expressão artística e ideias que provêm de outras culturas. Boas assinala que as emoções que se nos afiguram naturais revelam-se produtos da nossa cultura sempre que as comparamos com as reacções emocionais de outros povos (Boas 1940a [1896]: 635-6; cf. Stocking 1982: 71). Esta ideia viria a dar origem à escola da "cultura e personalidade", exemplificada na obra de Ruth Benedict, *Patterns of Culture* (Benedict 1934) ou na ainda mais famosa obra de Margaret Mead, *Coming of Age in Samoa* (Mead 1928). George Stocking introduziu a interessante ideia de que a abordagem proposta pela "cultura e personalidade" se revelou mais apelativa quando os horrores da Primeira Guerra Mundial mostraram um lado menos civilizado da cultura ocidental. As ideias de que o trabalho árduo, a sexualidade controlada e a ortodoxia religiosa se justificavam pelos seus efeitos civilizadores podia ser ques-

INTRODUÇÃO À TEORIA EM ANTROPOLOGIA

tionada analisando-se a ética e a moralidade inerentes às outras culturas, bem como o respectivo impacto na vida social (Stocking 1986: 5).

Nada mais diremos, nesta obra, a respeito da escola da cultura e personalidade. Stocking considera a ideia de *Geist* "uma concepção bastante vaga e romântica" (Stocking 1982: 8), defendendo que uma abordagem mais científica à antropologia nos EUA foi aquela que surgiu com a chegada de Radcliffe-Brown a Chicago, em 1931 (Stocking 1982: 18). Prosseguiremos com as vertentes norte-americanas da antropologia apenas no que diz respeito àqueles que, como White e Steward, reagiram contra o relativismo cultural de Boas e tentaram recuperar teorias que, de um modo geral, pudessem ser aplicadas a diferentes as culturas. A permanente centralidade da cultura enquanto conceito de base da antropologia americana será no entanto abordada em capítulos posteriores, quando nos referirmos às obras de Goodenough, Sahlins e Geertz, entre outros. Por fim, avaliaremos aquilo que poderá ser visto como a vingança de Boas por intermédio da escola da "cultura escrita", que, uma vez mais, colocou em causa a validade universal da teorização ocidental (Geertz 1988; Clifford e Marcus 1986).

Os argonautas do Pacífico Ocidental

No seu estudo sobre as trocas entre as diversas ilhas do Pacífico ocidental, Malinowski formulou e demonstrou a sua atitude em relação ao trabalho de campo antropológico. Ninguém, segundo escreveu, alguma vez sonharia fazer um relatório de um trabalho de investigação em física ou química sem fornecer igualmente uma descrição pormenorizada das experiências efectuadas. Contudo, nessa época, os relatos antropológicos não costumavam fornecer grandes detalhes acerca das experiências que tinham levado o antropólogo a esta ou àquela conclusão, não existindo sequer uma distinção entre a observação directa, as afirmações feitas pelos "nativos" e as conclusões do autor. O objectivo de Malinowski era demonstrar até que ponto os costumes se encontravam funcionalmente dependentes uns dos outros e revelar as bases sociais e psicológicas sobre as quais as instituições sociais assentavam, esperando assim poder dar origem a uma nova teoria

O FUNCIONALISMO

da antropologia, a par do evolucionismo. Dedicou-se assim a provar que as explicações dos costumes apenas em termos da sua função no presente eram mais fáceis de testar e, por isso, mais científicas (Malinowski 1922: 515-16). Malinowski optou por ir viver para junto dos habitantes das Ilhas Trobriand, erguendo a sua tenda nas suas aldeias, situadas num arquipélago ao largo da costa nordeste da Nova Guiné. Descreve as suas experiências pessoais numa prosa vívida, citando as declarações dos ilhéus ao pormenor e deixando bem claro quais os pontos em que os dados apresentados são meramente fruto das suas conclusões. Pretendeu também evitar as opiniões tendenciosas e preconcebidas, optando por tentar basear a sua investigação em hipóteses objectivas. Finalmente, defendeu a ideia de se manter um diário de campo para anotar todas as experiências subtis que numa primeira fase pareciam novidade mas que depressa se tornaram aceites como parte da rotina quotidiana.

Embora trace retratos individuais, tais como o de "To'udawada mascando silenciosamente noz-de-areca, com uma grave e impávida dignidade" e o do "excitável Koutauya falando com voz estridente com alguns dos seus filhos mais velhos" (Malinowski 1922: 212), este investigador insiste que os sentimentos ocasionais dos indivíduos tiveram de ser distinguidos dos seus pensamentos e sentimentos enquanto membros de uma comunidade. Na sua análise, os "nativos" seguem as "forças e ordens do código tribal sem os compreenderem (Malinowski 1922: 11)". Os dados tinham de ser recolhidos através de estudos de caso, observados pessoalmente ou fornecidos por informadores, de forma a ser possível captar "o ponto de vista dos nativos". Os quadros com os pormenores acerca de aspectos como o comportamento do parentesco, o sistema de trocas e as cerimónias deveriam ser compilados exaustivamente, de forma a traçar a interligação existente entre esses mesmos aspectos, a partir dos quais podiam ser retiradas conclusões de carácter científico. Para evitar que a sua análise se tornasse pouco dinâmica, Malinowski adoptou o sistema de trocas chamado *kula* (que ligava os habitantes das Trobriand às populações das ilhas vizinhas) como ponto central da sua análise e explorou as ramificações que este tinha em todos os aspectos do modo de vida daquela comunidade. Chegou mesmo a participar

INTRODUÇÃO À TEORIA EM ANTROPOLOGIA

numa viagem de *kula* desde as Trobriand, via Amphletts, até Dobu (uma viagem de cerca de 200 km em cada direcção).

Malinowski descobriu que a estrutura do *kula* assentava sobre a troca de dois tipo de objectos manufacturados: os colares de conchas vermelhas, chamados *soulava*, e as pulseiras de conchas brancas, *mwali*. Apenas um número limitado de homens de cada ilha participava nestas transacções, tendo cada um deles um certo número de parceiros na sua ou noutras ilhas. Os dois tipos de objectos viajavam em direcções opostas, seguindo regras estritas: a viagem dos *soulava* fazia-se sempre no sentido dos ponteiros do relógio, enquanto que as *mwali* viajavam no sentido oposto. Ninguém conservava um destes objectos durante muito tempo: o objectivo de se ter um deles era poder oferecê-lo a um parceiro, de forma a perpetuar a relação de parceria com ele. Malinowski afirmou que nenhum dos elementos daquelas populações estava ciente da envergadura daquele sistema de trocas, que abrangia milhares de indivíduos numa área de cerca de 300 por 500 kms. Cada elemento só conhecia os seus sócios e aqueles que se encontravam imediatamente a seguir. Não obstante, tratava-se de uma prática fulcral para a vida social das Trobriand e dos arquipélagos vizinhos. Malinowski pôs em causa a ideia de que os povos "primitivos" viviam num isolamento rousseauniano, só se dedicando ao comércio como último recurso e para seu ganho pessoal. As expedições de *kula* exigiam uma preparação demorada, bem como a coordenação do esforço de várias pessoas. Este vasto complexo de relações era construído por pessoas que praticavam uma acção com um fim bem definido, segundo regras sociais, na qual estavam envolvidos objectos sem valor utilitário. Malinowski comparava o valor dos objectos do *kula* ao das jóias da coroa: inúteis em si próprias, embora dotadas de valor cultural. "As forças psicológicas e sociológicas em acção são as mesmas e, na realidade, é a mesma atitude mental que nos faz dar valor aos objectos do nosso património cultural" (Malinowski 1922: 90-1). A diferença estava na forma como os valores do *kula* circulavam de uma pessoa para a outra, como se de troféus desportivos se tratasse, em vez de ficarem guardados e trancados, como acontecia com as jóias da coroa.

Malinowski negou repetidas vezes ser seu desejo reconstruir as origens das trocas, destacando que as gentes das Trobriand se

O FUNCIONALISMO

encontravam tão sujeitas a um código social quanto os europeus, código esse que regulava toda e qualquer "tendência aquisitiva natural" que pudesse ter sido atribuída ao homem primitivo arquetípico que vivia em estado natural. Os nativos das Trobriand fabricavam objectos "não pela pressão da necessidade (...) mas sim pelo impulso do talento e da fantasia, sentindo muito prazer na sua arte" (Malinowski 1922: 172). As regras de troca do *kula* proibiam a transacção em simultâneo de uma pulseira e de um colar, mas insistiam também para que ninguém ficasse com um daqueles objectos durante mais do que um ou dois anos. Quando alguém apresentava um exemplar a um sócio, não podia haver discussão sobre se o seu valor era idêntico ao daquele que fora oferecido a quem agora assumia as funções de dador. Malinowski descreveu muito bem o exagerado fingimento de relutância do dador em ceder um objecto tão valioso, bem como o comportamento estudiosamente passivo do receptor, que podia deixar um rapazito entrar em sua casa, agarrar no objecto e levá-lo para casa dele (Malinowski 1922: 352). O sistema de troca directa de bens de subsistência tinha um nome diferente, *gimwali*, e estava sujeito a códigos de conduta diferentes. Não obstante, a função do *kula* era permitir aos ilhéus das Trobriand a satisfação do seu desejo natural de adquirir objectos e não de se separar deles.

Malinowski também se debruçou sobre o conceito de comunalismo primitivo. A operação de *kula* dependia do direito dos indivíduos a deter e a ceder a posse de braçadeiras e colares valiosos. O próprio conceito de dar e receber implicava uma distinção entre aquilo que era "meu" e "teu". Nos casos em que existia trabalho comunitário na construção de canoas de mar alto, a mão-de-obra era recrutada por homens com capacidade e autoridade social para o fazer. Os encantamentos mágicos recitados em várias das fases do fabrico dessas canoas tinham uma função económica: conferiam uma ordem e uma sequência nas várias operações e incutiam confiança nos construtores. Os indivíduos não trabalhavam apenas para si: as forças sociais coordenavam o trabalho ao definir quem podia ser chamado para a construção de canoas e com que fundamento. Existia assim um conceito de posse na cultura destas ilhas, embora não fosse o mesmo que o conceito europeu de propriedade privada. O prefixo *toli*, que poderia ser

INTRODUÇÃO À TEORIA EM ANTROPOLOGIA

traduzido por "dono", também significava "mestre", e era atribuído ao homem que dirigia a construção de uma canoa. Este homem nunca podia ser excluído de qualquer expedição em que essa canoa participasse, assistindo-lhe além disso o direito de alugá-la a outros utilizadores.

O comércio por troca directa ocorria em conjunto com o *kula*. As diversas ilhas possuíam recursos diferentes e produziam objectos igualmente diferentes. Uma expedição de *kula* partia sempre com as suas canoas cheias de produtos que se sabia terem valor no local de destino. De uma perspectiva ocidental poderia parecer que o comércio de produtos era a finalidade principal destas expedições. No entanto, para aqueles que nelas participavam, a finalidade principal era a troca de valores, que tinha por base o apreço pelo dar e receber em si mesmos. Os sócios do *kula* trocavam salvo-condutos para aquelas que, de outra forma, seriam consideradas aldeias hostis e exóticas. Os nativos das Ilhas Amphlett eram especialistas na produção de cerâmica, mas importavam pedra para fazer as suas ferramentas que era originária da Ilha Woodlark e que lhes chegava através das Trobriand. Simultaneamente, as aldeias das Trobriand eram especializadas no fabrico de pratos de madeira, cerâmica de cal ou cestos, que também eram trocados por cerâmica das Amphlett. Por sua vez, os habitantes destas últimas obtinham dos nativos da Ilha de Fergusson tiras de rota (com as quais faziam cintos e amarras para as canoas) e lanças com barbela, de bambu, que trocavam com os habitantes das Trobriand. Estas práticas comerciais tinham lugar após os parceiros do *kula* trocarem os presentes relativos ao mesmo. Contudo, os parceiros não negoceiam directamente uns com os outros, antes regateiam e trocam com outros elementos da comunidade dos seus parceiros, evitando assim o risco de uma possível zanga vir a quebrar os laços previamente estabelecidos.

A teoria de Malinowski

Malinowski não era muito conceituado enquanto teórico, nem como alguém que conseguia oferecer um conjunto aceitável de princípios gerais através dos quais se pudesse descrever e comparar um conjunto de sociedades. Quando passou da descrição da vida das Trobriand para sua a explicação, o seu contributo revelou-se

O FUNCIONALISMO

menos brilhante. Salientou que a observação da forma como um povo age realmente de acordo com um costume é tão importante como deduzir as regras que se espera que as pessoas cumpram. Malinowski encarava o "nativo" como um homem razoável, que escolhia quais os sócios a quem daria ou solicitaria um objecto do *kula*, manipulando assim em seu proveito as possibilidades inerentes às relações sociais. Considerava que a cultura se encontrava alicerçada nas necessidades biológicas do ser humano, constituindo um ponto de referência que permitia o estabelecimento de paralelos entre sociedades simples e complexas. O termo *função* adquiria assim um segundo sentido, nomeadamente o de "satisfazer as necessidades biológicas primárias (do indivíduo) através das instrumentalidades da cultura" (Malinowski 1954: 202).

Este autor defendia ainda que a cultura "constitui uma forma mais eficaz e mais solidamente fundamentada [do que a selecção natural] de satisfazer os desejos biológicos inatos do homem" (Malinowski 1947: 33). No entanto, isto não explicava a diversidade das sociedades humanas, dado que as necessidades biológicas são comuns a todas as espécies. Embora tivesse sido provavelmente com o intuito de aumentar as vendas que o autor decidiu chamar à sua obra sobre o parentesco dos ilhéus das Trobriand, *The Sexual Life of Savages* (1929), expressava também a sua teoria de que a função da cultura era satisfazer as necessidades biológicas. Em retrospectiva, Malinowski poderá ser considerado um percursor da sociobiologia (ver capítulo 6), embora na sua obra nunca coloque a hipótese de as diferentes formas de satisfação das necessidades biológicas poderem ser adequadas aos diversos ambientes físicos ou sociais. Seria só na década de 1970 que viriam a ser desenvolvidas as teorias adaptacionistas, que conseguiram reconciliar a variabilidade do comportamento cultural com o critério universal do sucesso reprodutivo.

Em termos de técnica analítica, um dos principais contributos de Malinowski foi provavelmente a utilização dos estudos no local, que continuariam a ser muito utilizados pelo seu aluno Firth na sua etnografia de Tikopea (Firth 1936) e, mais tarde, pela "Escola de Manchester", tal como nos demonstra o estudo das leis dos Barotze, efectuado por Gluckman (Gluckman 1955). Estas últimas obras contribuiriam também para uma melhor compreensão do

INTRODUÇÃO À TEORIA EM ANTROPOLOGIA

processo social. A demonstração de Malinowski de que toda a estrutura do *kula* era o resultado de trocas entre parceiros individuais revela bem até que ponto as estruturas sociais são construídas pelas acções humanas. Embora esta perspectiva não tivesse sido considerada no Funcionalismo Estrutural de Radcliffe-Brown, acabaria por contribuir para o desenvolvimento da teoria das trocas (ver capítulo 4).

Radcliffe-Brown

Para este antropólogo, a função de um costume era contribuir para a continuação da vida do "organismo social" (Radcliffe-Brown 1952: 178-9). O seu objectivo principal não era explicar a diversidade das sociedades humanas mas sim descobrir as leis do comportamento social através da demonstração de que, nas sociedades de um certo tipo, existiam relações sociais características desse mesmo tipo: por exemplo, nas comunidades em que a propriedade era herdada por descendência patrilinear, um homem teria uma relação previsivelmente constrangida com o pai e maior à-vontade com o irmão da mãe. Dirigir-se-ia ao pai e aos irmãos deste empregando o mesmo termo de parentesco ("pai"), uma vez que todos estes se encontrariam no mesmo patamar jurídico em relação a ele. Radcliffe-Brown chamou a isto o princípio da "unidade do grupo de irmãos". Rejeitou além disso a ideia (avançada por alguns evolucionistas) de que a relação de maior à vontade com o irmão da mãe fosse uma reminiscência de uma suposta era em que a descendência por via matrilinear tivesse imperado, ou que uma pessoa chamasse "pai" a um tio devido ao facto de, numa era promíscua do passado, as pessoas não estarem cientes da sua verdadeira paternidade (Radcliffe-Brown 1952: 24-5). Embora a teoria de Herbert Spencer sobre a evolução social tenha influenciado Radcliffe-Brown nas suas tentativas de demonstrar a forma através como uma sociedade pode passar de um determinado tipo para outro, é a Durkheim que este autor vai buscar as suas principais influências. Com efeito, a analogia orgânica é algo de fulcral na sua teoria do Funcionalismo. Radcliffe-Brown definiu a unidade funcional como "uma condição em que todas as componentes do sistema social trabalham em conjunto com um suficiente grau de harmonia ou de coerência

O FUNCIONALISMO

interna (para continuar assim a constituir um sistema), isto é, sem produzir conflitos persistentes que não possam ser ou resolvidos ou regulados" (Radcliffe-Brown 1952: 181). Reconheceu também que o conceito de unidade funcional num sistema social era uma hipótese, e que a existência de alguma oposição ou antagonismo entre grupos no seio de cada sociedade era uma característica de cada sistema social. Nem todos os costumes tinham necessariamente de ter uma função positiva, podendo alguns sistemas sociais apresentar um grau de integração mais elevado do que os outros. Salientou, além disso, que, enquanto a estrutura de um organismo animal é directamente observável, as estruturas sociais não podem ser vistas: podemos apenas inferir a sua existência através da observação dos comportamentos dos indivíduos que a compõem. Radcliffe-Brown admitia ainda que, num sistema social, um costume ou instituição podem ser substituídos por costumes ou instituições diferentes sem que o sistema social se desagregue: as sociedades podem mudar de uma forma que os organismos animais, na sua generalidade, não podem.

Apesar das precauções de Radcliffe-Brown, a analogia orgânica tem limitações intrínsecas: os órgãos do corpo funcionam para manter um equilíbrio, enquanto que as sociedades mudam frequentemente. Nas palavras do antropólogo norueguês Fredrik Barth, esta analogia convida a uma abordagem "morfológica" da análise social, na qual as acções dos indivíduos são agregadas para descobrir a norma, que se pressupõe ser um costume generalizado (ver capítulo 4). A analogia orgânica parte, além disso, do pressuposto de que as sociedades têm "necessidades" que devem ser satisfeitas através das acções dos seus elementos e não o contrário (opondo-se assim à teoria de Malinowski).

Uma das características mais salientes da história do Funcionalismo é o facto de dois dos alunos mais influentes de Malinowski (Fortes e Evans-Pritchard) terem abandonado as teorias deste em favor das de Radcliffe-Brown. O primeiro, em comunicações para seminários, numa fase posterior, deixou claro que considerava as instruções de Malinowski para a análise da vida social impraticáveis. O professor aconselhara-o a elaborar uma grande lista com todos os costumes que identificara ao estudar os Talensi e explorar os seus aspectos económicos, políticos e cerimoniais para depois

INTRODUÇÃO À TEORIA EM ANTROPOLOGIA

traçar as ligações existentes entre aqueles que estivessem relacionados entre si. Malinowski tivera esperanças de que o *kula* demonstrasse ser o primeiro exemplo de uma instituição generalizada, tal como acontecera com o totemismo (Malinowski 1922: 514), mas os Talensi não tinham uma rede de transacções única e unificante como o *kula* dos habitantes das Trobriand, pelo que Fortes considerou ser impossível tirar conclusões claras e generalizadas sobre a estrutura social daquele povo utilizando o método de Malinowski.

Pelo contrário, a teoria de Radcliffe-Brown oferecia um conjunto de ideias simples e completo, a partir do qual se podia apresentar hipóteses susceptíveis de serem testadas. A mais famosa destas ideias era o conceito de grupo de descendência unilinear. A história, segundo o próprio Fortes, é que Evans-Pritchard lhe escreveu numa altura em que se encontravam ambos em pleno trabalho de campo, aconselhando-o a encontrar-se com Radcliffe-Brown mal regressasse a Londres. Marcado o encontro, Fortes chegou ao local combinado e deparou-se com aquele seu colega sentado num sofá a descrever a sociedade dos Nuer, enquanto Radcliffe-Brown, de pé e apoiado sobre a cornija da lareira, o escutava. Ao fim de algum tempo, este último declarou: «Parece-me tratar-se de um sistema de descendência unilinear. Leia Gifford, meu caro!» (ver Kuper 1988: 191-2 para outro relato e apreciação deste episódio).

Embora Malinowski tivesse estudado a descendência matrilinear entre os nativos das Trobriand, apenas se referiu de uma forma breve aos clãs e subclãs, preferindo concentrar-se no modo como aquele tipo de descendência afectava as relações interpessoais, tais como aquelas que ocorriam entre um homem e o seu pai ou o irmão da mãe. Em parte, este facto pode ser explicado pela fluidez dos grupos de descendência daqueles nativos (ver Weiner 1976: 38-43). Tanto Fortes como Evans-Pritchard conseguiram pegar no conceito de descendência proposto por Radcliffe-Brown e aplicá-lo aos dados por si recolhidos nos trabalhos de campo, demonstrando que os segmentos que compunham as sociedades dos Nuer e dos Talensi eram grupos de descendência patrilinear (ver capítulos 4 e 5 para um breve resumo das suas análises). Segundo verificaram, todos os grupos de

O FUNCIONALISMO

descendência eram aproximadamente iguais em termos de dimensões e autonomia política. Os laços entre as diferentes linhagens eram estabelecidos com base na regra de que ninguém podia casar dentro do seu grupo e de que cada grupo era responsável pelos actos praticados pelos seus elementos contra elementos dos outros grupos.

Ao contrário de Malinowski, Radcliffe-Brown não dava grande importância aos estudos no local. O primeiro fazia uma distinção entre aquilo a que chamava "os imponderáveis da vida real" (ou seja, a rotina diária, as conversas e as amizades), que só podiam ser observados em primeira mão e através dos quais "são fiados os inúmeros novelos" da "verdadeira substância do tecido social" (Malinowski 1922: 19) e os deveres mais formais e jurídicos (obrigações rituais, regras de etiqueta, etc.), a "estrutura legal definida e cristalizada" da sociedade, acerca da qual se podia fazer perguntas, mas que era sentida de uma forma menos íntima pelas pessoas que a elas se encontravam submetidas. Já para Radcliffe--Brown, "as relações entre o Tom, o Dick e o Harry podem ser assentes nos nossos blocos de notas e podem fornecer exemplos para uma descrição generalizada. Mas aquilo de que necessitamos para fins científicos é de uma descrição da forma da estrutura" (Radcliffe-Brown 1952-192). Seguia assim Durkheim na defesa da necessidade de se "concretizar" a sociedade. O método por si proposto foi denominado "Estruturalismo Funcional" uma vez que se concentra na estrutura das relações sociais, atribuindo funções às instituições em termos da contribuição dada pelas mesmas para a manutenção da estrutura.

Conceitos-chave da análise funcionalista

Os elementos essenciais da análise social funcionalista são os conceitos de *estatuto* e *função*, definidos de uma forma muito clara pelo antropólogo americano Linton (Linton 1936: 113 e segs.), contemporâneo de Radcliffe-Brown em Chicago e, alguns anos depois, definidos também por este último (Radcliffe-Brown 1940a). Malinowski escrevera sobre a "diferenciação sociológica das funções" e de "cargos" sem utilizar os termos "função" ou "estatuto". Na formulação de Linton, uma pessoa tem um estatuto quando lhe é atribuído o direito ou o dever de se comportar e ser

INTRODUÇÃO À TEORIA EM ANTROPOLOGIA

tratado de uma determinada forma durante a sua interacção social. Quando age de acordo com aquilo que dele se espera nesse estatuto, o indivíduo estará então a desempenhar a função associada ao mesmo. Segundo a sua teoria:

1) Um estatuto é uma posição num esquema de relações sociais.

2) Uma função é composta pela(s) forma(s) de comportamento associada(s) a esse estatuto.

Cada estatuto é uma posição num esquema de interacção específico. O indivíduo pode ter vários estatutos, consoante os vários esquemas de interacção em que participe e o papel que desempenhe em cada um deles. Os estatutos que são automaticamente conferidos a um indivíduo, por este possuir determinadas características socialmente definidas, são classificados como *atribuídos*. Estatutos que só podem ser alcançados através da demonstração de certas capacidades ou da acumulação de um grau de riqueza suficiente são considerados *adquiridos*.

A ideia de que todos são responsáveis perante todos os outros (ou, como diriam Radcliffe-Brown e os seus seguidores, perante a colectividade que constitui a sociedade) encontra-se implícita nesta simples tipologia. A implicação aparenta ser ingénua nos casos em que determinados elementos da sociedade detenham o controlo exclusivo dos factores de produção tais como a terra, o gado, o equipamento ou a mão-de-obra. Neste contexto, aqueles que detêm o poder têm meios para impor os seus desejos aos outros. Esta perspectiva, essencial para os marxistas, é negligenciada pelos funcionalistas. As sociedades de pequena dimensão, principalmente as de caçadores-recolectores que viviam em meios ambientes imprevisíveis (ver capítulo 6) encontravam-se em maior conformidade com o modelo funcionalista de controlo social.

Os seguidores desta escola concebiam a estrutura social como uma rede de estatutos ligados pelas funções a eles associadas, reconhecendo quatro tipos de estrutura intermédia (ver Figura 2.1). As relações *diádicas,* que existem entre dois estatutos complementares, tais como amigo↔amigo, vendedor↔cliente ou mulher↔marido. Uma *categoria social* consiste no número de pessoas que têm algum estatuto em comum, mas que não interagem de forma organizada com base nesse mesmo estatuto. Em muitas

O FUNCIONALISMO

sociedades de pequena dimensão, as pessoas herdam o estatuto de membros de categorias sociais a que vulgarmente se chama secções sociais (*moieties*), as quais determinam com quem se pode ou não casar. Se estas forem *exógamas* (isto é, se não se puder desposar um elemento da sua própria subdivisão), um elemento da subdivisão A deverá desposar um elemento da sua congénere B e vice-versa.

Uma *estrutura social* é algo composto por muitas ligações diádicas, e em que cada pessoa é aparentada com pelo menos duas outras mas ninguém é aparentado com toda a gente. Os indivíduos que se inserem na estrutura social não partilham a propriedade comum, nem se organizam para uma finalidade comum. Esta estrutura tende, assim, a não apresentar fronteiras claramente reconhecíveis: cada ligação pode ser construída com base numa função diferente. Nos casos em que alguns indivíduos inseridos na estrutura social estabelecem relações entre si com vista ao desempenho de uma determinada tarefa, pode dizer-se que constituem um *grupo de acção* (Fichter 1957). Os membros das comunidades dos Fur que se juntam para as festas da cerveja (ver capítulo 4) constituem um bom exemplo destes grupos.

Um *grupo social* apresenta várias características que o distinguem das categorias sociais, estruturas ou grupos de acção. Tem limites definidos, que estabelecem quem é membro e quem não é. Apresenta, além disso, uma estrutura interna, que faz com que todos os seus elementos mantenham uma clara relação com todos os outros, mesmo quando existem várias funções no interior do mesmo grupo. Cada grupo tem um objectivo colectivo, que tanto pode ser a administração de uma propriedade comum como a defesa contra ataques do exterior, ou o prestar de culto a uma divindade. Os grupos apresentam um carácter relativamente permanente: muitos daqueles que encontramos nas sociedades de pequena dimensão recrutam os seus elementos à nascença e todas as crianças se juntam ao grupo a que o pai ou a mãe pertencem. Um grupo que é presumivelmente perpétuo, ou seja, que se espera que dure indefinidamente, é designado por *grupo corporativo*, enquanto um grupo com um tempo de vida limitado (como é o caso de um agregado familiar, que se dissolverá quando o casal que o constituiu morrer) pode ser chamado um *quase-grupo*.

INTRODUÇÃO À TEORIA EM ANTROPOLOGIA

Os funcionalistas que trabalharam segundo a tradição durkheimiana (principalmente Radcliffe-Brown e seus alunos), atribuíram grande importância ao estatuto e à função (ou seja, às partículas elementares do sistema social), bem como aos grupos corporativos que permaneciam mesmo depois da morte dos indivíduos e conferiam um carácter de permanência à estrutura social. As estruturas sociais, grupos de acção e quase-grupos assumiram uma maior importância com o advento das teorias interaccionistas (que propunham um regresso à abordagem proposta por Malinowski), as quais interpretavam os sistemas sociais como sendo o produto de uma negociação, mais do que um conjunto de estruturas predeterminadas no seio das quais era atribuído um lugar a cada novo indivíduo (ver capítulo 4). Estes conceitos viriam a tornar-se particularmente úteis quando os antropólogos começaram a estudar as relações sociais nas comunidades urbanas, principalmente naquelas que eram constituídas por famílias da classe operária que não tinham propriedade comum (Barnes 1954; Mayer 1966).

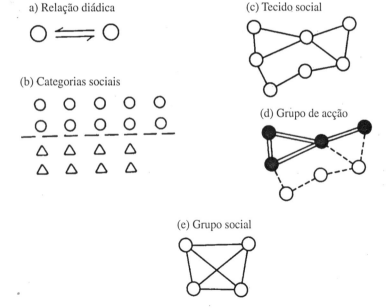

Figura 2.1. Estruturas intermédias da análise funcionalista

O FUNCIONALISMO

Alguns exemplos

A utilidade destes conceitos pode ser ilustrada através de uma análise da forma como clarificam quatro sistemas sociais diferentes: o dos pastores gregos; o dos criadores de vacas da África Oriental; o de um reino pré-colonial da África Ocidental; e o de um bairro de lata da América Latina. Os criadores de vacas africanos constituem um exemplo típico de uma sociedade dominada por grupos corporativos de descendência autónomos, embora tais grupos se encontrem ausentes da organização social dos pastores gregos e dos habitantes dos bairros de lata. E, embora existam no reino africano, surgem neste caso sempre incorporados na estrutura hierárquica do Estado, não sendo por isso politicamente autónomos. Enquanto os Saracatsani são donos dos seus rebanhos de ovelhas e cabras, os habitantes dos bairros de lata, sem direito legal às suas casas e trabalhando por conta de outrem, têm pouca base material para construir relações sociais.

Os Saracatsani

Quando Campbell os estudou, na década de 50, os Saracatsani (povo que habita o Norte da Grécia) eram pastores que praticavam o sistema da transumância. No Verão, os 4000 Saracatsani de Zagori apascentavam os seus rebanhos de ovinos e caprinos nas vertentes montanhosas, a uma altitude de entre 1000 e 2000 metros acima do nível do mar. Quando chegava o Inverno, as montanhas enchiam-se de neve e as encostas eram menos batidas pelo sol, pelo que estes pastores regressavam à planície. Não eram donos das terras onde o seu gado pastava, sendo por isso obrigados a pagar pela sua utilização às aldeias ou aos mosteiros a quem elas pertenciam. Enquanto Campbell esteve no terreno, durante o Verão, entre 100 e 300 pastores juntavam-se a cada aldeia principal, juntamente com um máximo de 25 vezes o seu número em cabeças de gado. Cada casa, onde vivia uma família nuclear (ou seja, pais e filhos), geria os seus animais de forma independente. Contudo, chegado o Inverno, foram formadas associações entre os diversos agregados familiares, as quais alugavam pastagens em conjunto e geriam o seu gado colectivamente. Estas associações chamavam-se *stani* ("companhias"), podendo ser caracterizadas como quase-grupos, uma vez que se dissolviam todas as Primaveras. Os 4000

INTRODUÇÃO À TEORIA EM ANTROPOLOGIA

Saracatsani residentes no distrito de Zagori não constituíam um grupo corporativo, uma vez que nunca se uniam para empreender acções comuns contra os forasteiros, nem partilhavam uma propriedade colectiva. Não obstante, Campbell considerou que constituíam uma comunidade que partilhava valores comuns, cimentados por certas estruturas de relações interpessoais. Julgavam, também, as acções uns dos outros de acordo com um código de ética e competiam pela honra aos olhos dos outros elementos do seu povo. No relato que se segue, utilizaremos o presente do indicativo para descrever a estrutura populacional estudada por Campbell na década de 50 (muitos Saracatsani estabeleceram-se entretanto nas cidades).

A terminologia familiar dos Saracatsani é *bilateral*, ou seja, este povo não faz distinção entre parentes do lado paterno e do lado materno. Este facto, tal como mais adiante se verá, encontra--se relacionado com a ausência de grupos de descendência corporativos. Todos os indivíduos reconhecem o parentesco matrilateral ou patrilateral (isto é, do lado materno ou paterno) até ao nível de primos em segundo grau (Figura 2.2.). Estes parentes são os *familiares* do indivíduo. Para qualquer indivíduo deste povo, o total dos elementos da comunidade saracatsani encontra--se dividido em duas categorias: a dos familiares e a dos estranhos. Os parentes que passa a ter através do casamento (*affines*) formam um terceiro grupo, que podemos classificar como intermédio. A confiança e preocupação genuína com o bem-estar dos outros são sentimentos que só podem existir entre familiares. Não existem outras instituições comuns que permitam uma cooperação entre os elementos deste povo.

Com base nos seus cálculos, Campbell imaginou que, em média, uma família nestes termos seria composta por 250 pessoas, cerca de metade das quais seriam primos em segundo grau, encontrando--se, desde logo, nas margens de todo o grupo. Tal como nos mostra a Figura 2.2., apenas os irmãos e irmãs que sejam filhos do mesmo pai e da mesma mãe terão a mesma família, passando a ter *affines* diferentes quando casam. O esquema global de relações sociais entre os Saracatsani poderá assim ser caracterizado como uma rede na qual cada pessoa possui relações diádicas com várias outras pessoas que, por sua vez, mantêm também elas relações do mesmo

O FUNCIONALISMO

tipo com outras ainda. Os familiares de cada elemento encontram-se muitas vezes espalhados por toda uma região e, quando uma família viaja em busca de uma pastagem, os seus parentes podem fornecer-lhe alojamento e informações que, por uma questão de orgulho, jamais seriam solicitadas a estranhos. Da mesma forma, sempre que um homem se envolve numa disputa ou enfrenta uma acusação judicial, os seus familiares prestam-lhe auxílio e aconselham-no. Devido ao facto de ele ser seu parente, perderão prestígio se ele agir de uma forma pouco honrosa e, uma vez que ele necessita do seu apoio, dará ouvidos aos seus conselhos (naquilo que constitui um exemplo da teoria funcionalista do controlo social). Um homem não deve roubar animais do rebanho de um familiar, seduzir as irmãs deste ou fazer mexericos sobre a sua vida privada fora do seu círculo familiar. Ninguém pode desposar um familiar: os laços de afinidade são obrigatoriamente estabelecidos entre pessoas oriundas de famílias diferentes, o que obriga tanto homens como mulheres a virar-se para o exterior da sua família e criar novas relações sociais. Goody (1983) defende que a proibição do casamento entre elementos do mesmo grupo familiar foi uma criação da Igreja cristã nos seus primórdios.

Existem duas formas de unidade social que são fulcrais para a organização social dos Saracatsani, ambas pequenas e nenhuma delas corporativa: a unidade mínima é a família nuclear, à qual o indivíduo "deve dedicar quase exclusivamente o seu tempo, energia e fidelidade" (Campbell 1964: 8). O agregado familiar deste povo não constitui um grupo corporativo porque não possui um carácter perpétuo. Não só devem os membros de um grupo corporativo reconhecer os direitos comuns e as obrigações uns dos outros (tal como fazem os membros de um agregado familiar Saracatsani), mas também possuir meios para recrutar novos elementos para substituir aqueles que morrem ou abandonam esse mesmo grupo. O agregado familiar Saracatsani, que só dura o tempo de vida do casal que o constituiu, deverá, assim, ser considerado um quase-grupo em que os filhos crescem, casam e partem para fundar novos agregados). Um grupo corporativo deve também possuir propriedade partilhada, cuja posse é transmitida indivisa às sucessivas gerações de membros. Sem dúvida que, nos agregados familiares Saracatsani, existe propriedade comum: cada agregado

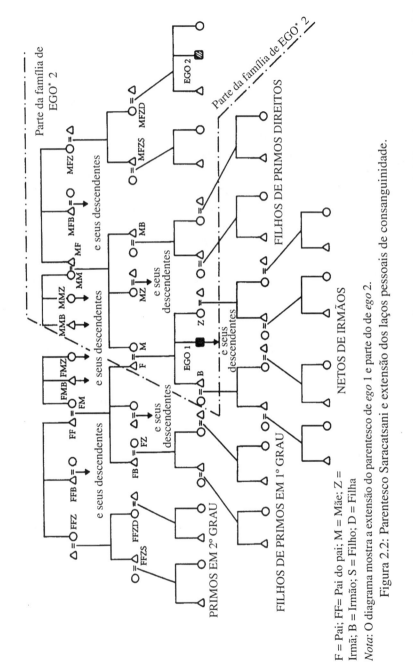

F = Pai; FF= Pai do pai; M = Mãe; Z = Irmã; B = Irmão; S = Filho; D = Filha
Nota: O diagrama mostra a extensão do parentesco de *ego* 1 e parte do de *ego* 2.
Figura 2.2: Parentesco Saracatsani e extensão dos laços pessoais de consanguinidade.

* *Ego* é o nome convencional, em Antropologia, dado ao indivíduo escolhido como ponto de referência na notação e descrição de um sistema de parentesco, sendo sempre necessário nesta apresentação indicar se *ego* é masculino ou feminino. (N. R.)

64

O FUNCIONALISMO

tem um rebanho de ovelhas e cabras, uma cabana, uma colecção de ícones (pinturas) religiosos e um conjunto de objectos utilizados no quotidiano. No entanto, quando os filhos casam, cada um deles recebe uma porção de cabeças de gado do rebanho, que se torna propriedade exclusiva do agregado familiar que vai agora constituir. No caso das filhas, recebem ícones e utensílios para o lar. Assim, em vez de termos sucessivas gerações de uma determinada linha de descendência com direitos colectivos à posse destes objectos (como acontece nos dois exemplos que se seguem), cada filho recebe o direito exclusivo a uma pequena parcela de bens e deixa de ter a obrigação mútua de vingar o assassinato ou a violação de um irmão ou irmã, em nome de uma fidelidade sem reservas para com o seu agregado familiar (Figura 2.3.).

O processo através do qual um agregado familiar se dissolve (para ser mais tarde substituído por outros agregados) é, conforme já vimos, gradual. Até ao casamento de um dos irmãos, a sua unidade contra os de fora é total. No entanto, com o passar do tempo, os interesses dos seus elementos vão divergindo: um homem casado tem por obrigação para com a sua mulher não arriscar a vida a vingar actos cometidos contra os irmãos dele, obrigação essa que é reforçada com o nascimento dos filhos (para bem dos quais o marido deve estreitar relações com a família da mulher). Não obstante, os irmãos casados continuam muitas vezes a viver e a trabalhar lado a lado, gerindo em conjunto os seus rebanhos de ovelhas ou cabras. O meio através do qual o fazem é a segunda unidade social: a companhia. Para se alugar uma boa pastagem de Inverno, deve negociar-se um acordo com um representante governamental ou uma pessoa influente na respectiva aldeia, da mesma forma que, para se produzir um queijo que possa ser vendido a bom preço, é necessária uma gestão cuidadosa do rebanho e dos fundos da companhia. Nesse sentido, cada companhia nomeia um homem para a sua liderança (o *tselingas*), sendo que a maioria delas são constituídas por agregados familiares liderados por irmãos casados que, embora as suas cabeças de gado se encontrem marcadas de uma forma explícita, continuam a cooperar para benefício mútuo. Uma companhia chefiada por um *tselingas* influente atrairá elementos de outros agregados familiares encabeçados por tios, sobrinhos, cunhados ou primos do líder.

INTRODUÇÃO À TEORIA EM ANTROPOLOGIA

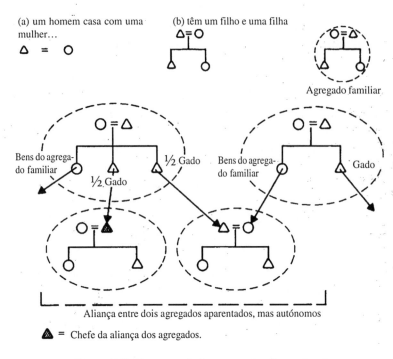

Figura 2.3: Esquema de heranças dos Saracatsani.

A força que se pode adquirir por se pertencer a uma determinada companhia é exemplificada de uma forma bem clara por um incidente ocorrido em 1954: dez anos antes, uma companhia composta por 80 pessoas que detinham um total de 2000 ovelhas e cabras, descobriu que os aldeões muçulmanos que normalmente lhes alugavam as pastagens de Inverno tinham sido obrigados a refugiar-se na Albânia. O direito da companhia a continuar a utilizar aqueles campos foi-lhe então negado pelos aldeões cristãos, que se tinham apoderado dos bens dos muçulmanos e persuadido o governador local a apoiá-los. Assim, em 1954, os novos proprietários disseram aos Saracatsani para não regressar no ano seguinte. Mas a resposta destes não se fez esperar: tendo contratado dois advogados influentes, instruíram-nos a elaborar uma petição, em que constasse que o seu povo era composto por "homens simples, mas facilmente dados a comportamentos violentos em épocas de crise" (Campbell 1964: 90). Nada mais aconteceu até que um dia

O FUNCIONALISMO

chegou à aldeia a notícia de que a companhia se reagrupara, e que, nesse momento, descia a montanha em direcção à planície. Nessa altura, a decisão anterior foi revogada, com o argumento de que um grupo de pessoas e animais de tal maneira grande teria de ser alojado nalgum lugar para evitar situações de violência e embaraço político.

A organização social dos Saracatsani funciona de forma a permitir a mobilidade que a vida dos pastores transumantes exige, às custas no entanto do efeito fraccionário das querelas familiares, despoletadas por assassínios, violações e vinganças. É também evidente que, se os Saractasani se conseguissem juntar em grupos corporativos, ganhariam ainda mais força do que aquela que obtêm por pertencer a uma determinada companhia.

Os Samburu

Os Samburu do Quénia também são pastores mas, contrariamente aos Saracatsani, têm grupos corporativos. Este povo pertence a um aglomerado de sociedades pastoris aparentadas que vão desde os Nuer e os Dinca, do Sudão (a norte), aos Masai, do Quénia e da Tanzânia (a sul). Em termos históricos, são provavelmente da família dos "Etíopes" de que falava Heródoto, descendendo de comunidades imigradas para sul há já muito tempo devido à desertificação do Sara. A região em que estes povos vivem actualmente foi colonizada pelos britânicos no início do século XX, não porque a sua economia oferecesse grandes oportunidades de lucro, mas sim para evitar um avanço dos Etíopes de língua amárica. Contrariamente aos reinos tradicionais do Sul, estas sociedades de pastores nómadas tinham um sistema político que os seus colonizadores, até então, desconheciam, revelando-se difíceis de subjugar (tal como as tribos citas nómadas, a que Heródoto também se referiu). Com o seu trabalho de campo junto dos Nuer, Evans-Pritchard tentou resolver esse quebra-cabeças que era a resistência destes povos de governo descentralizado.

Um dos pontos-chave da sua organização social é a gradação etária, que liberta os jovens do sexo masculino das obrigações familiares enquanto desempenharem as funções de guerreiros (*moran*); o outro é a gestão colectiva do gado, efectuada por grupos corporativos, cuja filiação é hereditária, passando de pais para filhos

INTRODUÇÃO À TEORIA EM ANTROPOLOGIA

(descendência patrilinear). Spencer, que estudou os Samburu nas décadas de 60 e 70 (Spencer 1965, 1973), concluiu que, entre as tribos deste povo, a função de guerreiro não se encontra morta mas sim adormecida (Spencer 1973: 95), permanecendo activa nas outras sociedades da região, embora tristemente transformada em termos de potencial destruidor graças à aquisição de poderosas armas de fogo, que restaram das diversas guerras que têm sido travadas na região ao longo das últimas duas ou três décadas.

Para compreender a forma como o estatuto de cada membro de uma destas tribos lhe é atribuído com base na sua idade, devemos antes de mais analisar a diferença entre *grau etário* e *conjunto etário*. O primeiro constitui uma *categoria social*, pela qual todos devem passar. Cada grau é associado a um estatuto, que define a função que a pessoa deverá desempenhar em relação aos outros elementos não só do mesmo, mas também dos outros graus. Os rapazes das tribos Samburu circuncidados durante um período de cerca de dez anos são aceites num determinado conjunto etário, o qual constitui um quase-grupo que se mantém para o resto da vida de cada um dos seus elementos. Um conjunto etário pode ser comparado a um grupo de crianças da escola e um grau etário aos diversos níveis (ou anos) pelos quais essas mesmas crianças passarão ao longo do seu percurso escolar. Os principais graus são, para os homens, a *infância* (que vai desde o nascimento à adolescência), a *idade guerreira* (da adolescência até ao início da idade madura) e a *idade de ancião* (a fase mais madura da vida) (ver Figura 2.4.). As mulheres não têm conjuntos etários, embora lhes sejam reconhecidos dois graus. As raparigas são submetidas a rituais de iniciação mais ou menos na mesma altura que os rapazes mas, enquanto que estes têm de se manter solteiros até ultrapassar a idade guerreira, as raparigas casam pouco tempo após a iniciação.

No seio de um determinado conjunto etário, as relações são amistosas e igualitárias, com a autoridade a ser basicamente exercida entre conjuntos alternados. Os "Anciãos do Pau de Fogo" organizam os rituais de iniciação dos rapazes que estão prestes a entrar para o grau que se situa dois graus abaixo do seu, podendo adiar a idade da iniciação nos casos em que os jovens sejam mal comportados. Uma vez terminados os rituais, encontrando-se os jovens já no grau de guerreiros, caberá a estes anciãos educá-los e

O FUNCIONALISMO

ESCALÕES ETÁRIOS (Estatutos)		LOCALIZAÇÃO DOS ESCALÕES ETÁRIOS
(MORTOS)		(ESCALÃO A)
ANCIÃOS		ESCALÃO B
		ESCALÃO C
		ESCALÃO D
	(PAIS DOS GUERREIROS [MORANS])	ESCALÃO E
	(ANCIÃOS DOS PAUS DE FOGO)	ESCALÃO F
MORANS	(ESCALÃO ADJACENTE)	ESCALÃO G
	(EGO)	ESCALÃO H
RAPAZES		

Figura 2.4. Escalões etários dos Samburu

discipliná-los. A desobediência aos anciãos por parte dos *morans* [guerreiros] pode significar que os seus futuros filhos sejam amaldiçoados, pelo que estes guerreiros ficarão impossibilitados não só de se casar se não forem obedientes, mas também de ascender ao grau de anciãos uma vez terminada a idade guerreira. Os Samburu consideram a função disciplinadora dos Anciãos do Pau de Fogo para com os guerreiros incompatível com a de um pai para um filho, pelo que os pais dos *morans* pertencem ao conjunto etário acima dos primeiros. A acentuada diferença de idades que se verifica entre pais e filhos deve-se provavelmente à idade em que os homens casam. Os *morans* são obrigados a viver num acampamento diferente do dos homens e mulheres casados, encontrando-se além disso proibidos de ingerir carne cozinhada por uma mulher casada (o que é um meio bastante cómodo de se reduzir as oportunidades de as mulheres irem ao mato visitar rapazes desejáveis da sua idade). Livres de responsabilidades

INTRODUÇÃO À TEORIA EM ANTROPOLOGIA

familiares, os guerreiros encontram-se estrategicamente colocados para se concentrarem na defesa da sua aldeia contra ladrões de gado, ou na organização de expedições de pilhagem às outras aldeias. Os *morans* podem ter amantes entre as jovens solteiras e relações ilícitas com as casadas, mas não são legalmente responsáveis por quaisquer filhos que possam nascer destas relações. Ou seja, embora possa ser *genitor* (pai biológico) de uma criança, um *moran* nunca será o seu *pater* (pai social). Assim, é já possível compreender como é que a análise funcional da estrutura social revela uma maior complexidade da sociedade dos Samburu quando comparada com a dos Saracatsani.

A descendência patrilinear dos Samburu confere a cada indivíduo o estatuto de membro do grupo de descendência corporativo do seu pai. A teoria funcionalista parte do princípio de que a pertença a um grupo de descendência é *atribuída* na altura do nascimento, embora na prática exista alguma flexibilidade, que é possibilitada pela adopção (*ver* uma nova análise feita por Verdon da descendência dos Nuer, tratada no capítulo 4).

A descendência unilinear, ou seja, a descendência que é traçada exclusivamente através do pai social (a chamada descendência patrilinear) ou da mãe social (descendência matrilinear) garante que, ao nascer, todos os elementos de uma determinada sociedade pertencerão automaticamente a um, e a um só grupo (mais concretamente, ao grupo a que o pai ou a mãe pertencerem). A figura 2.5. mostra-nos quem pertenceria a determinados grupos de descendência na sociedade dos Saracatsani se nela existissem grupos deste tipo. Sempre que as linhagens sejam exógamas (isto é, em que as pessoas não possam desposar outros membros da sua linhagem), todos os seus elementos terão uma família própria para além daquela de cujo sangue partilham. As ligações existentes nestes esquemas familiares são criadas pelos casamentos entre parentes. A teoria funcionalista interpreta estes esquemas como uma forma de mediação quando ocorrem disputas entre linhagens e, assim, como uma das formas de se manter a coesão das unidades que constituem a sociedade segmentária de que Durkheim falava.

O modelo de linhagem mais simples parte do princípio de que cada casal tem um filho e uma filha (Figura 2.6. (a) mas, na prática,

O FUNCIONALISMO

alguns casais têm muitos filhos enquanto os outros têm poucos, ou até mesmo nenhum. Assim, as linhagens têm tendência para ser *segmentadas*, contendo cada segmento de um nível mais elevado (A e B na Figura 2.6. (b) segmentos de um nível mais baixo (1, 2, 3 e 4 na Figura 2.6. (b). No caso da descendência patrilinear, em que um homem tem dois ou mais filhos, cada filho é o potencial fundador de um segmento distinto da sua linhagem. O mesmo se passa na descendência matrilinear, em que são as filhas das mulheres que fundam os segmentos das suas linhagens. Uma linhagem atribui a sua origem a um antepassado comum, embora se encontre muitas vezes misturada com outras linhagens em grupos de descendência mais amplos, cujos elementos acreditam ter uma ascendência comum, pese embora não consigam identificar uma ligação genealógica a um antepassado único. Estes grupos são conhecidos por *clãs*.

O patriclã dos Samburu é o grupo corporativo mais significativo desta sociedade. Spencer descobriu que, no seio de cada clã, existe um espírito de cooperação que tem como base o princípio de que todos os homens do clã partilham direitos sobre as cabeças de gado uns dos outros. Cada um reconhece que os seus companheiros podem usufruir de uma parte dos seus rebanhos para alimentar as suas famílias ou para oferecer como dote de casamento. E, embora devam ser pagos, «é este elemento de reciprocidade que dá origem ao pressuposto da existência de grandes manadas e rebanhos que pertencem a todo o clã» (Spencer 1973: 77). Os elementos dos clãs também se aconselham mutuamente quanto à melhor forma de gerir as suas cabeças de gado, bem como incentivar os maridos a respeitar os direitos das mulheres e a desaconselhar os irmãos mais novos de competir pela posse de uma mulher com os mais velhos que ainda estão solteiros. Os guerreiros que pertencem a um mesmo clã fazem as suas cerimónias em conjunto, excluindo da participação nas mesmas todo e qualquer forasteiro. A interacção social é aqui mais coesa, podendo-se formar grupos maiores para acções conjuntas, do que no caso dos Saracatsani.

A vida quotidiana dos Samburu é regulada pelas funções cruzadas que a idade e a descendência conferem, nas quais assenta toda a organização de cada acampamento. Aqui, a economia pastoril e o meio-ambiente semidesértico fazem do nomadismo

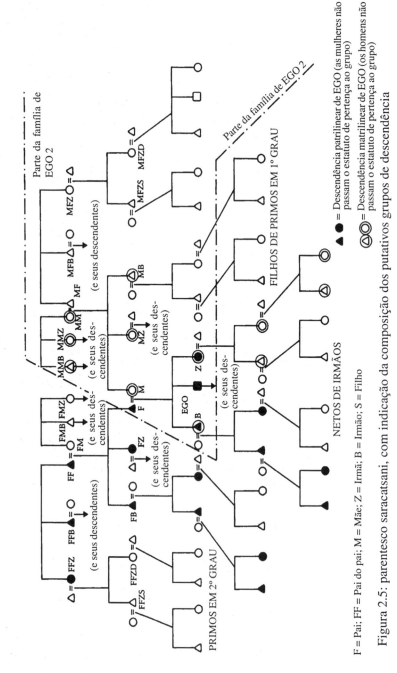

Figura 2.5: parentesco saracatsani, com indicação da composição dos putativos grupos de descendência

Nota: O diagrama mostra os membros da linha de descendência matrilinear de EGO num contexto Saracatsani se a descendência neste povo seguisse o modelo matrilinear; e os membros da linha de descendência patrilinear de EGO se a mesma fosse patrilinear.

O FUNCIONALISMO

um modo de vida essencial. Os chefes das diferentes famílias preferem acampar junto de membros do seu clã e grupo etário, uma vez que podem contar com a sua confiança e cooperação. As cabanas e o gado dos homens e mulheres casados são protegidos por uma vedação de espinhos, que é colocada em redor de todo o acampamento. É no interior deste perímetro que decorrem os encontros em que os anciãos planificam a vida do grupo. Os guerreiros de cada família devem viver do lado de fora, para defender o acampamento, estando excluídos da tomada de decisões e, em princípio, do contacto com as mulheres dos anciãos.

Os grupos de descendência corporativos encontram-se claramente ausentes da sociedade dos Saracatsani, sendo que os Samburu apresentam uma maior coesão social, graças à ausência de querelas familiares. Efectivamente, nesta sociedade africana, a obtenção de reparo por um assassinato não é apenas da responsabilidade da família nuclear da vítima (como acontece entre os Saracatsani), mas sim de todo o clã, ou do seu segmento, que se opõe ao do assassino. Assim, o assassino é expulso do acampamento durante cinco dias, tendo de envergar roupas de mulher durante vários meses, o que o torna objecto de chacota geral. Qualquer pessoa que se vingue matando o assassino será responsabilizada pelos *dois* homicídios. Algum tempo depois do crime, os parentes da vítima pelo lado paterno vão buscar o gado do assassino ou, caso se trate de uma pessoa pobre, o de um seu familiar mais próximo. O dono deste gado não deverá oferecer qualquer resistência, uma vez que se trata de uma *restituição* relativa ao crime. Se a morte for deliberada, a opinião geral será a favor da apreensão do gado do assassino, para impedir a possibilidade de vingança. Mas, se a morte for acidental, a apreensão poderá ser retardada, ou até mesmo nunca vir a acontecer.

Por que razão não mantém um clã todo o seu gado numa única manada? Spencer conclui que tal se fica a dever à distribuição dispersa e imprevisível da água e das pastagens, que obriga cada agregado familiar a gerir o seu gado de uma forma independente. Na estação seca, um pai poderá mesmo ter de distribuir os seus filhos em grupos, indo cada um para poços diferentes com umas tantas cabeças de gado. Mesmo nas alturas em que as condições são boas nunca é possível fazer-se acampamentos de mais de quatro

INTRODUÇÃO À TEORIA EM ANTROPOLOGIA

(a) Um homem casa com uma mulher...   (b) têm um filho e uma filha

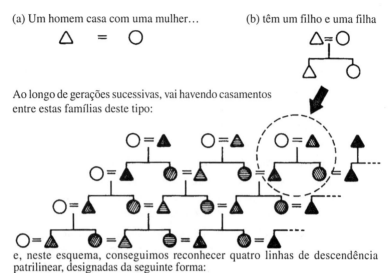

Ao longo de gerações sucessivas, vai havendo casamentos entre estas famílias deste tipo:

e, neste esquema, conseguimos reconhecer quatro linhas de descendência patrilinear, designadas da seguinte forma:

i: ▲◐   ii: ▲●   iii: ▲◉   iv: ▲ ... Todos pertencem a apenas *um* grupo de descendência: o do seu pai. Apenas os filhos podem transmitir o estatuto de pertença ao grupo às gerações seguintes.

(b) Na realidade, algumas famílias têm muitos filhos e outras muitas filhas, pelo que os grupos de descendência variam em termos das suas dimensões. A evolução de um destes grupos poderá verificar-se da seguinte forma:

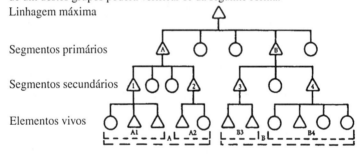

Os ramos existentes em cada linhagem são designados por *segmentos*. Todos os segmentos de um nível mais alto (A + B) contêm segmentos de um nível mais baixo (1, 2, 3, 4).

Figura 2.6. Linhas de descendência isoladas e linhagem segmentária.

famílias nucleares, sob risco de as pastagens circundantes se gastarem antes de tempo (Spencer 1973:21-22).

Uma vez que o clã dos Samburu é exógamo, o preço das noivas faz com que as cabeças de gado transitem de clã para clã. Embora

O FUNCIONALISMO

Spencer considere que as relações entre clãs são dificultadas por disputas sobre o gado (quer se trate de pagamentos pelas noivas ou de compensações por assassinato), os laços estabelecidos pelas transacções que ocorrem entre eles formam a base das alianças entre clãs. Não existem posições de autoridade que se estendam para além do clã, sendo mesmo todos os assuntos que lhe dizem respeito tratados em conjunto pelos anciãos. Estamos assim perante uma sociedade coerente, em que as acções colectivas podem ser levadas a cabo sem que haja uma liderança global. O relato de Evans-Pritchard sobre os Nuer foi o primeiro a elucidar-nos sobre este tipo de estrutura social.

Os Asante

O reino asante, que actualmente faz parte do Estado do Gana, tinha um sistema político que os britânicos consideraram simples de compreender. Os Asantes pertencem à categoria mais vasta dos povos da família linguística acã, tendo-se o seu Estado desenvolvido graças a um conflito com um outro reino acã mais antigo, chamado Denkira. Há muitos séculos que existiam Estados centralizados na África Ocidental, remontando a fundação do mais antigo, o Gana, a um período anterior ao ano 800 d.C. A princípio, os Asante constituíam uma confederação de Estados independentes, que se fundiram mais tarde, por volta de 1760, num só Estado centralizado, cujo período de maior poder foi o início do século XIX.

O chefe da primeira expedição britânica a registar a sua visita à capital, Kumasi, manifestou-se espantado com a sua riqueza e vida artística, tendo descrito as suas impressões à chegada, em 1817, da seguinte forma:

"Uma área circular de quase uma milha estava cheia de magnificência e novidade (…). O sol reflectia-se, com um brilho pouco mais suportável que o calor, nos enormes ornamentos de ouro que reluziam em todas as direcções. À nossa chegada, surgiram imediatamente mais de cem grupos, com o aspecto peculiar dos respectivos chefes (…). Pelo menos uma centena de grandes guarda-sóis, ou pálios, que conseguiam abrigar trinta pessoas cada um, eram transportados para trás e para a frente pelos carregadores, dando um efeito maravilhoso. Os chefes, tal como

INTRODUÇÃO À TEORIA EM ANTROPOLOGIA

os seus principais capitães e secretários, envergavam roupas ashantis de preços extravagantes (…). Eram muito grandes e pesadas, sendo colocadas à volta do corpo e atiradas sobre o ombro, como as togas romanas. As bengalas e flautas de ouro e prata deslumbravam-nos, em todas as direcções. E, nos punhos de ouro das espadas, víamos enormes cabeças de lobo e de carneiro, igualmente em ouro."

(McLeod 1981:7, citando Bowdich 1819)

O comércio fora sempre algo de essencial para o poder e riqueza dos reinos da África Ocidental. Os primeiros Estados (como o do Gana), faziam comércio a norte, através do deserto do Sara, com os reinos muçulmanos. No entanto, a sua participação em rotas comerciais só era possível devido à produção local. Na Idade Média, o ouro e as nozes de cola (que eram mastigadas nas travessias do deserto para matar a sede) eram exportadas para o Norte, em troca de tecidos e escravos. Enquanto isso, eram vários os escribas que viajavam para sul, onde auxiliavam na administração dos reinos. No século XV, os comerciantes europeus, estabelecidos na costa, recebiam ouro e escravos dos Estados acãs em troca de tecidos e armas. As culturas originárias do Novo Mundo, como o milho, a mandioca e o amendoim, aumentaram a produtividade agrícola, tal como aconteceu na mesma altura na Europa com a chegada da batata. Os Estados da África Ocidental utilizavam provavelmente escravos para pesquisar ouro e cultivar géneros que abastecessem as suas cidades, cada vez mais populosas (ver capítulo 5). No século XVIII, a população de Kumasi era de cerca de 20 000 habitantes, alimentados pela produção das quintas circundantes. Os artesãos, tais como ferreiros, ourives e fabricantes de guarda-sóis, viviam em bairros específicos na capital.

Foram necessárias seis guerras para que os britânicos conseguissem derrotar o Estado asante e, mesmo após a derrota, este conseguiu manter uma boa parte da sua estrutura, o que nos permite reconstituir o seu esquema organizativo: os Asantes encontravam--se divididos em oito matriclãs, que eram exógamos, e estavam dispersos pelo território dominado pela tribo. Cada clã era composto por vários agregados de carácter igualmente matrilinear e cada Asante que nascesse em liberdade pertencia à mesma linha

O FUNCIONALISMO

de descendência que a sua mãe, sendo cidadão do chefado em que ela se inseria, o qual lhe outorgava o direito a cultivar a terra. Os elementos de uma linha matrilinear habitavam normalmente num "bairro" próprio (que chegava a ter vinte famílias nucleares) na respectiva aldeia. Em todas as aldeias existiam representantes de entre quatro a oito dos clãs, cabendo à linhagem a que se atribuía a fundação do agregado habitacional o direito de nomear o seu chefe, que no entanto teria sempre como conselheiros os chefes das outras linhagens da sua comunidade.

A descendência matrilinear dos Asante era um grupo corporativo, que detinha a posse da terra explorada pelos seus elementos, encarregue dos seus funerais e da manutenção dos santuários onde se encontravam os restos mortais dos seus antepassados. Tratava-se de uma sociedade exógama, em que, quando uma rapariga casava, o seu novo marido tinha de dar algo em troca ao chefe da linhagem dela. Ninguém se podia divorciar sem o consentimento prévio deste último, que era também quem resolvia as disputas entre os elementos da sua linhagem e actuava como seu representante no conselho da aldeia. Quando se tratava de disputas entre mulheres e da iniciação das raparigas na idade adulta, a situação ficava a cargo de uma anciã, que era muitas vezes a maior autoridade em termos da genealogia do seu grupo familiar. Na sua maioria, os casamentos ocorriam entre linhagens da mesma aldeia. Embora se esperasse de um pai que alimentasse e vestisse os filhos, este nunca tinha autoridade legal sobre os mesmos, uma vez que (tal como acontece nas Ilhas Trobriand) eles pertenciam à linhagem da mãe, estando, por isso, sob a autoridade do irmão desta. Muitos homens viviam com as irmãs e não com as mães, tendo Fortes descoberto que, à data do seu estudo, o número de crianças que viviam com o pai era inferior a 50% (Fortes 1950: 262).

Enquanto que as linhagens dos Samburu são politicamente autónomas, as linhagens asante foram incorporadas na estrutura administrativa hierárquica do Estado. Na confederação original, o chefe era escolhido entre a linhagem real e a sua comunidade tornava-se a capital do chefado. Os anciãos da linhagem da sua comunidade não ficavam então responsáveis apenas pelos assuntos da mesma, mas também pela ligação com todo um aglomerado de

INTRODUÇÃO À TEORIA EM ANTROPOLOGIA

outras aldeias pertencentes ao mesmo chefado (Figura 2.7). O ancião agia assim como um "amigo na corte", tratando das mensagens enviadas de ou para as aldeias e cobrando os impostos. Quando a confederação foi convertida num só Estado, cada chefado transformou-se numa *oman* ("divisão") e o respectivo chefe num *omanhene*.

Quando Kumasi emergiu de uma posição de igualdade com os outros chefados para se tornar a sede do governo central, o seu chefe transformou-se no *Asantehene*, ou rei. O seu conselho de anciãos, recrutado nas linhagens que residiam na capital, assumiu então a responsabilidade de gerir o Estado. Alguns responsabili-zaram-se pelos territórios conquistados, enquanto outros super-visionavam a produção de ouro. A estrutura do Estado asante pode ser considerada "segmentária", dado que as unidades adminis-trativas mais reduzidas se encontravam agrupadas em unidades maiores com a mesma estrutura, embora não possa ser classificada enquanto tal no mesmo sentido que a sua congénere samburu (em que cada grupo de descendência corporativo é politicamente independente). A autoridade central foi assumida por certas linhagens (cujos membros tinham alargado o seu controlo até aos membros de outras linhagens), assentando o poder do governo central, em grande parte, no comércio de longa distância e nas armas obtidas através desse mesmo comércio.

Los Peloteros: um bairro de lata em Porto Rico

Los Peloteros, um bairro de lata porto-riquenho estudado por Helen Safa, apresenta várias características estruturais comuns às dos Saracatsani. A característica fundamental da vida social dos seus elementos era a exclusão dos mesmos em relação aos grupos corporativos que funcionavam na sociedade exterior. Embora o estudo de Safa siga principalmente uma linha marxista (demonstrando a impotência das gentes locais contra a elite urbana), a autora utiliza também concepções funcionalistas na sua análise da estrutura social deste bairro. Tal como acontece entre os Saracatsani, a sociedade de um bairro de lata não tem grupos corporativos, encontrando-se, de um modo geral, excluída de uma participação minimamente expressiva nas instituições predominantes, tais como os partidos políticos, os sindicatos e a

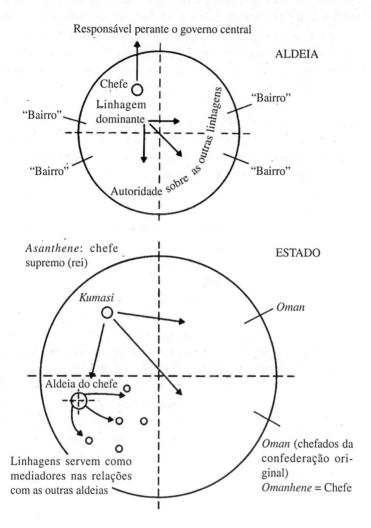

Figura 2.7. Diagrama da estrutura do reino asante

Igreja. Os habitantes de Los Peloteros olhavam para os sindicatos com desconfiança, considerando-os corruptos.

Mais de 70% dos habitantes de Los Peloteros tinham iniciado a sua vida adulta como trabalhadores agrícolas sem terra, contratados pelas quintas ou plantações (Safa 1974: 20), que

INTRODUÇÃO À TEORIA EM ANTROPOLOGIA

pertenciam na sua maior parte a empresas dos EUA. Os baixos salários, o desemprego sazonal e a falta de direitos de habitação levaram esta gente a abandonar a vida rural, instalando-se então em bairros de lata situados na periferia da capital (onde as condições de vida eram igualmente muito más) e passando a constituir a parte principal da mão-de-obra industrial daquela cidade. As suas habitações eram construídas em terrenos públicos em redor da cidade. Tudo começara em 1935, altura em que os primeiros a chegar à cidade construíram os seus abrigos naquilo que eram então pântanos de mangues. A precaridade em termos de emprego manteve-se, com muita gente a conseguir apenas empregos a meio tempo ou sazonais. Nunca houve sistema de esgotos e de recolha de lixo, ou oportunidades de emprego no bairro. Embora se comprasse e vendesse casas, os habitantes não tinham direito a quaisquer títulos de propriedade dos terrenos em que as casas estavam construídas. Em 1962, a maior parte do bairro foi demolida e os seus moradores realojados.

À falta de grupos corporativos, os sistemas de parentesco assumiram uma importância crucial na acção social. Durante os trinta anos de existência do bairro, os recém-chegados costumavam estabelecer-se próximo de familiares. Embora muita gente lá ficasse durante períodos inferiores a cinco anos, havia um núcleo de "veteranos" constituído por alguns dos habitantes originais, que conferia estabilidade àquela comunidade. Vinte por cento dos agregados familiares de Los Peloteros eram encabeçados por mulheres, normalmente de idade avançada. Safa defende que, na ausência de propriedade, pouco há que mantenha um homem e uma mulher juntos. Esta é provavelmente a maior diferença entre a estrutura social dos Saracatsani e a dos habitantes dos bairros de lata. Uma estrutura de parentesco que ligue vários agregados familiares entre si oferece um apoio muito importante, com marido e mulher a manterem-se assim muito ligados aos seus parentes. E, embora não se assistisse aqui a uma cooperação entre parentes para ganhar dinheiro (como poderia acontecer numa exploração agrícola) o parentesco nem por isso deixava de operar como uma unidade social muito importante, que garantia apoio e companheirismo aos elementos de cada grupo familiar (Safa 1974:41).

O FUNCIONALISMO

Tal como a comunidade saracatsani de Zagori, o bairro de lata de Los Peloteros devia a sua coesão a todo um conjunto de relações de reciprocidade. «Temos sempre alguma coisa para quem precise», disse um habitante a Safa (Safa 1974: 61). Não obstante, os habitantes deste bairro assemelhavam-se aos Saracatsani, no seu pressuposto de que, para lá do seu círculo de parentes, vizinhos e amigos mais chegados, «é cada um por si» (Safa 1974: 65). A cooperação fazia-se normalmente de uma forma *ad hoc*, com *grupos de acção* a juntarem-se para ajudar a um parto, num incêndio ou outras situações de emergência. Não havia uma autoridade central na comunidade, sendo o controlo social exercido por grupos sobrepostos de vizinhos. Por vezes, surgiam grupos de acção para dar resposta a determinados problemas. Em 1959, um grupo de vizinhos deslocou-se à empresa das águas públicas para se queixar do reduzido abastecimento a um dos sectores do bairro. Disseram-lhes que não havia fundos disponíveis para alterar a situação, uma vez que Los Peloteros estava prestes a ser demolido. O grupo procurou então o apoio dos outros habitantes do bairro (que a partir de então se recusaram a pagar as suas contas à empresa), dirigindo igualmente uma petição ao presidente da Câmara Municipal. Conseguiram então que, finalmente, uma segunda conduta fosse instalada no bairro. Foram também criadas várias comissões para protestar contra a falta de pavimento e iluminação nas ruas. A única associação formal com algum significado a surgir no bairro foi a cooperativa de habitação.

Para os funcionalistas, a diferença mais importante entre a estrutura social dos Samburu e dos Asantes é o facto de as linhagens corporativas dos primeiros serem politicamente independentes. O equilíbrio de poder na estrutura social dos Samburu é criado pela igualdade de forças que existe entre as diferentes linhagens, bem como pelo desejo partilhado de manter relações pacíficas em que o esquema das relações entre os seus membros actua como mediador. No caso dos Asantes, verifica-se um equilíbrio de poder entre a organização palacial e o colectivo das linhagens mais comuns. Na teoria funcionalista, este povo corresponde de muito perto ao modelo hobbesiano de contrato social entre um soberano e o seu povo, ao passo que os Samburu constituem um exemplo de possível solução para o problema da criação de uma sociedade

INTRODUÇÃO À TEORIA EM ANTROPOLOGIA

estável sem soberano, na verdadeira acepção da palavra. Gluckman compara a estrutura social dos grupos pastoris da África Oriental às relações internacionais entre os diversos Estados (Gluckman 1970). Como sociedades parciais que são, que dependem de outras para ter acesso a recursos essenciais, os Saracatsani de Zagori e os habitantes de Los Peloteros não possuem grupos corporativos detentores de propriedade. Contudo, as redes de ligações que se estabelecem através do auxílio mútuo poderão, em determinadas ocasiões, fornecer meios de acção colectiva, como os grupos de acção constituídos para solucionar certos problemas.

A classificação dos sistemas sociais

O principal contributo de Radcliffe-Brown para a antropologia foi a criação de esquemas de classificação das numerosas sociedades não ocidentais, estudadas durante a primeira metade do século XX, em tipos e subtipos. Um bom exemplo disto é a sua classificação das sociedades aborígenes australianas. Embora tivesse efectuado trabalho de campo na Austrália Ocidental, fê-lo numa zona onde a vida aborígene fora fortemente afectada pela colonização. Além disso, recolheu muitos dos seus dados num hospital, situado numa ilha, para vítimas de doenças venéreas, onde conseguiu obter genealogias e testemunhos sobre as regras de casamento mas, contrariamente a Malinowski, nunca observou a forma como tais procedimentos eram postos em prática na vida quotidiana (Kuper 1983: 44-5).

Mesmo assim, Radcliffe-Brown demonstrou que todas as 130 "tribos" australianas, cuja organização social já se encontrava documentada em 1930, apresentavam algumas características comuns na sua estrutura social:

(a) Uma organização local constituída por famílias agrupadas em tribos;

(b) A divisão da tribo em categorias sociais como as secções (definidas acima, pág. 59);

(c) A utilização de determinado tipo de terminologia classificatória do parentesco, cada um deles relacionado com uma regra de casamento (estas regras de casamento estão descritas no capítulo 3);

(d) Uma religião totémica.

O FUNCIONALISMO

Estes aspectos em comum da organização social variavam de uma ou de outra forma (Radcliffe-Brown 1930-1). A terminologia do parentesco correspondia simultaneamente à regra do casamento e às categorias criadas pelos sistemas de secções. O grupo de cada zona correspondia aos homens de um determinado clã totémico juntamente com as suas mulheres e filhos. Radcliffe-Brown demonstrou ser possível identificar um limitado número de tipos de sociedade aborígene, designando cada um deles pelo nome da "tribo" que o representava (o sistema Cariera, Aranda, Murngin, etc., ver Figura 2.8.). Cada um dos 130 casos documentados foi assim classificado segundo um ou mais destes tipos.

Quando este antropólogo tentou relacionar as diferentes "espécies" da sociedade aborígene entre si, fê-lo implicitamente com base na teoria do século XIX de que a evolução social era fruto do aumento do grau de complexidade existente em cada sociedade, inclinando-se para uma perspectiva spenceriana, segundo a qual os níveis de integração social mais baixos iam dando lugar, com o passar do tempo, aos mais elevados. Uma vez que considerava a previsão acertada a imagem de marca da hipótese científica bem sucedida, tentou também demonstrar que conseguia predizer qual a estrutura das sociedades aborígenes partindo desta hipótese da complexidade evolutiva. Spencer e Gillen tinham já documentado o sistema social dos Aranda, que habitavam a Austrália Central, mas Radcliffe-Brown considerava que a terminologia de parentesco utilizada por este povo, bem como as suas subsecções, derivavam de uma forma de organização mais simples que, segundo previa, se poderia igualmente encontrar no noroeste daquele país. E as suas previsões estavam certas, pois essa organização existia não só entre os Cariera mas também noutras comunidades (a Figura 2.8. demonstra a forma como o sistema dos Aranda pode ser visto como uma versão mais complexa do dos Cariera). Mas, infelizmente para o impacto da sua teoria, o sistema Cariera fora já estudado no noroeste australiano por Daisy Bates, uma antropóloga amadora que se retirara para o mato depois de se ter descoberto que fora casada simultaneamente com dois homens, um dos quais fora executado por abater prisioneiros durante a Guerra dos Boers. Bates queixou-se de que Radcliffe-Brown plagiara os apontamentos do seu trabalho de campo, vindo

F = Pai; M = Mãe;
B = Irmão; Z = Irmã
mãe; FF = Pai do
mãe.

(a) Um homem casa com uma mulher…   (b) têm um filho e uma filha

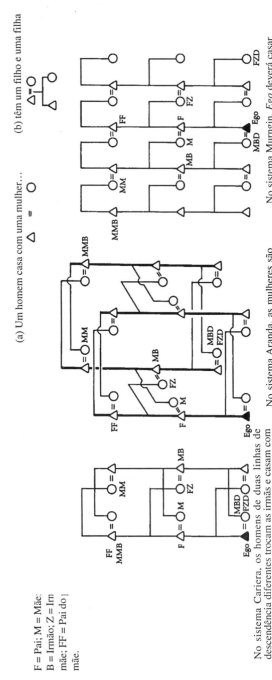

No sistema Cariera, os homens de duas linhas de descendência diferentes trocam as irmãs e casam com elas. Da perspectiva do homem aqui designado por *Ego*, existem formas alternativas de estabelecer relações com pessoas que ocupam posições diferentes no sistema. A mulher com quem ele casa é simultaneamente a "filha do irmão da sua mãe" e a "filha da irmã do seu pai". Estes dois graus de parentescos são por isso designados pela mesma palavra na terminologia de parentesco dos Cariera, o mesmo acontecendo com o pai do pai e com o irmão da mãe.

No sistema Aranda, as mulheres são trocadas entre quatro linhas de descendência. O pai do pai de *Ego* pertence a uma linha de descendência diferente da do irmão da mãe de *Ego*, pelo que, na terminologia deste povo, estes homens são identificados com termos diferentes.

No sistema Murngin, *Ego* deverá casar com alguém que seja "filha do irmão da sua mãe", mas não poderá casar com uma "filha da irmã do pai". Estes dois graus de parentesco são por isso designados por termos de parentesco diferentes.

2.8. Descendência, parentesco e casamento na tipologia dos sistemas de parentesco australianos segundo Radcliffe-Brown.

O FUNCIONALISMO

mais tarde Needham (1974) corroborar este ponto de vista. Isobel White considera que a questão é mais complexa: segundo ela, Radcliffe-Brown poderia ter tomado conhecimento de elementos do sistema Cariera através do trabalho de Bates, mas pode tê-los agrupado numa apreciação geral da estrutura desse mesmo sistema (White 1981).

Numa fase posterior da sua vida, Radcliffe-Brown afirmou que a classificação era um pré-requisito essencial para o estudo científico e que dedicara toda a sua vida a procurar meios de classificação das sociedades humanas (Radcliffe-Brown 1951). Poderíamos assim chamar a este autor o Lineu da antropologia social. Lineu foi um criacionista, que acreditava que muitas das variações existentes entre as diversas espécies biológicas se deviam à criação divina original, pouco se tendo passado desde então. Tal como ele, Radcliffe-Brown estava menos interessado na história das sociedades do que na concepção de uma tipologia daquilo que era por si encarado como tipos essencialmente estáveis. O seu método era deduzir as normas de conduta e se, por um lado, as tipologias daí resultantes clarificavam o alcance dos sistemas sociais humanos, desviavam, por outro, as atenções das estratégias individuais estudadas por Malinowski. As tipologias tendem a ser inimigas do estudo da variabilidade no interior dos tipos.

Radcliffe-Brown e os seus seguidores viriam mais tarde a ser ridicularizados por Leach por alegadamente se terem deixado cair "no coleccionismo de borboletas antropológico" ao classificarem as sociedades em tipos e subtipos, como se cada etnografia publicada pudesse ser posta num um quadro no seu local apropriado, de acordo com algum princípio arbitrário, tal como o da cor das asas das borboletas ou do tamanho das suas pernas (Leach 1961a). Até que ponto será útil classificar em conjunto as estruturas sociais dos pastores gregos e dos habitantes de um bairro de lata de Porto Rico? Será a existência de um governo centralizado na sociedade asante, e a ausência do mesmo na sociedade samburu, a diferença mais importante dos seus sistemas políticos? Não há dúvida que, conforme as etnografias se começaram a acumular, foi necessário arranjar alguns meios de descrição das sociedades segundo critérios geralmente aceites (tal com a regra de descendência), de forma a facilitar as comparações e a generalização dos

INTRODUÇÃO À TEORIA EM ANTROPOLOGIA

dados. Uma das mais conhecidas compilações das etnografias do funcionalismo estrutural ao estilo de Radcliffe-Brown é *African Systems of Kinship and Marriage* (1950), organizada pelo próprio em parceria com Daryll Forde, sendo a outra *African Political Systems* (1940), organizada por Fortes e Evans-Pritchard. Na sua introdução à primeira destas obras, Radcliffe-Brown escreveu que «para se compreender um sistema de parentesco de uma dada sociedade é necessário analisar-se a sua estrutura e as suas funções sociais. Os componentes das estruturas sociais são os seres humanos, sendo uma estrutura um grupo de pessoas que mantêm entre si relações institucionalmente definidas e reguladas" (Radcliffe-Brown 1950: 82). Nesta introdução, classifica ainda os sistemas de parentesco segundo um conjunto básico de tipos. O parentesco tem como base a descendência e, desde logo, o tipo de descendência que impera numa sociedade é a característica essencial para a sua análise. A descendência pode ser cognática (isto é, bilateral – tal como acontece entre os Saracatsani e os habitantes de Los Peloteros), patrilinear (como os Samburu), matrilinear (Asantes) ou duplamente unilinear. A descendência cognática (ou seja, o parentesco bilateral) dá origem a laços de parentesco pessoais, enquanto que a unilinear leva ao aparecimento de linhagens. O casamento provoca uma reorganização da estrutura ao criar novas relações entre grupos de familiares. Radcliffe-Brown demonstrou que esta tipologia não só permite a classificação dos sistemas de parentesco africanos, como também permite a comparação destes com os seus congéneres indianos, norte--americanos, teutónicos ou ingleses do período Tudor, por exemplo.

A tipologia dos sistemas políticos africanos apresentada por Fortes e Evans-Pritchard em *African Political Systems* constituiu essencialmente uma apresentação sob um novo formato dos modelos pré-funcionalistas da evolução social: dos caçadores--recolectores que desconheciam o conceito de posse individual da terra, passando pelos agricultores e pastores de economias de subsistência e não centralizadas, em que a terra ou o gado perten-ciam a grupos de descendência até aos Estados tributários tradicionais. No prefácio desta obra, Radcliffe-Brown define a organização política como "a manutenção ou estabelecimento da ordem social, num contexto territorial, pelo exercício ordenado

O FUNCIONALISMO

de uma autoridade coerciva através da utilização, ou da possibilidade de utilização, de força física" (Radcliffe-Brown 1940b: xiv). Eram identificados dois tipos principais de sistemas políticos africanos: os Estados que, como acontece com o dos Asante, contam com uma autoridade centralizada e as sociedades sem Estado, como a dos Samburu, em que a ordem é mantida devido ao facto de os seus segmentos terem um poder idêntico, equilibrando-se mutuamente nas disputas.

Um dos principais pontos fracos de uma abordagem antropológica deste tipo é o facto de ser muito descritiva: não são propostas hipóteses de explicação para o porquê de a variedade das sociedades humanas assumir determinadas formas. A teoria pseudo-histórica de que a descendência matrilinear é um aspecto que sobreviveu a uma fase primária da evolução social é rejeitada, sem que no entanto se apresente uma teoria causal alternativa do comportamento social humano. Radcliffe-Brown escreveu que "todos os sistemas de parentesco do mundo resultam da evolução social. Uma característica essencial da evolução é a diversificação (…) e, assim sendo, existe uma grande diversidade nas formas dos sistemas de parentesco" (Radcliffe-Brown 1950: 82). Mas, infelizmente, o seu conceito de diversidade é enganador. Com efeito, Radcliffe-Brown não o conseguiu relacionar a quaisquer conceitos de adaptação e, tal como Herbert Spencer, concebia o sistema social como algo que evoluía por si só e não como uma consequência das alterações do comportamento dos indivíduos. Uma das razões pelas quais teria sido necessariamente difícil chegar-se a uma tal teoria é o facto de as instituições sociais terem sido concretizadas. Nesta perspectiva, em vez de se conservar a ideia de Malinowski de que os padrões do comportamento social são uma consequência do facto de as pessoas tentarem satisfazer os seus interesses por intermédio da interacção social, as instituições são vistas como algo que ganhou vida própria. Um exemplo clássico é o argumento de Evans-Pritchard de que é devido ao facto de a estrutura de linhagem dos Nuer se encontrar tão "profundamente enraizada" na sua sociedade que estes podem deslocar-se e unir-se a qualquer comunidade à sua escolha através de laços do tipo que acharem mais conveniente (ver capítulo 4)! A função acabou por ser definida através de uma tautologia: a função

INTRODUÇÃO À TEORIA EM ANTROPOLOGIA

de um costume é a sua contribuição para a solidariedade social. E por que razão assumem os costumes as formas que apresentam? Porque essa é a forma que eles devem assumir para perpetuar o tipo de sistema social em que se inserem.

Uma crítica igualmente forte ao Funcionalismo Estrutural foi apresentada por Asad, em 1973. Embora seja verdade que Malinowski se preocupava com o impacto do colonialismo, pouco ou nada desse mesmo cuidado parece existir nas monografias escritas pelos discípulos de Radcliffe-Brown. Asad defende que os funcionalistas minimizaram deliberadamente as alterações sociais porque dependiam dos governos coloniais para o seu acesso ao campo. Conscientemente ou não, tentaram reconstruir a forma como as sociedades por si estudadas teriam sido se o colonialismo não tivesse existido e, ao fazê-lo, minimizaram não só a dinâmica da história indígena africana, mas também as consequências do comércio de escravos e da introdução, por parte dos governos coloniais, da tributação, da mão-de-obra contratada e dos títulos de posse indeterminada das terras. Asad afirma que "é devido ao facto de os poderosos que patrocinam a investigação esperarem que ela chegue a conclusões que os confirmem segundo a sua própria cosmovisão que a antropologia revelou sempre dificuldades para produzir formas de compreensão radicalmente subversivas" (1973: 17). Assim se explica o porquê de Safa recorrer a uma perspectiva marxista para explicar a impotência dos habitantes dos bairros de lata. A resposta a estas críticas, feita por outros antropólogos, será tratada nos capítulos 5 e 7.

3

O ESTRUTURALISMO

O Estruturalismo, defendido pelo antropólogo francês Claude Lévi-Strauss durante as décadas de 50 e 60 do século XX encontra-se muito próximo do Funcionalismo Estrutural praticado por Radcliffe-Brown e seus alunos, tendo sido ambos fortemente influenciados pelas teorias de Durkheim. A principal diferença é que, enquanto Radcliffe-Brown estudava os aspectos regulares da acção social (que via como expressão das estruturas sociais constituídas por redes e grupos), Lévi-Strauss localiza as estruturas no pensamento humano, encarando a interacção social como a manifestação externa dessas estruturas cognitivas. O Estruturalismo opõe-se à teoria marxista de que as crenças e ideias das pessoas são condicionadas pela condições materiais da sua existência. Nos EUA, a antropologia cognitiva desenvolveu uma abordagem paralela à análise das estruturas culturais durante as décadas de 60 e 70, tendo explorado, tal como Lévi-Strauss, o parentesco, a comunicação simbólica e as classificações indígenas do mundo natural. D'Andrade sugere que foi o desenvolvimento da lógica artificial nas linguagens de programação durante a década de 50 que estimulou o interesse pela descoberta da lógica natural do cérebro humano durante as décadas seguintes (D'Andrade 1995: 10).

Durkheim e a origem do Estruturalismo

A primeira análise estrutural apareceu em 1903, quando Durkheim e o seu sobrinho, Mauss, publicaram um estudo da

INTRODUÇÃO À TEORIA EM ANTROPOLOGIA

Primitive Classification (Durkheim e Mauss 1963) no qual tentavam reconstruir a origem do pensamento lógico na consciência colectiva das primeiras sociedades. Regressando ao problema colocado por Rousseau relativamente à génese da linguagem, Durkheim e Mauss optaram por uma abordagem oposta à de muitos estruturalistas das décadas seguintes, defendendo que as taxionomias do mundo natural são demasiado complexas para que a mente humana individual as possa construir com base apenas nas suas capacidades inatas. Assim, a origem dessas classificações tem de ser colectiva. Segundo eles, as taxionomias naturais não podem ser calculadas com base na simples observação da natureza. A hierarquia das diversas famílias e géneros não é empírica. Desta forma, segundo concluíram, a sociedade também fornece a estrutura com base na qual as classificações da natureza são construídas. Afinal de contas, o termo *genus* referia-se originariamente a um grupo de parentesco romano.

Partindo do princípio de que as sociedades indígenas australianas eram as sociedades humanas mais simples ainda existentes, Durkheim e Mauss reconstruíram o desenvolvimento do totemismo dos clãs segundo a forma registada na Austrália Central por Strehlow e Spencer e Gillen (Strehlow 1907-20; Spencer e Gillen 1899), ou seja, os mesmos autores que viriam mais tarde a influenciar Radcliffe-Brown. Supondo que a mais simples (e, desde logo, mais antiga) forma de sociedade composta teria sido uma em que existiam dois segmentos, interpretaram as secções como as mais antigas divisões sociais. Estas apresentam muitas vezes emblemas totémicos que formam pares opostos, tais como a águia-falcão (uma ave de rapina) e o corvo (ave necrófaga). O subsequente desenvolvimento de um sistema de secções (conhecido por Durkheim e Mauss como "classes de matrimónio") impôs uma divisão geracional a cada subdivisão, dando origem a uma divisão quadripartida da sociedade, tal como se pode ver no Quadro 3.1. Finalmente, uma vez que os clãs são mais numerosos do que as secções que os compõem, imaginaram que uma terceira fase seria a desmultiplicação da sociedade em muitos desses grupos. Nestas últimas duas fases (a das secções e a dos clãs) a forma como a Natureza era catalogada teria como origem a classificação das pessoas na sociedade.

O ESTRUTURALISMO

Durkheim e Mauss defendiam que, uma vez estabelecido, um sistema totémico podia "reagir contra a sua causa" e dar origem a uma diferenciação social crescente. Se as sociedades aborígenes australianas se tinham dividido progressivamente num número cada vez maior de clãs, isso podia ser consequência da reflexão filosófica sobre a forma de sociedade que o desenvolvimento do sistema de pensamento tornara possível. Afirmavam também que os Aranda, da Austrália Central, tinham desenvolvido o sistema mais complexo das oito subsecções (em lugar do quadripartido já registado na região oriental daquele país) na sequência deste suposto processo. Também aqui podemos reconhecer a tradição na qual Radcliffe-Brown se iria mais tarde basear ao defender que o sistema de parentesco dos Aranda se desenvolvera a partir de um sistema mais antigo do tipo Cariera. Fora da Austrália, os resultados desta sequência de desenvolvimento podiam ser observados nos sistemas alegadamente mais complexos dos nativos norte-americanos, tais como os Zunis. Por fim, a filosofia tauísta chinesa teria levado o processo ainda mais longe, na direcção da ordem abstracta e "relativamente racional" que podia ser encontrada nas filosofias mais antigas.

Quadro 3.1. *Reconstrução hipotética do desenvolvimento dos sistemas sociais dos aborígenes australianos segundo Durkheim e Mauss.*

Secção	I (Águia)	{classe de casamento A	{clã do emu
		{classe de casamento B	{clã da cobra
			{clã da lagarta...
Secção	II (Corvo)	{classe de casamento A'	{clã do canguru
		{classe de casamento B'	{clã do opossum
			{clã do lagarto...

A teoria extraordinariamente especulativa de Durkheim e Mauss parte de muitos pressupostos impossíveis de comprovar: a causalidade social da cognição nunca é demonstrada, ao mesmo tempo que a existência de uma evolução linear é presumida e

INTRODUÇÃO À TEORIA EM ANTROPOLOGIA

utilizada para justificar culturas historicamente não relacionadas numa escala única de complexidade. Mas embora nunca seja possível reconstituir as circunstâncias em que as primeiras classificações totémicas surgiram, Needham (1963) demonstrou já que uma simples comparação das sociedades australianas com as suas congéneres de outros locais que apresentam um grau de complexidade semelhante (caso das sociedades basarua e san, do deserto do Calaári) revela que os clãs e o totemismo não se encontram necessariamente ligados com as culturas de caçadores--recolectores (Barnard 1989; mas ver Lee 1979: 340-1, em que se sugere que poderá ter existido uma certa forma de totemismo entre os Ju/'hoansi (!Kung San) no século XIX).

Durkheim levaria a sua análise do totemismo ainda mais longe no livro *Formas Elementares da Vida Religiosa* (1915 [1912]), no qual defendeu que a religião tinha origem na divinização da consciência colectiva. Para se reconstituir a origem de uma religião seria então necessário descobrir as circunstâncias em que as pessoas tinham ficado pela primeira vez cientes dessa mesma consciência. Durkheim continuava a pressupor que as sociedades australianas eram as mais simples de todas as conhecidas. A etnografia centro--australiana de Spencer e Gillen (1899) descrevia a forma como certos rituais dos aborígenes daquela região culminavam num momento em que os participantes corriam juntos para o centro do terreiro onde dançavam. Durkheim interpretou este episódio como uma recriação do momento em que os membros do clã se encontraram pela primeira vez, parecendo assim visualizar uma condição inicial não muito distante da de Rousseau, em que as pessoas vagueavam isoladamente pela Terra, mas que, na imagem de Durkheim, periodicamente saíam do mato para se reunir. Essas reuniões davam início a uma corrente social que, à semelhança de uma reacção nuclear em cadeia, varria a mente dos participantes, sendo por eles encarada como uma força espiritual que agia sobre cada um a partir do exterior.

Durkheim defendeu ainda que, embora os aborígenes estivessem conscientes da corrente social que se gerava quando o clã se reunia, apenas conseguiam expressar essa consciência através de "símbolos", os quais eram fornecidos pelos totens de cada clã. Pelas etnografias da Austrália Central, Durkheim ficara a saber

O ESTRUTURALISMO

que os aborígenes atribuíam particular importância aos objectos utilizados nos rituais para representar o totem do seu clã. "Se forem deixadas entregues a si mesmas", concluía, "as consciências individuais ficarão fechadas em relação umas às outras: apenas conseguirão comunicar por intermédio de sinais que expressam os seus estados internos" (Durkheim 1915 [1912]: 230). Os objectos sagrados eram a realização concreta do sentir de uma força colectiva por parte dos membros de cada clã sempre que agiam entre si. As homenagens feitas nos rituais ao seu antepassado totémico constituíam no fundo um reafirmar da identidade do grupo no seio desse complexo mais vasto que era a sociedade composta. Efectivamente, para Durkheim, a sobrevivência da sociedade enquanto sistema dependia dessa reafirmação periódica do lugar que cada um dos seus segmentos ocupava no todo. A associação de cada clã com um determinado símbolo animal era arbitrária, não sendo importante o facto de se tratar de uma cobra, de um opossum ou de um canguru. No entanto, uma vez estabelecida na consciência colectiva, essa associação parecia natural e imutável.

É extraordinário o facto de uma teoria de tal forma especulativa ter conseguido obter tamanho eco na comunidade científica, mas tal deve-se provavelmente ao facto de Durkheim não ter conseguido compreender que uma explicação para a função de um costume na sociedade contemporânea não necessita de se basear numa reconstrução especulativa das suas origens. A teoria de Durkheim da função da acção simbólica viria a estimular o aparecimento de três linhas de desenvolvimento nas ciências sociais: a linguística estrutural, a teoria estrutural do mito e do ritual e a teoria funcionalista da religião.

A linguística estrutural

Na altura em que Durkheim desenvolvia a sua teoria do totemismo (1906-11), o linguista suíço Saussure apresentava a sua teoria estrutural da linguística nas suas palestras em Genebra. Embora tivesse falecido antes da publicação das mesmas, vários dos seus antigos alunos organizaram os apontamentos recolhidos nas aulas de forma a poderem reconstruir a sua teoria. Saussure dera o seu curso por três vezes, alterando todos os anos um pouco algumas das ideias que defendia. Além disso, houve casos em que

INTRODUÇÃO À TEORIA EM ANTROPOLOGIA

até mesmo aqueles que tinham assistido às mesmas aulas repararam que as suas notas não concordavam entre si. O livro que acabou por ser publicado veiculava aquilo que o grupo considerou que o seu antigo professor pretendera dizer (Saussure 1959: xiv-xv). Foram vários os autores que, posteriormente, defenderam que Saussure interpretara o modelo do totemismo dos clãs de Durkheim como um caso específico de um fenómeno mais geral, desenvolvendo-o então de forma a criar uma teoria geral da comunicação através de signos (por exemplo, Barthes 1967: 23; Ardener 1971: xxxiv). Nesta, Saussure discordava do princípio de que a linguagem tivera como origem a imitação dos sons das coisas, pelo que a mensagem "CÃO" podia ser transmitida pelo ladrar e a mensagem "ABELHA" pelo zumbir. Tal como Rousseau, apercebeu-se de que em todas as linguagens existentes a grande maioria das palavras ia buscar o seu significado à associação convencional ou arbitrária do som com o significado. Mesmo que as onomatopeias conseguissem explicar a forma como nas hipotéticas línguas mais antigas os diversos significados eram transmitidos, não conseguiam explicar a forma como a linguagem fora funcionando ao longo da História. A linguagem tem todas as qualidades que Durkheim atribuía à consciência colectiva: já existia antes do nascimento daqueles que a utilizam e parece impor-se a si mesma às pessoas, como se estas não tivessem outra escolha senão aceitar as suas convenções. Saussure concluía que, da mesma forma que no modelo durkheimiano do totemismo dos clãs (Quadro 3.2.), cada um destes grupos surgia arbitrariamente associado a um determinado emblema totémico gravado nos seus objectos sagrados, também as ideias de cada língua estão arbitrariamente associadas a um som (Quadro 3.3.). O som é, assim, o *significante* e a ideia o *significado*, constituindo juntos um signo linguístico. A importância do emblema totémico de cada clã derivava do seu lugar na estrutura de uma sociedade segmentária. O significado de cada signo linguístico era determinado pela sua posição na globalidade da língua: um "ribeiro" é mais pequeno do que um "rio", mas maior do que um "regato". A teoria de Saussure era mais complexa do que a de Durkheim e um dos acrescentos cruciais que o linguista suíço fez a esta última foi a introdução da distinção entre *língua* e *fala*. Esta recorria ao vocabulário e à gramática da

O ESTRUTURALISMO

língua para construir uma série ilimitada de enunciados. Saussure demonstrou que os signos podiam relacionar-se de duas formas: num eixo *sintagmático* (sujeito e objecto ligados por um verbo, como por exemplo na frase "A mulher atirou a bola") e num eixo *paradigmático* (composto pelas alternativas que poderiam substituir qualquer um dos signos presentes no eixo anterior, como por exemplo "A *criança* atirou a bola", "A mulher *encontrou* a bola", etc.). Saussure salientou, também, que a língua muda gradualmente. Assim, um signo pode ser estudado *sincronicamente*, ou seja, em termos da sua posição na estrutura da língua em qualquer altura e *diacronicamente*, isto é, tendo em conta que o seu significado é transformado pelas alterações da estrutura da língua.

3.2. *Modelo durkheimiano do totemismo de clã*

GRUPO	clã A	clã B	clã C... etc.	(grupo social)
emblema	Emu	Pitão	Canguru	(emblema animal)

Quadro 3.3. *Modelo saussuriano de signo linguístico*

IDEIA	RIO	RIBEIRO	REGATO... etc.	(SIGNIFICADO)
som	"rio"	"ribeiro"	"regato"	(significante)

A teoria estruturalista do ritual

Os funcionalistas britânicos, como Malinowski e Radcliffe-Brown, foram beber à teoria de Durkheim a ideia de que a religião de um determinado povo "reflecte" a estrutura do seu sistema social ao mesmo tempo que opera no sentido de manter esse mesmo sistema no seu estado actual. Seria assim de esperar que as variações que se verificam nos mitos contados por povos vizinhos reflectissem diferenças entre os seus sistemas sociais. Os sistemas políticos centralizados surgiriam assim associados a religiões em que existisse um deus supremo, com poucos seres na mediação com os comuns mortais, enquanto que os sistemas descentralizados pressuporiam uma crença em várias divindades com um mesmo

INTRODUÇÃO À TEORIA EM ANTROPOLOGIA

estatuto. E, em particular, as sociedades baseadas na linhagem (tais como os Nuer e os Tallensi) estariam associadas ao culto dos antepassados.

Na Europa continental, os antropólogos mais ligados a Durkheim adoptaram o pressuposto de que o sistema de crenças de uma determinada cultura possuía uma lógica interna que dava sentido às acções rituais. Tal como os seguidores da escola britânica, reagiam assim contra alguns autores mais antigos, que tinham interpretado os costumes como reminiscências daquilo que supunham ser fases mais antigas da evolução social humana. Os britânicos defendiam que a presença de cada costume devia ser interpretada em termos do *efeito* individual do mesmo no sistema social da sua época. Autores como Hertz (1960 [1909]) e van Gennep (1960 [1905]) defendiam que o *significado* de cada costume deveria ser deduzido do lugar por ele ocupado numa estrutura cognitiva. No seu ensaio *The Preeminence of the Right Hand* (publicado pela primeira vez em 1909 e reimpresso em 1960), Hertz comprovou a existência de uma tendência generalizada entre muitas culturas para associar a mão direita à força e à ordem, ao passo que a esquerda simbolizava o caos e a fraqueza. Concluiu então que a oposição estrutural entre esquerda e direita continha em si uma oposição mais geral entre certo e errado, considerando este caso um de entre os vários que revelavam uma tendência geral do "homem primitivo" para pensar em termos de oposições dualistas. Aquilo que é, em termos biológicos, uma tendência estatística para haver mais gente a utilizar preferencialmente a mão direita em lugar da esquerda, surgia assim transformado pela cultura numa oposição absoluta repleta de significado. "A vaga predisposição para se ser destro, comum à espécie humana", escreveu, "não seria o suficiente para originar a preponderância absoluta da mão direita se esta não tivesse sido reforçada e fixada por influências exteriores ao organismo" (Hertz 1960: 91).

Em *The Rites of Passage* (publicado pela primeira vez em 1905), van Gennep defendeu a existência generalizada de estruturas culturais tripartidas, e não binárias, argumentando que existia uma tendência geral entre as sociedades humanas para conceber como mudança de estatuto o modelo de uma viagem de uma cidade ou de um país para outro ou, como ele próprio dizia, como uma

O ESTRUTURALISMO

"passagem territorial" (van Gennep 1960: 18). Este tipo de passagem tinha três aspectos: a separação do local de origem, a transição para o local de destino e a incorporação nesse mesmo local. Da mesma forma que a oposição entre a mão direita e a mão esquerda podia simbolizar oposições morais mais generalizadas, também a passagem territorial podia simbolizar as mudanças de estatuto na sociedade. Por exemplo, o "casamento por captura", em que o noivo e os seus irmãos vão a casa da noiva, raptam-na e levam-na para o local do casamento, não devia ser visto como reminiscência de uma suposta época inicial da evolução humana em que os homens das cavernas agarravam nas mulheres e as levavam consigo para casa mas sim como representação simbólica da separação da noiva do seu estatuto de solteira em casa dos pais e sua incorporação no agregado familiar do noivo. Os rituais de nascimento, entrada na idade adulta e morte poderiam todos ter a mesma estrutura. Como van Gennep destacou: "A finalidade básica deste livro é precisamente reagir contra o procedimento que consiste em extrair vários ritos de um conjunto de cerimónias e analisá-los isoladamente, retirando-os assim do contexto que lhes confere significado e nos mostra a sua posição num todo dinâmico" (van Gennep 1960: 89). Embora o exemplo que van Gennep nos dá da passagem territorial não constitua a única imagem em cuja base os ritos de passagem são constituídos, existem muitos outros que apresentam também a mesma estrutura tripartida (ver Quadro 3.4).

Quadro 3.4. *Estruturas tripartidas do simbolismo dos ritos de passagem*

	Separação	Transição	Incorporação
(a)	saída de casa	viagem por uma terra desolada	chegada ao destino
(b)	comido(a) por um monstro	ficar na barriga	renascer
(c)	ordem imoral	destruída por uma cheia	substituída por nova ordem

INTRODUÇÃO À TEORIA EM ANTROPOLOGIA

Lévi-Strauss

Lévi-Strauss desenvolveu as teorias do Estruturalismo em duas direcções: primeiro na sua análise da estrutura dos sistemas de parentesco e depois no seu estudo da estrutura do mito. A sua análise do parentesco centrou-se na descoberta de que existiam regras de casamento incrivelmente semelhantes entre os povos historicamente não relacionados da Austrália, da Ásia e das Américas. Todas estas sociedades eram caracterizadas por regras que estabeleciam que os casamentos deviam ser feitos entre *primos cruzados* (por exemplo, o filho de um homem devia casar com uma filha da irmã do pai). Estes sistemas de parentesco divergiam daqueles com que os antropólogos britânicos que tinham trabalhado em África estavam familiarizados. Nos chamados sistemas de *descendência* africanos, é frequente os grupos de descendência corporativa ascenderem a 200 ou mais pessoas, e por vezes muito mais. O grupo de descendência encontra-se internamente dividido em segmentos e os casamentos dão-se mais ou menos ao acaso fora da linhagem, dando a cada indivíduo uma rede distintiva de relacionamentos de parentesco que são traçados através do progenitor proveniente de fora da família. Os filhos estão normalmente proibidos de procurar o seu cônjuge na linhagem deste último, facto que diversifica ainda mais a ramificação das relações de parentesco entre as diversas linhagens. Nos sistemas de *aliança* estudados por Lévi-Strauss, as linhagens, embora continuando a ser exógamas, eram mais pequenas, contando aproximadamente com entre 50 e 100 elementos, e estabeleciam regularmente alianças entre si através da troca de parceiros de casamento. Espera-se, assim, que as sucessivas gerações de uma determinada linhagem casem com pessoas das outras linhagens. Consequentemente, os primos cruzados tornam--se os parceiros de casamento preferidos.

O que é o casamento entre primos cruzados?

O carácter de um tal sistema social pode ser ilustrado com o exemplo dos Ianomami, do sul da Venezuela e partes adjacentes do Brasil. Embora, lamentavelmente, este povo tenha sido muito afectado pela exploração dos recursos madeireiros e auríferos levada a cabo pelos colonizadores, o número total dos seus

O ESTRUTURALISMO

elementos deve andar próximo dos 10 mil. Antes da colonização, viviam em aldeias de entre 40 e 250 habitantes, com uma aldeia de dimensões médias a albergar cerca de 80 pessoas. O meio ambiente em que se inseriam era densamente florestado, embora todas as aldeias fossem cercadas por terras de cultivo, nas quais se cultivava pacoba (um fruto semelhante à banana). Sem uma entidade política central, os Ianomami pertenciam a pequenas patrilinhagens autónomas, que dependiam da troca de mulheres em casamento para manter as alianças que celebravam com outras linhagens, fosse entre habitantes da mesma aldeia ou com comunidades vizinhas.

Ainda hoje é frequente este povo mudar a localização das suas aldeias. Isso deve-se não só ao desgaste dos terrenos de cultivo, que têm de ser deixados em pousio antes de produzir novamente, mas, sobretudo, ao facto de terem de fugir das incursões de outros grupos do seu povo. Chagnon, o antropólogo que descreveu o seu sistema de casamento, relata que a crueldade na guerra era a virtude masculina mais apreciada (Chagnon 1968). Todos os homens deviam demonstrar constantemente a sua bravura e impiedade na vida quotidiana, sendo as guerras entre aldeias vizinhas uma constante. Por vezes, aldeias inteiras fugiam das incursões dos seus vizinhos. Noutras ocasiões, uma aldeia que tivesse atingido o número de cerca de 150 habitantes dividia-se, pois entretanto tinham já surgido questões insanáveis no seio da comunidade, pelo que os elementos de uma linhagem partiam e fundavam outra aldeia.

O abate de árvores para criar um novo terreno de cultivo é um trabalho difícil. Deve-se além disso transportar as sementes e pés de pacobeira para o novo local, juntamente com uma quantidade de alimentos suficiente para sustentar toda a população até os terrenos recém-desbravados darem os seus frutos. Durante os primeiros anos, a produção das colheitas é irregular. É crucial obter--se alianças de casamento bem sucedidas, pois proporcionam aliados à linhagem e impedem que a nova tribo tenha de fugir daquele local se for atacada por inimigos. Chagnon calcula que uma aldeia deverá ter cerca de 50 habitantes para se conseguir defender convenientemente de um ataque isolado mas, numa situação de guerra constante esse número andará pelos 150. O

INTRODUÇÃO À TEORIA EM ANTROPOLOGIA

antropólogo conta-nos o caso de uma aldeia sua conhecida e habitada por 200 pessoas que se dividiu em três facções, tendo cada uma delas criado a sua própria aldeia. Após sofrerem ataques persistentes, as três facções voltaram a unir-se, vendo-se forçadas a aguentar nada menos de 25 ataques em 15 meses. As aldeias mais pequenas são as que estão mais dependentes das alianças com as outras aldeias, enquanto que a sobrevivência das maiores depende mais das alianças estabelecidas no seu seio entre as diversas linhagens que as compõem.

A sequência pela qual uma aliança ianomami é estabelecida e mantida pode ser exemplificada tomando-se em consideração duas linhagens, cada uma com um homem e uma mulher em cada geração. Na primeira geração, os dois homens não aparentados trocam entre si as suas irmãs em casamento (Figura 3.1.). Quando os seus filhos repetem a troca, cada um deles estará então a desposar uma mulher que já é sua parente. A lei dos Ianomami relativamente ao matrimónio exige sempre o casamento entre primos cruzados, podendo essa relação ser traçada tanto através da linha de descendência do pai como da mãe. A mulher com quem um homem casa é assim, simultaneamente, filha da irmã do seu pai e filha do irmão da sua mãe, ao mesmo tempo que o homem que essa mulher desposa é filho do irmão da sua mãe e filho da irmã do seu pai. Radcliffe-Brown, que estudou estas regras de casamento na Austrália, designou esta prática *por casamento bilateral entre primos cruzados*.

Na prática, existem, evidentemente, vários homens e várias mulheres em cada geração da linhagem. No entanto, todos os homens se tratam entre si por "irmão" (ou "companheiro-mas-culino-membro-da-minha-linhagem"), o mesmo acontecendo com as mulheres, que se tratam entre si por "irmã". Os homens dirigem--se às mulheres da linhagem sua aliada chamando-lhes "mulher" (ou "mulher desposável") enquanto estas lhes chamam "marido" (ou "homem desposável"). Quanto aos membros da outra linhagem e do mesmo sexo, são tratados por "cunhado" ou "cunhada". A regra de casamento estabelece assim que um homem deve desposar uma mulher a quem chame "mulher", e uma mulher um homem a quem chame "marido". Quanto aos *primos paralelos* (filhos dos irmãos do pai e das irmãs da mãe de uma determinada pessoa) são

O ESTRUTURALISMO

Uma nova aliança...

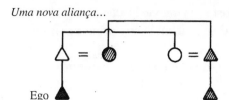

Com quem deverá Ego casar para manter a aliança?

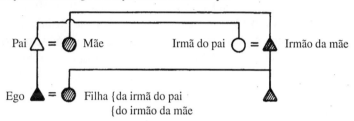

Quem são os primos paralelos de Ego?

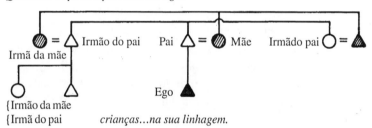

Figura 3.1. Evolução de uma aliança de casamento na sociedade ianomami

tratados por "irmão" e "irmã", não podendo, em condições normais, ser desposados. Na realidade, estes são elementos da sua própria linhagem, uma vez que o irmão do seu pai casou com a irmã da sua mãe (ver Figura 3.1.). Esta regra só é quebrada quando os homens adultos de uma linhagem demasiado numerosa precipitam uma divisão quando começam a tratar as mulheres dos segmentos com quem mantêm um parentesco mais distante por "mulher" e não por "irmã".

O esquema de relações a que a lei de casamento dos Ianomami dá origem é exactamente o mesmo (pelo menos no exemplo) que aquele que se verifica entre os Cariera, do Noroeste da Austrália (ver Figura 2.1. (a). Foi a notável coincidência entre tais sistemas

INTRODUÇÃO À TEORIA EM ANTROPOLOGIA

de parentesco em lados opostos do mundo que levou Lévi-Strauss a desenvolver a sua teoria do casamento entre primos cruzados.

A teoria de Lévi-Straussdo casamento entre primos cruzados

A teoria de parentesco, concebida por Lévi-Strauss, tem como base nalguns dos seus aspectos mais importantes a análise efectuada por Radcliffe-Brown dos sistemas de parentesco australianos, embora tal não esteja tão explicitamente referido nas suas obras como seria de esperar. Contudo, a influência dos funcionalistas estruturais britânicos na obra de Lévi-Strauss é evidente devido ao facto de este autor utilizar como tipologia de base as três formas de casamento entre primos cruzados de que falava Radcliffe-Brown (bilateral, matrilateral e patrilateral); Lévi--Strauss faz uma nova análise dos sistemas de parentesco australianos, na primeira das secções etnográficas da sua obra *Les Structures Élémentaires de la Parenté* (publicada pela primeira vez em França em 1949, segunda edição 1967), e a sua posição teórica é frequentemente enquadrada por oposição à de Radcliffe--Brown. Tal como este antropólogo, também Lévi-Strauss se revela interessado na vida dos sistemas sociais, não na dos indivíduos, e no facto de as necessidades do indivíduo estarem subordinadas às alegadas necessidades do sistema. Uma das falhas na abordagem tipológica de Radcliffe-Brown, assinalada por Leach, foi o da ausência de um limite evidente para o número de tipos e subtipos de sociedade que podem ser delineados (ver capítulo 2). Lévi--Strauss empenhou-se em demonstrar a existência de limites lógicos ao número de tipos entre aquilo a que chamou "sistemas sociais elementares".

A teoria de Mauss de que a troca perpetua as relações sociais teve também influência na obra de Lévi-Strauss (ver capítulo 4), embora este defenda que a estrutura criada por esse tipo de actividade é, ela própria, determinada pela estrutura do pensamento humano, desenvolvendo as teorias de Hertz e van Gennep. A obra de Lévi-Strauss segue de perto os anteriores estudos holandeses sobre o parentesco no Sudeste Asiático, principalmente a análise de Van Wouden das consequências práticas dos diversos tipos de casamentos entre primos cruzados e a representação desta prática no mito (Van Wouden 1968 (1935). A teoria estruturalista explica

O ESTRUTURALISMO

a estrutura da sociedade como sendo o produto de ideias, mais do que das condições materiais de existência.

Lévi-Strauss salienta que o casamento entre primos cruzados é um fenómeno que se verifica em muitas partes do mundo: Austrália (sociedades aranda, murngin e cariera), planícies da América do Sul (sociedades ianomami e outras), Sudeste Asiático e Índia. Aceita que não se trata de algo que possa ter surgido através da difusão do costume a partir de um ponto de partida comum, interpretando-o em vez disso como uma expressão de padrões universais do pensamento humano. Durkheim e Mauss tinham atribuído a origem do pensamento lógico à experiência da estrutura dos segmentos de uma sociedade composta, mas Lévi-Strauss utiliza esta hipótese de uma forma inversa, defendendo que é a estrutura da cognição humana que gera a estrutura das relações sociais. Por exemplo, a troca de presentes e de parceiros de casamento constituem formas de comunicação, devendo por isso ser tratadas do mesmo modo que a linguagem, o mais bem estudado de todos os meios de comunicação humana. Embora considere as estruturas mais básicas da consciência humana algo universal, Lévi--Strauss aceitou as precauções de Durkheim segundo as quais os mecanismos psicológicos supostamente universais não podiam explicar a diversidade cultural humana, interpretando por isso o *conteúdo* do pensamento estrutural como característico de tradições culturais específicas, o que permite estabelecer um paralelismo com a enorme diversidade de línguas.

A teoria do parentesco de Radcliffe-Brown defendia que as relações eram construídas de dentro para fora a partir da família nuclear, aumentando em termos de escala conforme os sistemas sociais iam atingindo níveis maiores de complexidade. Lévi--Strauss concorda com Saussure ao defender que os termos de parentesco apenas adquirem significado graças ao seu lugar no sistema estrutural, ou seja, em oposição aos outros termos de parentesco, e não por extensão desde os parentes mais próximos até aos mais distantes. Uma das divisões mais simples é a quadri-partida, criada pela combinação de secções patrilineares e geracionais e expressa no sistema australiano das quatro secções (ver Quadro 3.5.). Nesta estrutura existem apenas quatro posições de base, uma vez que avós e netos pertencem à geração de Ego.

INTRODUÇÃO À TEORIA EM ANTROPOLOGIA

Na terminologia de parentesco dos Cariera (que tem por base essa mesma divisão quadripartida), o pai do pai e o irmão da mãe da mãe são assim designados pelo mesmo termo porque ocupam a mesma posição em relação a Ego (ver capítulo 2, Figura 2.1. (a), enquanto os primos paralelos deste último ocupam a mesma posição que os seus irmãos, sendo assim por ele indiscriminadamente chamados "irmão" ou "irmã". Desta forma, até mesmo as relações de parentesco mais próximas são condicionadas pela estrutura do sistema e não pela extensão das mesmas (ou seja, de pai do pai para irmão da mãe da mãe ou de irmão para primo paralelo). E, da mesma forma que as pessoas não têm consciência da estrutura da sua língua, também não a têm em relação à estrutura do seu sistema de parentesco, que aceitam implicitamente (Lévi-Strauss 1969: 177).

Quadro 3.5. *Sistema quadripartido criado pela combinação de secções geracionais e patrilineares.*

	Subdivisão patrilinear A	Subdivisão patrilinear B	
Geração			
A1 Outra }	Pai e irmã do pai	Mãe e irmão da mãe	B1
A2 Própria }	Ego e irmãos	Cônjuge e irmãos deste	B2

Nota: A Quadro mostra a forma como os parentes mais próximos de Ego se encontram distribuídos entre as quatro secções A1, A2, B1 e B2.

Lévi-Strauss classifica os sistemas de parentesco do mundo em três tipos: elementar, intermédio e complexo. Nos sistemas elementares, toda a gente que é conhecida de uma determinada pessoa mantém com ela uma relação de parentesco, mesmo que não exista uma ligação genealógica comprovada entre ambos. Existem além disso regras de casamento precisas, que estipulam qual o tipo de parente que cada indivíduo deve desposar. Trata-se do tipo de sistema de parentesco que se pode encontrar na Austrália aborígene. No outro extremo estão os sistemas complexos, que encontramos na Europa, e em que só uma fracção do número de pessoas que se conhece são parentes, sendo o casamento regulado por um princípio segundo o qual os familiares mais próximos *não devem* casar. Assim, as pessoas casam normalmente fora do seu grupo familiar (os Saracatsani, descritos no capítulo 2, são um bom exemplo deste sistema de parentesco). Finalmente, os sistemas intermédios são do tipo que encontramos nas sociedades nativas da América do Norte e também em muitas culturas africanas. Os sistemas Crow-Omaha são deste tipo (Figura 3.2.). Aqui, segundo defende Lévi-Strauss, o universo social encontra-se dividido num determinado número de linhagens, que no entanto não estão ligadas por um padrão regular de alianças de casamento. Num contexto assim, Ego apenas tem relações de parentesco com os membros das outras linhagens cujos elementos casaram com os seus parentes próximos.

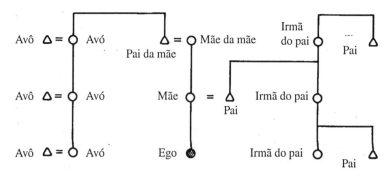

Neste exemplo, a descendência é traçada pela via feminina. Os homens desposam mulheres de outras linhagens. O diagrama mostra-nos as ligações que *Ego*, na terceira geração, tem com as linhagens do seu pai e do pai da sua mãe. Na linhagem do seu pai, todas as mulheres (independentemente da geração a que pertençam) são chamadas "irmã do pai" e todos os homens "pai". Simultaneamente, todas as mulheres da linhagem em que o pai da mãe nasceu são chamadas "avó" e o seu marido "avô".

Figura 3.2. Exemplo de uma terminologia de parentesco do tipo Crow – Omaha

O estudo de Lévi-Strauss, intitulado *Structures Élémentaires de la Parenté,* apenas trata os sistemas de parentesco do primeiro tipo, defendendo que podem ser classificados de acordo com três subtipos, consoante o tipo de regras de casamento entre primos cruzados que neles vigore. A troca é, para Lévi-Strauss, a base universal dos sistemas de parentesco, sendo tornada possível por três propriedades da mente humana: aceitar que as regras devem

INTRODUÇÃO À TEORIA EM ANTROPOLOGIA

ser obedecidas, encarar da reciprocidade como a forma mais simples de se criar relações sociais e considerar que um presente, uma vez oferecido, une aquele que dá e aquele que recebe numa relação social contínua, encontrando-se as estruturas criadas pelas trocas dependentes do tipo de regra de casamento vigente na sociedade em questão. Ao fazer estas afirmações, Lévi-Strauss foi claramente influenciado pelos trabalhos de Malinowski e Mauss (a teoria da troca será tratada no capítulo seguinte). No entanto, ao defender que o beneficiário último das relações criadas pelas trocas é o sistema social e não os participantes individuais no mesmo, aproxima-se mais de Radcliffe-Brown.

A análise dos Ianomami demonstra que, sempre que uma sociedade contenha grupos de descendência unilinear de carácter exógamo, os primos cruzados pertencerão sempre a um grupo diferente do de Ego. E, uma vez que essas linhagens estejam ligadas por trocas regulares de parceiros de casamento, os primos paralelos pertencerão sempre ao grupo de Ego. Qualquer sistema social que dependa de alianças regulares deste tipo poderá então considerar os primos cruzados os parceiros ideais para o matrimónio, proibindo o casamento entre primos paralelos. Os primos cruzados funcionam como "marcadores" que, mesmo que não se tornem parceiros de casamento de Ego, assinalarão a identidade do grupo ao qual este deverá ir buscar o seu parceiro. Logicamente, tal como Radcliffe-Brown já referira, só existem três tipos de primos cruzados: patrilaterais (filhos da irmã do pai), matrilaterais (filhos do irmão da mãe) e bilaterais (em que tanto os filhos da irmã do pai como os filhos do irmão da mãe são os mesmos ou, pelo menos, ocupam a mesma posição na estrutura do sistema de parentesco).

A descoberta mais fascinante de Lévi-Strauss foi ter-se apercebido de que todos os tipos de casamento entre primos cruzados dão origem a uma estrutura de trocas específica. Van Wouden fora o primeiro a referir esta realidade, sendo improvável que Lévi--Strauss não se encontrasse a par da sua obra (ver Van Wouden 1968: v, vii, xii). Esta perspectiva pode ser ilustrada com exemplos que, uma vez mais, partem do princípio de que uma linha de descendência conta apenas com um homem e uma mulher em cada geração. Se os homens de duas dessas linhas de descendência trocarem as suas irmãs em casamento, o irmão da mãe casará com

O ESTRUTURALISMO

a irmã do pai de Ego, sendo o futuro parceiro de casamento deste simultaneamente filho(a) do irmão da sua mãe ou da irmã do seu pai. Repetida esta prática ao longo de várias gerações, forma-se uma aliança muito forte entre as duas linhas de descendência, do tipo daquelas que existem na sociedade ianomami (Figura 3.3. (a). Uma alternativa é abrir-se o esquema de aliança seguindo-se uma regra que estabeleça que os homens de um dos grupos dão as suas mulheres aos homens de um segundo grupo e recebem as suas mulheres de um terceiro. Este é o esquema gerado pela regra de que os homens devem sempre desposar as filhas dos irmãos das suas mães, mas não as filhas das irmãs dos seus pais (Figura 3.3. (b), ou seja, aquilo a que Van Wouden chamava *conúbio assimétrico* (Van Wouden 1968: 86-7). Este sistema pode ser prolongado indefinidamente, criando uma corrente de grupos aliados que só termina quando se fecha em si mesma, transformando-se deste modo num círculo. Por esta razão, Lévi-Strauss refere-se ao casamento bilateral entre primos cruzados como uma troca *restrita* e ao sistema de intercâmbios matrilaterais como troca *generalizada*. Tanto os Cariera como os Aranda apresentam sistemas de troca restrita, mas os chamados Murngin (Iolngu) do Norte da Austrália (que Radcliffe-Brown escolheu para exemplificar outro dos seus tipos de sociedade aborígene) praticam o casamento matrilateral entre primos cruzados.

A terceira possibilidade é várias linhagens transferirem cada uma delas, através do casamento, os seus membros de um determinado sexo para uma segunda linhagem numa primeira geração (tal como se verifica nas trocas matrilaterais), mas reverter a direcção da troca na geração seguinte, como que para receber a paga pela dívida em que essa segunda linhagem incorreu ao receber os parceiros de casamento na geração anterior. É isto que acontece quando se segue a regra do casamento patrilateral entre primos cruzados (Figura 3.3. (c). Van Wouden imaginou que uma tal prática teria um efeito fraccionante nas relações sociais, enquanto Lévi-Strauss a vê como o equivalente a uma súbita perda de confiança na estabilidade do sistema. Tanto as trocas matrilaterais como as patrilaterais criam situações de dívida e crédito que ligam um conjunto de linhagens, mas no caso da troca matrilateral, cada uma delas tem de aceitar o custo de se encontrar permanentemente

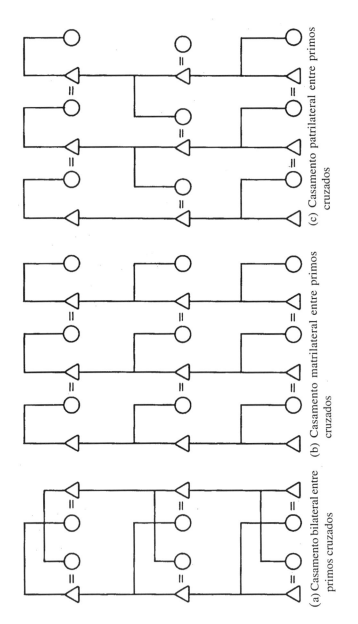

Figura 3.3. Estruturas criadas pelos três tipos de casamentos entre primos cruzados

O ESTRUTURALISMO

em dívida em relação ao grupo que lhe dá as suas mulheres, embora ao mesmo tempo se mantenha sempre com crédito em relação àquele a quem oferece as suas irmãs. Mesmo nas trocas bilaterais, as duas linhas mantêm-se num estado equilibrado de dívida e crédito durante sucessivas gerações. No caso da troca patrilateral, o sistema "volta constantemente a um ponto de inércia" (Lévi-Strauss 1969: 444), a partir do qual as relações sociais deverão ser reiniciadas. Trata-se de um sistema com contradições internas inerentes, que ou a elas sucumbe e se desmancha, ou se transforma numa condição mais estável (Lévi-Strauss 1963: 311). Estas ideias de Lévi-Strauss parecem ser corroboradas pelo facto de o casamento patrilateral entre primos cruzados ser, na realidade, o mais raro dos três tipos acima descritos.

Até que ponto necessitarão os participantes num tal sistema de estar cientes das suas consequências estruturais? Tal como Malinowski, Lévi-Strauss considera não haver mais necessidade de os participantes estarem cientes da totalidade da estrutura do sistema do que os falantes de uma determinada língua serem capazes de articular conscientemente todas as suas regras gramaticais. É necessário, isso sim, que saibam reconhecer as obrigações que sobre eles recaem em virtude da posição que ocupam nesse sistema. Lévi-Strauss admite que o casamento matrilateral entre primos cruzados se afigura uma "empresa arriscada" de "um ponto de vista individual e psicológico", uma vez que cada homem dá a sua irmã a um determinado grupo, mas tem de confiar na boa vontade de um outro para receber uma esposa (Lévi-Strauss 1969: 451). Cita mesmo dois provérbios de um povo de Samatra que pratica este tipo de casamento: um, explicando a proibição de se desposar um(a) filho(a) de um tio ou tia pela via patrilateral, pergunta: "Como é possível que a água possa correr para a sua fonte?". O outro, justificando a confiança no facto de que alguém que entregou a sua irmã em casamento receberá uma esposa, refere que "o desinfectante escorre para uma ferida aberta" (Lévi-Strauss 1969: 449).

INTRODUÇÃO À TEORIA EM ANTROPOLOGIA

Críticas à teoria de Lévi-Strauss sobre o casamento entre primos cruzados

As críticas dirigidas pelos antropólogos britânicos e americanos à teoria de Lévi-Strauss seguem duas orientações principais. A primeira é geralmente conhecida por debate da "preferência ou prescrição". Os críticos perguntam qual a proporção de casamentos que têm de seguir a regra do casamento entre primos cruzados para que as previsões de Lévi-Strauss sobre as consequências estruturais desse tipo de matrimónio se concretizem. Os Asantes disseram a Fortes que o ideal para eles seria o casamento bilateral entre primos cruzados, mas o antropólogo descobriu que apenas 8% dos casamentos realizados se incluíam nesta categoria e que as alianças entre as diversas linhagens só raramente eram perpetuadas (Fortes 1950: 279). Chagnon, por seu turno, descobriu que 70% dos casamentos entre Ianomamis se realizavam entre membros de linhagens já aliadas, sendo muitos dos cônjuges primos direitos (Chagnon 1968: 73). É evidente que, enquanto os Ianomami exemplificam as previsões de Lévi-Strauss relativamente ao tipo de estrutura gerado pelo casamento bilateral entre primos cruzados, os Asante não. Outra das críticas desta vertente é a que questiona até que ponto o conjunto de mulheres disponíveis para o casamento terá de ser definido para gerar as estruturas de Lévi-Strauss. Os próprios Ianomami permitem o casamento entre primos em segundo grau (ou até mesmo entre parentes ainda mais distantes), desde que pertençam à mesma linhagem que os primos cruzados de Ego. Suponhamos que toda uma sociedade de pequena dimensão se encontra simplesmente dividida em três categorias, de tal forma que (na perspectiva de Ego) um terço dos indivíduos sejam membros da sua categoria, outro terço potenciais fornecedores de mulheres e outro ainda potenciais receptores de mulheres. Os Purum, da Birmânia, uma pequena comunidade de quatro aldeias que continha um total de 90 agregados familiares, pareciam ter organizado um sistema de casamento matrilateral entre primos cruzados um pouco segundo essa fórmula (Wilder 1971). Mas, infelizmente, as suas aldeias foram atacadas pelos Japoneses durante a II Guerra Mundial e o seu sistema de casamentos não se encontrava pronto para reinvestigação na altura do debate suscitado pela teoria de Lévi-Strauss.

O ESTRUTURALISMO

A segunda orientação crítica é a que se refere àquilo que Leach chamou as "consequências estruturais" do casamento entre primos cruzados. Poderão as estruturas geradas por uma determinada regra de casamento ser idênticas, mesmo no caso em que esta esteja incluída em sistemas sociais muito diferentes em todos os outros aspectos (Leach 1961b)? Este autor chamou a atenção para o facto de um dos povos por si estudados, os Catchin (também da Birmânia), habitantes de uma zona de montanha e cultivadores de arroz de sequeiro, utilizarem o casamento matrilateral entre primos cruzados como forma de criar estreitas alianças entre os aristocratas e pequenos grupos de cidadãos comuns. Cada aliança não podia abranger mais de três linhagens. Certas mulheres eram oferecidas em casamento neste contexto para criar laços de dependência entre os grupos uma vez que, segundo Leach, as alianças eram instáveis: os cidadãos comuns procuravam manter a igualdade, enquanto que os aristocratas tentavam obter tributos, tal como faziam os príncipes nas regiões dos vales dos arrozais das terras húmidas, mas sem terem acesso aos excedentes agrícolas (Leach 1954). Por seu turno, os "Murngin" da Austrália eram caçadores-recolectores que viviam num sistema igualitário e cuja utilização da regra de casamento acima descrita criava cadeias de relações entre os numerosos clãs. O estudo de Leach sugere que as condições materiais de existência poderão ter um efeito radical na forma como as estruturas cognitivas são expressas.

O modo como o sistema murngin funcionava na prática tornou--se assunto de um intenso debate: Lloyd Warner, aluno americano de Radcliffe-Brown, efectuou um extenso trabalho de campo junto deste povo. No seu livro *A Black Civilisation* (Warner 1958 [1937]), publicara a terminologia de parentesco utilizada pelos seus elementos (Figura 3.4.), que identificava claramente sete linhas de descendência. Muitos antropólogos partiam do princípio de que cada linha do esquema por ele fornecido correspondia a um clã ou grupo de descendência distinto. Dado que Warner afirmara também que os Murngin tinham secções patrilineares, alguns imaginaram que este autor pudesse não se ter apercebido da existência de uma oitava linha de descendência, sem a existência da qual as duas exteriores que, deduzia-se, fechavam o círculo da aliança incorreriam na prática de casamentos dentro da própria subdivisão.

INTRODUÇÃO À TEORIA EM ANTROPOLOGIA

Lawrence e Murdock publicaram uma interpretação segundo estes pressupostos (1949), que foi ridicularizada por Radcliffe-Brown quando afirmou que esta, a ser verdadeira, exigiria uma complexidade de relações de parentesco demasiado grande até mesmo para esses exímios mestres do parentesco que eram os nativos autralianos (Radcliffe-Brown 1951). É evidente, segundo a obra de Warner, que os Murngin não forjam alianças de casamento tão rigorosamente organizadas (Figura 3.5). Na realidade, os matrimónios celebrados entre os elementos deste povo dão origem a uma rede de alianças que por vezes revertem para si mesmas, dando ideia que dois grupos do mesmo local se dedicam à troca bilateral. Leach apercebeu-se disto porque alguns clãs eram compostos por mais do que uma linhagem exógama (Leach 1961b: 70; comparar Warner 1958: 26 e Morphy 1978: 217).

Quando a segunda edição de *Structures Élémentaires de la Parenté* foi publicada, em 1967, Lévi-Strauss respondeu às críticas que até então lhe tinham sido tecidas afirmando que, embora na prática o casamento matrilateral entre primos cruzados pudesse não envolver mais grupos de um dado local do que os necessários no sistema aranda, o potencial destes dois tipos de casamento era sempre diferente: o sistema aranda teria sempre tendência para se fechar sobre si próprio, enquanto que o murngin tenderia sempre para uma abertura em cadeias de alianças cada vez maiores. Este seu argumento viria a ser apoiado pela comparação de Keen entre as práticas de casamento dos Iolngu (Murngin) e dos seus vizinhos, os Gidjingali, que praticam um sistema do tipo aranda (Keen 1982).

As teorias de Lévi-Strauss sobre mito e totemismo

A primeira monografia de Lévi-Strauss sobre a estrutura do mito e do ritual foi *La Pensée Sauvage* (1962) [*O Pensamento Selvagem*]. O cientista desenvolve aqui as perspectivas apresentadas por Durkheim e Mauss em *Primitive Classification* e só por Durkheim em *Formas Elementares da Religiosa*. Toma como ponto de partida duas observações: em primeiro lugar, a de que as culturas de pequena dimensão parecem recorrer ao mundo natural de uma forma aparentemente aleatória ou arbitrária para encontrar símbolos que representem ideias, valores ou medos característicos da sua comunidade. Contudo, parece existir também

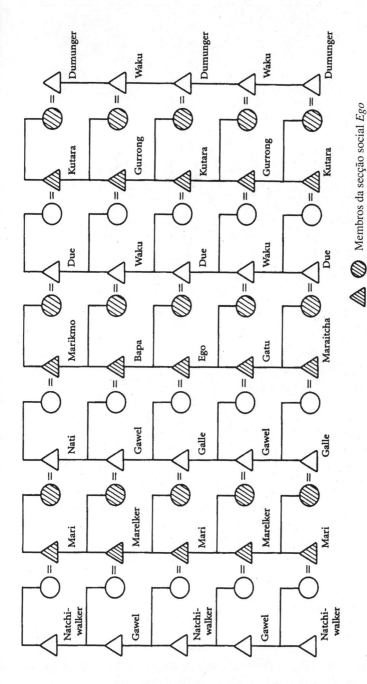

Figura 3.4. Terminologia de parentesco entre os clãs "Murngin" (Yolngu)

INTRODUÇÃO À TEORIA EM ANTROPOLOGIA

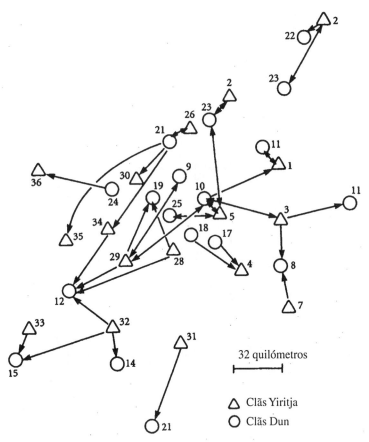

Figura 3.5. Trocas de casamento entre os clãs "Murngin" (Iolngu) tal como realmente ocorrem

um desejo aparentemente universal de impor a ordem no mundo através de esquemas de classificação.

A forma característica desses esquemas classificatórios está ilustrada na Figura 3.6. Lévi-Strauss fornece numerosos exemplos daquilo que ficou conhecido por etno-taxionomias, obtidos de sociedades tradicionais da África, América do Sul e outras regiões do globo. Salienta que estas classificações são muitas vezes botânica e zoologicamente precisas ou, se se preferir, encontram-se frequentemente de acordo com as taxionomias ocidentais. A classificação dos Navajos afigura-se no entanto bastante diferente das taxionomias ocidentais na medida em que apresenta uma outra

O ESTRUTURALISMO

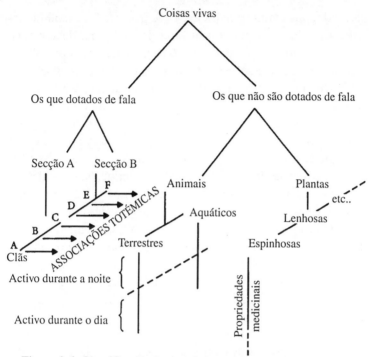

Figura 3.6. Classificação do mundo natural segundo os Navajos

ordem (ou eixo) de classificação, através da qual este povo estabelece equações ou correspondências entre seres vivos (tais como animais ou plantas) e entidades naturais (o céu, o sol, as montanhas, a água, etc.). O céu surge associado ao grou, o sol às aves canoras, a montanha à águia e o rio à garça. É com base nestas correspondências que as plantas e animais são utilizados nas práticas ritualísticas. As diversas culturas constroem diferentes conjuntos de correspondências, surgindo cada um deles de uma forma arbitrária. Por exemplo os Iban, do sul do Bornéu, consideram que o grito do gaio de crista soa como o estalar da madeira a arder pelo que, se for ouvido, será augúrio de sucesso nas queimadas efectuadas na floresta para criar novos terrenos de cultivo. O grito de alarme do surucuá (uma outra ave) soa como o gemido de um animal moribundo, pelo que é visto como presságio de uma boa caçada. Tal como Lévi-Strauss observa, a análise de muitos outros sistemas do mesmo tipo demonstraria uma igual coerência, não existindo um sistema único de adivinhação com

INTRODUÇÃO À TEORIA EM ANTROPOLOGIA

base nos sons emitidos pelas aves que pudesse ser escolhido por todas as culturas. Apenas a história de cada uma delas poderá explicar o porquê de, com o passar do tempo, terem sido escolhidas determinadas associações: para se compreender a razão pela qual os Osage, da América do Norte, associam a águia à terra e não ao ar, temos de saber que este povo associa a águia ao trovão, uma forma de fogo, e o fogo ao carvão mineral, que vem do solo. "Não são os elementos propriamente ditos mas sim as relações entre eles (isto é, as estruturas) que são constantes" (Lévi-Strauss 1966: 53). Não existem símbolos universais, arquetípicos: se os mesmos símbolos aparecem em culturas diferentes tal deve-se ou a fenómenos de difusão, ou porque as propriedades intrínsecas dos objectos simbólicos sugeriram as mesmas associações aos membros de diferentes tradições históricas. Afirma por fim (concordando com Durkheim) que o local em que os objectos são colocados num determinado sistema de significância é mais importante do que as suas propriedades intrínsecas: o mesmo objecto pode ser utilizado de formas muito diversas.

De uma forma algo controversa, Lévi-Strauss conclui que os povos "primitivos" são motivados por um insaciável desejo de impor ordem no mundo, ideia que virá a ser desenvolvida por Douglas na sua obra *Pureza e Perigo* (1966) e, numa escala menor, por Sahlins em *Culture and Practical Reason* (1976a). Qualquer perturbação que ocorra no seu sistema de classificação provocará um reajustamento do mesmo, de forma a evitar o caos cognitivo primordial que ameaça subjugá-los. Lévi-Strauss apresenta um exemplo hipotético: suponhamos que numa dada sociedade totémica existem dois clãs, um chamado os Ursos e o outro as Tartarugas. Se o clã dos Ursos desaparecesse, o das Tartarugas aumentaria de dimensões e, de forma a restaurar a estrutura bipartida, dividir-se-ia em dois, ficando estes novos clãs conhecidos cada um pelo nome de uma espécie de tartaruga diferente (assumindo um, possivelmente, o nome de uma espécie de água doce e o outro o de uma espécie de água salgada). As classificações totémicas constituem, como o próprio Durkheim se apercebeu, códigos destinados a transmitir mensagens, nas quais os grupos sociais podem ser representados sob a forma dos seus emblemas animais (Lévi-Strauss 1966: 76).

O ESTRUTURALISMO

A etnografia demonstra que estas associações simbólicas podem ser expressas de muitas formas: na sociedade nativa da América do Norte, era normal afirmar-se que os elementos de um determinado clã eram como o seu totem em termos de comportamento (o clã da raposa era composto por gente matreira, o do alce por gente tímida e assim por diante), enquanto que na Austrália não eram raras as proibições que impediam os membros de um determinado clã de comer a carne do seu totem, uma vez que isso seria o mesmo que comer um familiar. Lévi-Strauss chama a estas regras "operadores totémicos", que, segundo ele, funcionam para manter a importância das equações simbólicas, para além de transformar as estruturas cognitivas numa interacção estruturada.

Talvez o capítulo mais interessante de *La Pensée Sauvage* seja aquele em que Lévi-Strauss demonstra que o totemismo e o sistema de castas indiano (apesar de se encontrarem ambos associados a sistemas sociais muito diferentes) apresentam estruturas lógicas semelhantes em termos da sua organização. Divergem no entanto na medida em que um é a imagem reflectida, ou convertida, do outro. Tanto a troca de mulheres como a de alimentos podem ser aqui vistas como "operadores" lógicos, que mantêm a distinção e, contudo, a interdependência entre os grupos. Numa sociedade cuja base sejam os clãs totémicos, cada clã é exógamo (ou seja, troca parceiros de casamento com os restantes clãs) e evita comer o seu símbolo totémico. A espécie que constitui o totem é o animal--guardião, ou transformação, do antepassado que fundou o clã. No sistema indiano, cada casta é endógama (o que significa que os casamentos se realizam dentro das castas), encontrando-se associada a uma determinada ocupação (a agricultura, a olaria, a tecelagem, etc). Da mesma forma que o totem é emblemático para o clã, também a ocupação é emblemática para a casta. No entanto, em vez de trocarem mulheres em casamento, os Indianos que vivem sob este sistema trocam os produtos do seu trabalho.

Através do ritual, e não do trabalho prático, o clã de carácter totémico explora a sua relação especial com o respectivo totem para desempenhar "ritos de proliferação", com os quais os seus elementos (erradamente, de uma perspectiva ocidental) esperam aumentar o número de exemplares da sua espécie totémica, para benefício dos outros clãs. E, de uma forma contrária, ao supor que

INTRODUÇÃO À TEORIA EM ANTROPOLOGIA

as castas mais elevadas ficariam poluídas pelo contacto com as mais baixas, a cultura indiana cria artificialmente um sistema de interdependência ocupacional entre as castas existentes em cada comunidade local.

Ambos os sistemas cognitivos defendem que a divisão da sociedade em grupos tem como paralelo uma divisão do mundo não humano em espécies ou produtos do trabalho. Contudo, enquanto num dos casos as espécies são naturais (pensando-se erradamente que se podem propagar através de práticas rituais), no outro os objectos são verdadeiramente fabricados pelo homem. Num as mulheres são um meio de se estabelecer alianças entre os grupos, no outro são mantidas no seio da sua casta. Num exemplo, todos os clãs são iguais em termos de estatuto, noutro as castas estão hierarquizadas.

A comparação do sistema de castas com o totemismo demonstra que, por detrás de estruturas sociais tradicionalmente vistas como nada tendo em comum, podemos encontrar o mesmo tipo de pensamento lógico, ou *modus operandi*. Os contos populares europeus que retratam os animais como *indivíduos* com o carácter dos seres humanos (tais como a coruja sábia ou o coelho tímido) podem, segundo Lévi-Strauss, ser encarados como uma outra variação ou transformação deste tipo de pensamento. Outras culturas utilizam partes do corpo humano para representar aspectos do seu meio ambiente, tais como os pontos cardeais e as relações de parentesco.

A análise de Lévi-Strauss da mitologia sul-americana

Na sua obra posterior sobre a mitologia sul-americana, Lévi--Strauss analisou com grande atenção os mitos dos povos que habitam a região da bacia amazónica e os paralelismos que descobriu entre eles convenceram-no de que os sistemas simbólicos de cada um não eram, como pensava, completamente arbitrários, mas sim "motivados" pelas suas propriedades naturais, ou pela forma como eram normalmente utilizados por esses povos. Os animais comem alimentos crus, enquanto os humanos os cozinham. A invenção da prática de cozinhar torna-se assim uma metonímia (isto é, uma parte que exemplifica um todo) da origem da cultura. Os animais acasalam ao acaso (segundo Lévi-Strauss) mas as

O ESTRUTURALISMO

pessoas estabelecem alianças de casamento. Assim, os primeiros homens a trocar as suas irmãs por noivas também geraram cultura, pelo que as trocas de parceiros de casamento se tornam também elas numa metonímia da cultura. Lévi-Strauss não acreditava que os mitos destes povos tivessem qualquer tipo de validade histórica. Efectivamente, o facto de um mito estar relacionado com um acontecimento histórico ou imaginário era irrelevante em termos do seu valor cognitivo. Neste aspecto, o autor concordava com a rejeição da História que caracterizava os funcionalistas.

Lévi-Strauss identificou vários dos temas míticos recorrentes entre os povos das planícies da América do Sul, tendo cada cultura uma variante. Algumas abelhas sul-americanas fazem um mel incrivelmente doce, "de tal forma que quem quer que o coma se perguntará se está a saborear uma delícia ímpar ou a arder com o fogo do amor. Estas alusões ao erotismo não passam despercebidas nos mitos" (Lévi-Strauss 1973: 52). O mel tem também outra propriedade: é comido cru. Cozinhá-lo seria desrespeitar a sua natureza, pelo que, naqueles mitos, cozinhar o mel é por vezes equiparado a práticas incestuosas, o mesmo acontecendo com a recusa em dá-lo a alguém. A troca de produtos que representam a alimentação tem o seu paralelo nas trocas de parceiros de casamento (Lévi-Strauss 1973: 27, 43). O tabaco é outra substância estranha: tem de ser queimado para ser consumido. Assim, num certo sentido, o mel e o tabaco encontram-se em posições conceptualmente opostas: enquanto um é mantido no seu estado natural por estas culturas, o outro é processado. Podemos assim imaginar uma estrutura cognitiva tripartida, na qual o mel, os alimentos cozinhados e o tabaco representam ideias mais gerais (ver Quadro 3.6.).

Quadro 3.6. *Modelo de Lévi-Strauss para o simbolismo dos alimentos*

Natureza	Cultura	Espíritos
Mel	Alimentos cozinhados	Tabaco
Promiscuidade	Casamento de primos cruzados	Incesto

INTRODUÇÃO À TEORIA EM ANTROPOLOGIA

Um dos mitos contados por Lévi-Strauss fala de um jaguar que deu aos primeiros homens uma mulher. Mostra-se sempre cortês, protege o seu cunhado e permite que os homens lhe roubem o fogo. Pelo contrário, os homens guardam para si a carne que caçaram e entregam-se actos sexuais com as mulheres que lhes foram oferecidas. Ou seja, o animal comporta-se como um ser humano educado e o ser humano comporta-se selvaticamente. Ao inverter-se o comportamento normal, as categorias culturais são colocadas em relevo. Um outro mito descreve a forma como o mel foi descoberto quando as pessoas ainda eram animais. Com efeito, trata-se de algo que não é de surpreender, uma vez que aquele produto não necessita de ser cozinhado. O mito enaltece a caça e a recolha de alimentos. Se, por um lado, cozinhar carne simboliza a origem da cultura, aqueles que ultrapassam os limites do comportamento por ela aceite são queimados vivos. Num outro mito relata-se a forma como os vilãos foram queimados vivos numa prisão para dentro da qual entrava fumo de tabaco, enquanto noutro ainda este produto tem a sua origem nas cinzas de um herói queimado numa pira. Inalar tabaco em vez de o exalar para os espíritos transforma as pessoas em animais.

Não há dúvida de que Lévi-Strauss conseguiu demonstrar a existência de paralelismos notáveis entre as oposições simbólicas que podemos encontrar nas diversas culturas. Com efeito, parece ter um toque de Midas, que faz com que tudo aquilo que interpreta seja imediatamente organizado num esquema universal de oposições e equivalências. Leach (1969: 81) salientou que a história dos reis e rainhas de Inglaterra pode também ela ser recontada segundo o esquema das oposições estruturais de Lévi-Strauss: Henrique VIII era um homem forte, que tinha muitas mulheres, enquanto que Isabel I era uma mulher forte, mas solteira. A ela sucedeu, por sua vez, Jaime I, um homem fraco e com uma mulher. Um dos momentos mais memoráveis dos trabalhos de campo por mim efectuados na Austrália foi quando Sam Woolagudja (um elemento do povo Worora, das Kimberley Ocidentais) me contou o mito que explica a exogamia das secções:

"Havia dois homens. Um chamava-se Wodoy e o outro Djunggun. Concordaram trocar as irmãs em casamento e Wodoy

O ESTRUTURALISMO

começou a troca cerimonial dando ao companheiro um objecto sagrado que fabricara e dizendo-lhe que, em troca pelo mesmo, queria mel. Mas Djunggun era preguiçoso e deu-lhe imediatamente um outro objecto sagrado para pagar a dívida. Começou depois a cozinhar mel para comer. «Não faças isso! Estás a estragar boa comida», disse Wodoy. Agarrou então num pau e matou Djunggun, e foram ambos transformados em pássaros (numa jovem coruja e numa curianga)".

Embora as oposições estruturais de Lévi-Strauss se afigurem por vezes artificiais ou forçadas, não há dúvida que este antropólogo chamou a atenção para a existência de determinados padrões universais na cultura.

A antropologia cognitiva

Na década de 20, os linguistas da chamada Escola de Praga (entre os quais estavam incluídos nomes como Jakobson e Trubetzkoy) desenvolveram a teoria da estrutura da linguagem de Saussure. Jakobson, que mais tarde emigraria para os EUA, influenciou tanto Lévi-Strauss como a escola americana da antropologia cognitiva (Lévi-Strauss encontrava-se nos EUA durante a Segunda Guerra Mundial). O linguista russo defendia que os sons da fala estão organizados em pares mínimos opostos: distinguimos intuitivamente *fim* de *sim*, ou *viral* de *vital*, identificando qual das alternativas (*f* / *s* ou *r* / *t*) o falante pronunciou (Jakobson e Halle 1956: 3). Jakobson dava assim nova vida à hipótese de Durkheim e de Mauss de que as primeiras e mais simples estruturas cognitivas se baseavam em oposições binárias, uma perspectiva que estava de acordo com o desenvolvimento de linguagens de programação baseadas num código binário. Defendia além disso que o discurso conseguia explorar dois tipos de relação estrutural: a relação metafórica, que tem por base a semelhança entre ideias retiradas de campos diferentes: a relação entre um clã e o seu totem é metafórica; e a relação metonímica, que assenta naquilo a que o linguista chamou "contiguidade" — em que uma parte representa o todo, por exemplo quando se fala nas "cabeças coroadas da Europa" significando todos os reis e rainhas deste continente (cf. Jakobson e Halle 1956: 76-80). Leach salientou que a distinção de Jakobson é semelhante, mas não igual, ao

INTRODUÇÃO À TEORIA EM ANTROPOLOGIA

conceito saussuriano das relações sintagmáticas e paradigmáticas (Leach 1976: 15).

Os antropólogos cognitivos americanos aplicaram os conceitos estruturalistas de Jakobson à análise das terminologias de parentesco e às taxionomias indígenas, trabalhando assim em paralelo com Lévi-Strauss mas, aparentemente, sem ser influenciados por este. A história da antropologia cognitiva de D'Andrade, por exemplo, faz muito poucas referências a Lévi-Strauss (D'Andrade 1995: 248). A obra dos antropólogos cognitivistas encontra exemplos na obra de Lounsbury sobre a terminologia de parentesco dos Crow-Omaha, bem como no estudo de Frake sobre a classificação das doenças entre os Subanam, das Filipinas.

As terminologias de parentesco dos Crow-Omaha exemplificam aquilo a que Lévi-Strauss chama um sistema de parentesco "intermédio". A sociedade é composta por um determinado número de grupos familiares, mas Ego só poderá utilizar termos de parentesco quando se referir aos grupos no seio dos quais ele/ela ou os seus parentes próximos se casaram. No entanto, dentro desses grupos, designará normalmente pelo mesmo termo os parentes das diferentes gerações (ver Figura 3.2.). Assim, se a descendência for traçada por via masculina, a sua mãe será proveniente de um grupo diferente e todos os elementos desse grupo, independentemente da geração a que pertençam, poderão ser chamados "mãe" e "irmão da mãe". Radcliffe-Brown interpretou isto como uma expressão da solidariedade entre a linhagem, ou seja, se Ego tiver os mesmos direitos e obrigações relativamente a todos os elementos do grupo da sua mãe biológica, chama a todos pelo mesmo nome. Lounsbury salientou que a justificação funcionalista de Radcliffe-Brown explicava a presença das terminologias do tipo Crow-Omaha em sociedades com linhagens corporativas, mas não noutros tipos de sociedade, não conseguindo igualmente explicar o porquê de muitos sistemas em que existem linhagens corporativas não terem terminologias de parentesco deste tipo. Este autor americano defendia que tais terminologias devem ser compreendidas enquanto expressões de um sistema de pensamento lógico, que poderão ser aplicadas em diversos contextos funcionais, demonstrando além disso ser possível reduzir-se este sistema a um conjunto de três regras diferentes de classificação de parentes através do recurso a termos comuns (Lounsbury 1964: 353, 384).

Frake relata que a doença constitui um frequente tema de conversa entre os Subanam: quando os elementos deste povo estão doentes, é frequente recorrerem aos conselhos dos seus conterrâneos para tentar diagnosticar o mal de que padecem. O antropólogo, que acabou por recolher 132 nomes de doenças na língua local, compreendeu que jamais iria ser capaz de participar em conversas quotidianas enquanto não dominasse a classificação dessas doenças, pois a mesma palavra podia ter significados diferentes consoante o contexto. Ao fim de algum tempo, Frake concluiu que os Subanam classificavam as suas queixas segundo uma hierarquia estrutural, parte da qual se encontra reproduzida na Figura 3.7.

Muitos termos, tais como "ardor", tinham um significado mais ou menos específico, consoante o seu congénere ao qual se opunham. Frake descobriu que as pessoas raramente discordavam relativamente àquilo que tornava uma doença diferente das outras. Ou, por outras palavras, concordavam quanto à estrutura cognitiva do sistema. Os desacordos, quando existiam, surgiam apenas relativamente a qual a variante da doença em questão: se uma ferida seria "profunda" ou "superficial", se a tinha seria "exposta" ou "escondida", etc. (Frake 1961: 130).

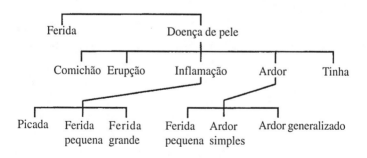

Figura 3.7. Algumas doenças de pele na sociedade subanam

INTRODUÇÃO À TEORIA EM ANTROPOLOGIA

O Estruturalismo na Inglaterra

A primeira e mais influente obra estruturalista escrita por uma antropóloga britânica foi *Purity and Danger*, de Mary Douglas [*Pureza e Perigo*, Edições 70, 1991]. Nela, a autora afirma que as ideias bíblicas sobre a impureza poderão ser explicadas através de um estudo da posição ocupada pela pureza e pela impureza nas religiões das sociedades de pequena dimensão. Douglas defende que não se deve encarar as crenças relativas àquilo que é impuro e à forma como deve ser tratado numa perspectiva de conhecimento evolutivo da higiene, mas sim como um conjunto de símbolos incluídos num sistema estrutural. Isto aplica-se, ainda segundo ela, até mesmo às nossas ideias de sujidade e arrumação: "objectos e roupas fora do sítio (...) o nosso comportamento face à poluição não é mais do que uma reacção que condena qualquer objecto ou ideia susceptível de confundir ou contradizer as nossas prezadas classificações" (Douglas 1966: 36). Quando o livro do Velho Testamento do *Levítico* descreve certas criaturas como impuras, estas devem ser encaradas como elementos de um esquema cognitivo: as criaturas que vivem na água mas não têm barbatanas e as que têm mãos mas andam sobre quatro patas são associadas com acções humanas moralmente condenáveis ou infractoras das categorias sociais, tais como o furto ou o incesto. O facto de reagirmos com horror idêntico a uns sapatos deixados sobre a mesa de jantar ou a comida deixada no quarto demonstra que estes esquemas de cognição são universais e não específicos do pensamento "primitivo".

Em *Culture and Communication* [*Cultura e Comunicação*, Edições 70, 1992], Leach desenvolveu a aplicação do Estruturalismo às imagens bíblicas feita por Douglas. Tal como os antropólogos cognitivistas americanos, Leach também recorreu à obra de Jakobson (Leach 1976: 15, 31; cf. Jakobson e Halle 1956: 81), comparando explicitamente a oposição binária da cognição humana ao código binário de um computador (Leach 1976: 57). A finalidade da lógica cultural, segundo Leach, é impor limites mensuráveis a um mundo em que, na realidade, as coisas se fundem umas nas outras ou mudam instantaneamente. Dado que a mente necessita de criar categorias e oposições bem definidas para dar sentido ao mundo, tudo o que seja pouco claro ou ambíguo provoca-lhe

O ESTRUTURALISMO

ansiedade. Os ritos de passagem estudados por van Gennep impõem uma fase de transição entre o abandono da antiga condição e a entrada na nova, que elimina essa ansiedade. O significado, quer dos gestos mais simples, quer dos mitos mais complicados, apenas poderá ser compreendido se descobrirmos a estrutura de significados opostos sobre a qual assentam. No entanto, uma vez que as operações lógicas da mente humana são universais, deverá ser possível "decifrarmos" as culturas exóticas e traduzi-las para as oposições cognitivas análogas da nossa própria cultura (Leach 1976: 39).

Críticas à teoria do mito de Lévi-Strauss

Até que ponto é significativa a variação no relato de um mito?

Uma vez que Lévi-Strauss, tal como acontecera com Radcliffe--Brown (ver capítulo 2), não observou a minúcia da vida quotidiana no campo, os seus dados sofrem do mesmo problema que os do seu colega britânico. Com efeito, também os mitos sul-americanos sobre os quais Lévi-Strauss se debruçou lhe chegaram às mãos quase exclusivamente através de fontes secundárias (muitas vezes missionários, que poderão não ter sido bons antropólogos), revelando este teórico tendência para partir do princípio de que, por detrás de cada cultura, se encontra uma "consciência colectiva" durkheimiana. Nesta perspectiva, qualquer elemento de uma dada cultura a quem se peça para contar o "mito de X" dará a mesma versão do mesmo ou, nos casos em que ocorrerem variantes, estas serão irrelevantes, uma vez que será sempre a mesma estrutura a ser representada (ver, por exemplo, Lévi-Strauss 1970: 6-7; 1973: 56-7).

Contudo, os estudos etnográficos pormenorizados revelam invariavelmente que a situação é mais complexa: o relato de Biebuyck sobre o perito ritualista dos Legas, do Congo (África Central), dá-nos surpreendentes exemplos desta realidade. Este especialista suscita o espanto entre aqueles que assistem às suas cerimónias mostrando-lhes quantas interpretações consegue extrair da observação de um objecto utilizado num ritual: o bico do búcero pode ser utilizado para evocar, entre outros, o provérbio "o pintainho, amor de seu pai e de sua mãe", que diz que nem mesmo as crianças más devem ser negligenciadas, ou ainda "O calau, o

INTRODUÇÃO À TEORIA EM ANTROPOLOGIA

pobre coitado, tentou imitar o som de todos os animais", que ridiculariza um homem que aspire a entrar para a associação ritual *Bwami* mas que não conseguiu acumular uma quantidade de riqueza suficiente para o fazer. Da mesma forma, a pele mosqueada do gineto pode ser utilizada para evocar "mau parentesco, nuns sítios claro, noutros escuro", ou para recordar as pessoas de que, da mesma forma que a pele deste animal é manchada por pintas, também as pessoas vivas são influenciadas pelas acções dos seus antepassados (Biebuyck 1973).

Giddens conta-se entre aqueles que defendem a existência de uma interacção entre a estrutura e o desempenho (Giddens 1979). A fala e o desempenho de rituais são coisas reais; a linguagem ou a estrutura do sistema ritual são algo inferido. Se os participantes aprenderem a interpretar correctamente as intenções uns dos outros, então as abstracções que o cientista social descreve como *linguagem* ou *cultura* encontrar-se-ão próximas da realidade. Mas é através dos novos desempenhos que a cultura se altera: cada nova leitura do bico do calau ou da pele do gineto mudará a forma como os Legas que participam num ritual de iniciação irão compreender as ocasiões futuras em que tais objectos lhes apareçam. Giddens chama a este processo "estruturação".

De forma semelhante, sempre que uma lenda é contada assume uma determinada forma que depende dos interesses de quem a conta e do ponto até ao qual essa pessoa pretende que o antropólogo compreenda as suas referências à iniciação, à troca cerimonial, ao direito do clã à terra, etc. Os elementos de uma dada comunidade partilham ideias quanto àquilo que pode ser considerado um relato aceitável da lenda, mas não existe um "texto" padrão através do qual se possa avaliar os outros desempenhos. Kaberry e Leach demonstraram, já na década de 50, de que forma diferentes partidos durante as campanhas eleitorais (tanto nos Camarões como na Birmânia) contavam os mitos da origem dos povos da sua região de formas diferentes para justificar as suas pretensões em detrimento das dos seus adversários (Kaberry 1957; Leach 1954).

O Estruturalismo enquanto "decifração de códigos"

Uma crítica mais grave ao Estruturalismo é a de tentar decifrar as culturas exóticas, procurando demonstrar a existência de

O ESTRUTURALISMO

mensagens conhecidas por detrás de significantes desconhecidos. Lévi-Strauss estava convencido de que, sentado no seu escritório em Paris a ler livros sobre a América do Sul, conseguia penetrar no simbolismo dos mitos exóticos. Isto devia-se ao facto de acreditar que os mitos continham estruturas universais que eram o resultado directo de estruturas cognitivas universais através das quais a mente humana conferia sentido ao mundo, ideia que provinha da sua leitura das obras de Durkheim e Mauss sobre a classificação primitiva. Os mitos tornavam o pensamento possível, revestindo essas estruturas de uma imagética especial: "Os mitos operam na mente dos homens sem que estes estejam cientes desse facto" (Lévi-Strauss 1970: 12), podendo desempenhar eficazmente a sua função quer na floresta tropical, quer num escritório citadino. Os temas comuns que apareciam nos mitos de povos diferentes podiam ser analisados como variantes de um mesmo mito (ver, por exemplo, Lévi-Strauss 1973: 35 e segs.).

Mas suponhamos que os povos amazónicos concebem o mundo de uma forma que nos é totalmente estranha. Aquilo que vêem em cada mito será assim, forçosamente, muito diferente daquilo que nós vemos. Num sentido muito trivial, este facto é ilustrado pelo seguinte episódio: em meados da década de 70, o governo australiano decidiu que o hino nacional deixaria de ser "God Save the Queen". Muitos Australianos defenderam então que o novo hino, qualquer que fosse a letra escolhida, deveria ser cantado ao som de "Waltzing Matilda", uma vez que esse tema era reconhecido por todo o mundo como uma imagem de marca do seu país. Falando no debate que esta questão suscitou, um jornal de esquerda (o *The Melbourne Age*) classificou esta canção como sendo "um tema sobre a eterna luta do homem comum contra as forças da propriedade e do poder", enquanto que um jornal de direita (*The Australian*), nesse mesmo dia, a caracterizava como "uma canção que descreve a forma como um ladrão de ovelhas é levado à justiça pelas forças da lei e da ordem". Segundo se provou recentemente, este tipo de variação, com que a crítica literária dos nossos dias se delicia, é igualmente comum na sociedade aborígene (Morphy 1984: Keen 1994) e as suas implicações para a antropologia serão debatidos no capítulo 7.

INTRODUÇÃO À TEORIA EM ANTROPOLOGIA

A crítica estruturalista ao Marxismo

Os estruturalistas demonstraram de forma bastante convincente que a acção social humana tem sentido porque expressa estruturas cognitivas. O sociólogo alemão Weber diverge de Marx neste ponto (Weber 1930), tal como se pode ver no seu estudo fundador da sociologia interpretativa, em que se pergunta se a consciência das pessoas é totalmente condicionada pelo lugar que estas ocupam na sociedade, como Marx afirmava, ou se as crenças existem independentemente da experiência da interacção social. Weber questiona-se igualmente sobre a razão que levou a devota dedicação ao protestantismo ser associada ao crescimento do capitalismo na Europa Ocidental, defendendo que as crenças do protestantismo e as práticas advogadas pelos seus seguidores, como a condenação do prazer nas artes, a abnegação com vista a um futuro melhor, etc., já existiam na doutrina de Calvino (1509-64), tendo sido assumidas pela classe média emergente durante a Revolução Industrial, uma vez que podiam ser utilizadas para justificar uma ética do trabalho árduo e do investimento no futuro, que se pretendia promover. Aquilo que era, na apreciação de Weber, uma situação casual de convergência entre um conjunto de crenças já existente e novas práticas económicas levara ao paradoxo de uma classe de pessoas envolvidas numa intensa actividade económica se ter tornado ao mesmo tempo profundamente religiosa.

Apesar de ter publicado uma análise dos processos sociais segundo uma perspectiva marxista em *Stone Age Economics* (1974), Marshall Sahlins volta-se para uma abordagem estruturalista desses mesmos processos dois anos depois, em *Culture and Practical Reason* (1976a). Marvin Harris faz remontar o interesse deste autor pelo Estruturalismo ao tempo que passou com Lévi-Strauss em Paris (de 1967 a 1969), altura em que escrevia *Stone Age Economics* (Harris 1979: 233). Sahlins defende que "os indivíduos e os grupos sociais, ao lutar uns contra os outros, transformar a natureza ou organizar a sua vida em comum, fazem funcionar um sistema de conceitos que nunca é o único possível e que [não obstante] define a própria forma da sua acção" (Sahlins 1976a: 20). O meio-ambiente ou a economia de subsistência nunca poderão condicionar por completo as crenças e os valores de um povo, podendo, isso sim, fazê-lo relativamente à forma como os

O ESTRUTURALISMO

elementos desse mesmo povo interagem. Este autor considera ainda que as sociedades não ocidentais colocam esta problemática de uma maneira muito especial, uma vez que, contrariamente à nossa, as sociedades "arcaicas" parecem apresentar-se relativamente imutáveis ou indiferentes ao correr dos tempos. Como conseguirão fazê-lo? Para responder a esta questão, Sahlins recorre ao exemplo da cultura de algumas comunidades ilhéus do arquipélago das Fiji, onde efectuou trabalhos de campo.

Sahlins descobriu que a estrutura cultural das Fiji orientais era caracterizada por pares de conceitos opostos. Entre os mais importantes contam-se os que opõem o chefe ao cidadão comum, em que este último detém a posse da terra, mas é o primeiro que a protege, pelo que recebe um tributo, e a oposição entre o mar à terra, na qual a figura do chefe é associada ao mar e a do cidadão comum à terra. Existe ainda uma terceira oposição estrutural importante, em que de um lado nos aparece a descendência patrilinear e do outro o parentesco matrilateral: a autoridade secular é transmitida pela via masculina, mas a autoridade ritual é mantida pelos filhos das mulheres nascidas no seio do grupo.

Nas Ilhas Fiji, quando uma casa é construída, reproduz sempre a estrutura da cultura num microcosmos. Terá, por exemplo, um "lado nobre", virado para o mar, e um "lado comum", virado para a terra, sendo o primeiro construído por representantes do grupo dos chefes e o segundo pelos cidadãos comuns. Quando a casa é construída pelos cidadãos de uma só aldeia (pertencendo assim todos à mesma secção), procede-se a uma divisão da secção: os que pertencem ao estrato mais elevado constroem a parte principal e os restantes a outra. Quando a construção é feita por mais de uma comunidade, são os próprios elementos da classe dos chefes que erguem a parte que lhes cabe. "A casa funciona como o meio através do qual todo um sistema cultural é compreendido como uma ordem de acção" (Sahlins 1976a: 36).

O mesmo se pode dizer relativamente à análise que o autor faz das transacções de carácter económico. Os produtos são classificados segundo esferas de troca, consoante sejam considerados nobres ou comuns, marinhos ou terrestres, masculinos ou femininos. A base económica da sociedade não é, por isso, condicionante em termos de ordem social, transformando-se, pelo

INTRODUÇÃO À TEORIA EM ANTROPOLOGIA

contrário, na materialização de uma determinada ordem, plena de significado, e as transacções assumem-se como uma forma de expressão e perpetuação das relações sociais estipuladas pela cultura: "Qualquer ordenamento cultural produzido pelas forças materiais pressupõe a existência de um ordenamento cultural dessas mesmas forças" (Sahlins 1976a: 39). Quando se criou uma nova aldeia em finais do século XIX, tal foi feito exclusivamente por mestres de pesca que eram muito próximos de um chefe, sendo todos considerados gente "nobre/do mar". O problema da reprodução das estruturas duplas foi então resolvido considerando--se os primeiros a chegar ao local como mais próximos da terra, sendo por isso equiparados aos comuns.

A perspectiva do marxismo estrutural tenta reconciliar o Marxismo com o Estruturalismo (ver capítulo 5). Sahlins afirma que Marx, nas suas primeiras obras, não teria discordado por completo dos argumentos estruturalistas, uma vez que um modo de produção inclui conceitos de troca e de direitos de propriedade. O filósofo alemão considerava que ser-se escravo ou utilizar-se maquinaria como meio de obtenção de capital só era possível no seio de certas formações sociais (Sahlins 1976a: 133). Na opinião deste autor, o determinismo materialista de Marx só foi crescendo conforme este se empenhou cada vez mais em levar a cabo uma transformação da sociedade. Embora possa parecer que Marx se referia a construções mentais quando escrevia sobre a forma como alguém se torna escravo ou investidor, parece-me que esta inter-pretação que Sahlins faz das suas ideias não é a mais correcta: os primeiros textos de Marx foram explicitamente dirigidos contra a teoria de Hegel segundo a qual as alterações sociais são fruto de transformações ocorridas ao nível da ideologia humana. O seu argumento era que só é possível alguém vir a ser escravo ou dono de uma fábrica se as condições materiais da sociedade assim o permitirem (ver Marx 1973 (1857-8): 156; Marx e Engels 1970 (1845-6): 42).

Embora Sahlins tenha defendido, em 1976, que a estrutura da cultura esbate ou elimina o impacto da mudança histórica, na sua posterior análise da colonização do Havai este autor assume uma posição mais próxima da de Giddens, admitindo que as estruturas culturais havaianas entraram num processo de dialéctica com as

O ESTRUTURALISMO

exigências políticas e económicas da colonização: "A cultura é um jogo que é jogado com a Natureza" (Sahlins 1985: ix). Salienta também que as duas primeiras visitas do capitão Cook ao Havai coincidiram com a altura da festa do deus Lono, durante a qual se celebrava a regeneração da Natureza. A reacção dos nativos face a Cook e à sua tripulação — muito estranha aos olhos de um ocidental — foi perfeitamente compreensível à luz das crenças havaianas. O resultado deste comportamento, em particular a disseminação de doenças venéreas e a chegada de zelosos missionários protestantes, que tentaram erradicar aquilo que encaravam como vinte formas de acto sexual ilícito, ultrapassou por completo o controlo dos Havaianos, acabando por levar a uma reestruturação radical da sua cultura.

No entanto, os estruturalistas estão indubitavelmente certos ao afirmar que existe uma dimensão essencialmente arbitrária na cultura humana. No decurso da evolução social humana, os padrões de interacção social têm-se expandido muito para além dos limites do parentesco biológico, com os idiomas a desenvolverem-se enquanto códigos elaborados, mas arbitrários, de transmissão de informações através de sons proferidos pelas nossas bocas. Mary Douglas aplicou a teoria estruturalista à compreensão do comportamento económico no Ocidente, defendendo que todos os avanços em antropologia social surgiram de uma interpretação alheada dos níveis material e biológico da existência (Douglas e Isherwood 1979: 59): "Esqueçamos que os produtos são bons para comer, vestir e abrigar-nos. Esqueçamos a sua utilidade e tentemos em vez disso pensar que são bons para nos fazer pensar. Tratemo-los como um meio não verbal para a faculdade criativa humana" (Douglas e Isherwood 1979: 62).

As culturas surgiram porque as diferentes comunidades no seio da mesma espécie (humana) acumularam, por consentimento ou por negociação, conjuntos distintos de estratégias convencionais na organização do comportamento e na atribuição de significado às acções. Este, do ponto de vista de Douglas, é o nível certo para se proceder à análise social antropológica. "Em vez de partirmos do princípio de que os produtos são acima de tudo necessários para a subsistência (...) pensemos antes que eles servem para transformar as categorias da cultura em algo visível e estável"

INTRODUÇÃO À TEORIA EM ANTROPOLOGIA

(Douglas e Isherwood 1979: 59). Sahlins defende que os Norte-
-Americanos evitam comer carne de cavalo e de cão por os
considerarem criaturas quase humanas, a que dedicam o seu amor
e atribuem nomes, e não porque não seja economicamente
compensatório comê-los. Podemos contudo questionar-nos sobre
se a liberdade para se conceber os produtos como algo que nos faz
pensar é ou não absoluta. Nos três capítulos que se seguem,
analisaremos os limites dentro dos quais essa liberdade pode surgir.

4

AS TEORIAS INTERACCIONISTAS

Introdução

Três anos após a publicação da obra de Malinowski, *Argonauts in the Western Pacific* [Argonautas do Pacífico Ocidental], o antropólogo francês Marcel Mauss publicou um trabalho intitulado *Essai sur le don* [*Ensaio sobre a Dádiva*, Edições 70] (1925), em que colocava o *kula*, descrito pelo seu colega, no contexto de outros sistemas de transacção já estudados, tais como o *potlatch* da costa noroeste da América do Norte (descrito mais à frente neste capítulo) juntamente com referências, em textos da literatura romana e hindu, a trocas de ofertas. Mauss defendia que a troca de presentes, e não (conforme Adam Smith afirmara) a troca directa, era o processo que dava origem e mantinha as relações sociais nas sociedades de pequena dimensão. Esta prática, segundo salientou, não constituía apenas uma transacção económica efectuada para se ganhar algo no plano material, mas também uma transacção moral. Como exemplo da sua teoria, recorria ao relato de Elsdon Best sobre as trocas de presentes entre os Maoris. Best apercebera-se de que, se uma pessoa oferecesse um objecto a outra, esse objecto conteria um "espírito", o *hau*, que viaja de presente em presente, devendo acabar por regressar ao seu dono original (Mauss 1954[*]: 8-9).

---

[*] A edição original francesa data de 1925. Contudo, o autor cita passos da edição inglesa, publicada em 1954 com o título *The Gift*, pelo que não se alterou essa data. (N. R.)

INTRODUÇÃO À TEORIA EM ANTROPOLOGIA

Assim, concluía o antropólogo francês, oferecer um presente era também oferecer algo de nós próprios e, uma vez que a aceitação de um desses objectos era vista como algo que impunha a obrigação de se retribuir a oferta, as relações sociais persistiam depois do momento em que se verificava a transacção. Mauss colocava por isso em causa a perspectiva ocidental, legitimada na obra de Adam Smith, de que as transacções de carácter mercantil eram "naturais", demonstrando que as trocas de presentes não eram nem mais nem menos desinteressadas do que as anteriores, pese embora o facto de serem efectuadas com outra finalidade. Embora Malinowski (1922: 176) tivesse rejeitado uma distinção pura e simples entre as trocas de presentes e as de carácter mercantil, defendendo que as transacções realizadas nas Ilhas Trobriand eram de diversos tipos (muitos deles de carácter intermédio), Mauss demonstrou a utilidade de se proceder a uma distinção entre os dois tipos básicos de transacção. Duas ideias-chave ressaltam do seu estudo:

1) As relações sociais são geradas pela troca e não "oferecidas" ao indivíduo como algo que faz parte de uma estrutura social já existente. "Não descrevi [os sistemas sociais] como se estivessem fixos, numa posição estática e débil (…). Vêmo-los em movimento" (Mauss 1954: 77-78).

2) A importância da troca depende do significado que a sua prática tenha na cultura dos participantes (argumento que mais tarde Sahlins e outros viriam a utilizar na sua crítica ao Marxismo).

Modos e esferas de troca

A perspectiva de Mauss viria a ser completada e aperfeiçoada durante a II Guerra Mundial pelo historiador Polanyi (Polanyi 1944), que atribuiu o sofrimento provocado pela Grande Depressão dos anos 30 e pela Guerra Mundial que se lhe seguiu ao funcionamento descontrolado da economia de mercado. Tal como Mauss, contestou a ideia de que as transacções de carácter mercantil eram a forma original e natural das transacções humanas. Recorrendo aos escritos etnográficos de Malinowski e Firth (Firth 1929; 1939) para questionar a teoria de Adam Smith e Herbert Spencer de que as trocas constituíam a pedra basilar da organização social, Polanyi defendeu que as pessoas sempre se revelaram mais interessadas em proteger o seu estatuto social do que em possuir bens materiais.

AS TEORIAS INTERACCIONISTAS

"A longo prazo, todas as obrigações sociais são recíprocas e o seu cumprimento serve igualmente da melhor maneira os interesses do indivíduo em dar e receber" (Polanyi 1945: 53). Em vez de imaginar que a estrutura ou as transacções tinham a primazia, afirmou que eram interdependentes. A segmentação da sociedade em secções facilitava a identificação das obrigações recíprocas, mas mesmo essa segmentação era o resultado de anteriores actos de reciprocidade (Polanyi 1945: 56). Contrariamente a Marx, que raramente cita, este autor não analisou as formas através das quais as transacções podem transformar a estrutura das relações. Do seu ponto de vista, o mercado só pudera tornar-se omnipresente após os governos ocidentais terem tomado medidas para derrubar tanto as barreiras que tinham até então separado o comércio local do de longa distância como as leis sociais que evitavam que a mão-de-obra, a terra e os próprios capitais fossem transaccionados. Segundo ele, fora esta desregulamentação a responsável pela decadência da sociedade.

Da obra de Polanyi sairia a ideia da distinção entre modos e esferas de troca (estes conceitos foram utilizados pela primeira vez por Firth na sua análise sobre a economia em Tikopea. Ver Firth 1939: 334). Um *modo de troca* é um tipo de transacção regulado por determinados princípios, tais como o do mercado, enquanto que uma *esfera de troca* delimita um conjunto de objectos que podem ser trocados uns pelos outros, mas não por objectos que estejam para lá dessa mesma esfera. Na sociedade ocidental, industrializada, os métodos de produção são complexos e recorrem a muitos processos técnicos. A distribuição é, contudo, quase totalmente efectuada através de um único método: o das transacções de mercado. Nas sociedades de pequena dimensão dá-se o oposto: os métodos de produção são simples, mas a distribuição é mais elaborada. Os antropólogos utilizam frequentemente a distinção efectuada por Polanyi entre três modos de transacção — *mercado, redistribuição* e *reciprocidade* — para analisar as relações entre as transacções e a organização social. Este autor reconhecia ainda o *agregado familiar* como um quarto tipo de produção, o qual definia como "produção para benefício próprio de uma pessoa ou grupo" (Polanyi 1945: 60), não reconhecendo, no entanto, que este estivesse associado a outro modo de transacção: o da *herança*.

INTRODUÇÃO À TEORIA EM ANTROPOLOGIA

Apesar disso, estava ciente de que muitas vezes coexistiam dois ou mais modos de transacção na mesma sociedade, o que dera origem ao conceito de esferas de troca, em que circulavam diversos tipos de objectos.

Numa economia de mercado, os produtos podem ser trocados entre pessoas que não se encontrem já ligadas por uma relação social directa, e a troca não dá origem a uma tal relacção. Se nos encontrarmos de férias em França, por exemplo, podemos ir a um supermercado, comprar pão e vinho para o almoço, pagar na caixa e sair sem termos incorrido em obrigações de tipo algum. As economias de mercado funcionam de uma forma mais eficiente nas sociedades em que existe alguma forma de moeda, que se torna uma medida de valor: todos os produtos transaccionados podem ser avaliados em termos do seu valor monetário. Além disso, a moeda é também um veículo de troca: se por um lado é possível transaccionar-se dois produtos com o mesmo valor monetário um pelo outro (por exemplo, uma certa quantia em bananas pela mesma quantia em batata-doce), revela-se muitas vezes mais prático vender-se um desses produtos e depois, com o dinheiro obtido pela transacção, comprar-se o outro. A moeda pode além disso ser utilizada como forma de acumular valores, servindo nomeadamente para pagar coisas não materiais, tais como as horas de trabalho dadas a um patrão. Embora os mercados possam funcionar sem ela, necessitam para isso de assentar no sistema da troca directa. Neste caso, os produtos são trocados um pelo outro, devendo a diferença de valor entre os dois ser discutida entre as partes envolvidas na transacção, o que é um processo que leva algum tempo. Em qualquer economia de mercado, considera-se normalmente que o preço ou valor dos produtos é estipulado apenas pela lei da oferta e da procura (ver a teoria do valor do trabalho de Smith e Marx, alternativa a esta, resumida no capítulo 1). Polanyi defendia que, sempre que se registava uma predominância do mercado, verificava-se uma inversão da relação entre a troca e as relações sociais associadas a outros modos, em vez de ser a economia a estar incluída nas relações sociais, são estas últimas que estão incluídas na economia (Polanyi 1945: 63).

A redistribuição é a movimentação sistemática de produtos para um centro administrativo e o seu reencaminhamento pela autori-

AS TEORIAS INTERACCIONISTAS

dade central. Na sociedade ocidental, os impostos são uma forma de redistribuição, utilizados em parte para assegurar determinados serviços públicos, mas também para sustentar o governo central e apoiar aqueles que têm poucos ou nenhuns rendimentos. Polanyi reconheceu que aqueles que controlavam um sistema de redistribuição tinham muitas vezes tendência para se aproveitar desse facto para aumentar o seu estatuto (Polanyi 1945: 58) e que, tal como a reciprocidade, a redistribuição era um processo muito mais político que económico. Nas sociedades de pequena dimensão, este processo podia operar ao nível de cada aldeia, como acontecia com o *potlatch* na costa noroeste da América do Norte, tendo já desempenhado um papel importante, por exemplo, no sustento do Estado asante pré-colonial (descrito no capítulo 2).

As trocas recíprocas diferem das redistributivas na medida em que ocorrem normalmente entre pessoas que se encontram em pé de igualdade, embora o endividamento permanente criado pela incapacidade de retribuir na totalidade acabe por criar desigualdades. As trocas recíprocas diferem igualmente das transacções de mercado porque têm como objectivo a criação ou manutenção de relações sociais permanentes entre aqueles que nelas participam. Um exemplo clássico de reciprocidade é a troca de irmãs que se verifica nas sociedades de pequena dimensão (ver capítulo 3), que são assim utilizadas para criar ou manter alianças políticas. Tendo obtido as suas mulheres noutra linhagem, os homens ficam permanentemente em dívida em relação a essa linhagem, contrariamente àquilo que se verifica no caso das compras no supermercado acima descrito. Estas transacções recíprocas não são de forma alguma dominadas pela lei da oferta e da procura: pode-se dizer que cada grupo de homens tem no seu seio a sua própria oferta de mulheres, mas "escolhe" trocá-las pelas de um outro grupo, de forma a estabelecer relações sociais.

Um quarto modo de transacção, que Polanyi não contempla, é a transmissão de propriedade por via hereditária. Embora a corrente criada pela transferência de propriedade flua mais lentamente aqui do que em qualquer dos outros modos, é este o meio através do qual certos recursos essenciais (tais como a terra e o gado) são muitas vezes obtidos nas sociedades de pequena escala (ver os casos dos Samburu e dos Asante no capítulo 2).

INTRODUÇÃO À TEORIA EM ANTROPOLOGIA

Esferas de troca

Uma das características de uma economia monetária é o facto de, uma vez que os produtos são avaliados por intermédio de uma única moeda, praticamente tudo poder ser comparado numa só escala de valor, e, por esse motivo, trocado por qualquer outra coisas. No entanto, mesmo na sociedade ocidental, existem bens que são mantidos fora do mercado, tais como maridos mulheres e crianças, bem como (pelo menos supostamente) os cargos políticos.

Nas economias em que não existe moeda que possa fornecer um meio de troca universal torna-se muito mais fácil preservar a existência de esferas separadas. Os objectos pertencentes à mesma esfera podem ser trocados uns pelos outros, mas nunca por objectos pertencentes a outras esferas, uma vez que são incomensuráveis. Muitas vezes, as diversas esferas são governadas por modos de troca diferentes. Nos últimos anos desenvolveu-se uma esfera de troca em algumas regiões inglesas das Midlands e do Nordeste, conhecida por LET (*Local Exchange Token*), ou economia de "botão". Neste sistema, os vizinhos de uma determinada comunidade com um elevado indíce de desemprego pagam-se por trabalhos como a decoração de suas casas, reparações de automóveis, fabrico de pão e outros serviços numa moeda especial, que apenas circula nessa esfera e reforça os laços de vizinhança. (ver Robertson 1985: 179).

Esferas de troca entre os Tiv

A descrição clássica de uma economia com várias esferas de transacção é a análise efectuada por Paul Bohannan da sociedade dos Tiv, do norte do Gana (África Ocidental). Este antropólogo identificou três destas esferas na economia do povo em questão (tal como ela era em 1927), demonstrando até que ponto a existência das mesmas condicionava a transformação da riqueza em poder.

Os bens de subsistência eram conhecidos por *yiagh*. Todos os géneros alimentares produzidos localmente (vegetais e animais tais como galinhas, ovelhas e cabras), objectos de uso doméstico e utensílios agrícolas pertenciam à mesma esfera de troca. Não havia dinheiro e as transacções efectuavam-se por troca directa

AS TEORIAS INTERACCIONISTAS

nos mercados da região. Bohannan descreve a moralidade que regia estas transacções como a de "um mercado livre e sem controlo" (Bohannan 1963: 248-53). Toda a gente procurava trocar algo de que pouco necessitasse por outra coisa de valor igual ou superior, para daí retirar lucros.

Seguia-se o conjunto dos *shagba* (bens de prestígio), que era composto por escravos, gado, cargos em cultos religiosos locais, tecidos brancos, objectos de magia, medicamentos e varetas de latão. Destes produtos, eram raros os que apareciam nos mercados, sendo normalmente trocados em cerimónias. No entanto, no seio desta esfera, as varetas de latão desempenhavam exactamente as mesmas funções que o dinheiro, agindo como moeda de troca, padrão e meio de acumulação de valores e pagamento por serviços prestados. A única "brecha" naquilo que de outra forma constituiria uma barreira intransponível entre as esferas da subsistência e do prestígio era o facto de as varetas de latão poderem, em momentos de grande necessidade, ser utilizadas para comprar produtos de subsistência.

A terceira esfera era a que regulava a troca de mulheres, por via do casamento, entre homens pertencentes a segmentos de linhagem diferentes. Este tipo de troca foi abolido pelos colonos britânicos em 1927, que tornaram obrigatório o preço da noiva [*bridewealth*]. Na forma mais simples das trocas matrimoniais, antes de 1927, dois homens trocavam as suas irmãs. Na prática, contudo, um homem podia ter muitas irmãs e outro não ter nenhuma. Para evitar esse tipo de situações, cada linhagem "agrupava" de todos os seus elementos femininos, passando cada rapariga a ficas à guarda de um homem, que combinaria mais tarde o seu casamento com um outro homem em troca de uma mulher. No entanto, por vezes (o que não era de surpreender), as mulheres fugiam com outro homem em vez de se submeter a um casamento previamente acordado. Num caso desses, a pessoa a quem tinham sido adstritas ainda podia casar, mas para isso tinha de entregar gado e varetas de latão ao seu futuro cunhado como garantia de que mais tarde lhe arranjaria uma esposa. Não obstante, estes bens nunca poderiam saldar completamente a dívida em que incorrera aquele que recebera a noiva, dado que, em termos de valor, e até à introdução do preço da noiva, as mulheres não eram comparáveis

INTRODUÇÃO À TEORIA EM ANTROPOLOGIA

a qualquer outro produto. Assim, esta esfera era claramente governada por um princípio de reciprocidade e não por valores de mercado.

Os Tiv acreditam que todos nascem iguais, sendo-lhes atribuída uma quantidade igual de *tsav*, uma qualidade que Bohannan traduz por sorte ou boa fortuna. Na prática, uns tornam-se mais ricos e, desde logo, mais influentes do que os outros. Por que será que isto acontecia? Em princípio, os processos demográficos deveriam garantir a existência de número igual de homens e mulheres, pelo que cada homem devia contar ter apenas uma "irmã" para a troca. Produzir muitos vegetais e criar muitas galinhas não pode permitir a alguém acumular escravos ou quaisquer outros bens de prestígio. A desigualdade derivav então do facto de as esferas não serem barreiras intransponíveis, existindo a possibilidade de se efectuarem transacções, que Bohannan designa por "conversões", entre elas. Assim, converter algo para uma esfera superior trazia prestígio (isto é, mais *tsav*), ao mesmo tempo que o processo inverso se traduz na perda do mesmo.

Um homem que desse um grande banquete poderia necessitar de mais alimentos do que aqueles que o seu agregado produzia. Em tais circunstâncias, só muito dificilmente se deslocaria ao mercado com varetas de latão e os utilizaria como moeda para comprar alimentos, uma vez que isso implicaria uma perda de prestígio da sua parte (e um ganho para a pessoa sortuda que lhe vendesse os produtos pretendidos). As varetas de latão não são divisíveis (não há troco para essas varetas) e uma delas era normalmente suficiente para adquirir uma grande quantidade de vegetais; no caso da pimenta, uma enorme quantidade.

Existia também uma forma inferior de casamento, que nunca era equiparada à troca de irmãs e que se processava através do "pagamento" de preço da noiva (*bridewealth*) em varetas de latão. Uma mulher obtida desta forma era conhecida como esposa *kem* e o marido adquiria direitos sobre o seu trabalho, bem como (se tivesse dado por ela uma quantidade suficiente de objectos de prestígio) direitos exclusivos sobre os seus filhos. As filhas de uma esposa *kem* não eram colocadas no grupo de mulheres casadouras que depois eram atribuídas a cada membro masculino da linhagem para posterior troca, mas podiam ser utilizadas pelo

AS TEORIAS INTERACCIONISTAS

marido para obter esposas para os seus filhos. Um homem bem sucedido podia desta forma aumentar as dimensões e a capacidade de produção do seu agregado familiar. Dizia-se nesta sociedade que aqueles que conseguiam converter objectos de uma esfera inferior em objectos de uma esfera superior tinham um "coração forte" (o que era, provavelmente, sinónimo de ter muito *tsav*).

Bohannan demonstra assim que a estrutura social dos Tiv parecia ser "construída" no seio do idioma da sua cultura, conforme os indivíduos procuravam satisfazer os seus interesses, por vezes contraditórios. A teoria das trocas desenvolve a versão de Malinowski do Funcionalismo, ao mesmo tempo que se afasta do funcionalismo estrutural de Durkheim e Radcliffe-Brown.

A troca entre os Nuer

Os Nuer são famosos na antropologia social devido ao facto de a análise que Evans-Pritchard fez da sua sociedade ter sido a primeira, na antropologia britânica, a utilizar o conceito de linhagem segmentária como ferramenta analítica. A história de como este antropólogo rejeitou as técnicas de análise de Malinowski em favor das de Radcliffe-Brown foi já referida no capítulo 2. Evans-Pritchard substituiu o conceito de estrutura, manifestado nas linhagens corporativas, pelo de troca, expresso em instituições como o *kula* (Figura 4.1.).

A leitura cuidadosa dos textos deste autor sobre a sociedade nuer levou já vários antropólogos de períodos posteriores a perguntar-se se este povo teria de facto linhagens — no sentido de grupos corporativos cuja existência se estendia para além da dos elementos que os compunham — e se não seria a troca que daria origem aos grupos estudados por Evans-Pritchard (Glickman 1971; Verdon 1982). Os Nuer têm uma organização claramente territorial, sendo a tribo a unidade política mais inclusiva. No interior da tribo, existem mecanismos para resolver as disputas: pode pagar--se em cabeças de gado uma indemnização devida por um homicí-dio e existem mediadores (conhecidos por "chefes de pele de leo-pardo") que podem intervir para negociar as compensações. Cada tribo "possui um território próprio e detém e defende os edifícios nele contidos, bem como as suas pastagens, fontes de abasteci-mento de água e locais de pesca" (Evans-Pritchard 1940a: 119).

INTRODUÇÃO À TEORIA EM ANTROPOLOGIA

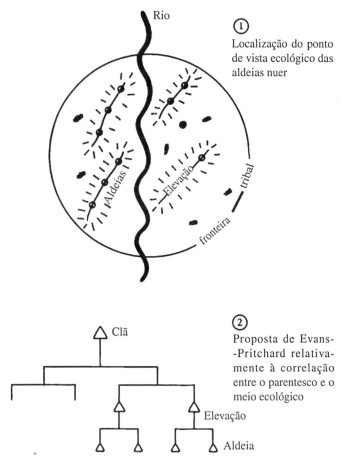

Figura 4.1. Representação gráfica da relação entre a descendência segmentária e a posse de território na sociedade nuer segundo a proposta de Evans-Pritchard.

As tribos estão separadas por extensões de terra de ninguém, costumando deslocar-se em direcções diferentes nas alturas de seca. O território de cada tribo é condicionado pelo meio-ambiente ecológico e todas elas apresentam um conjunto de segmentos e subsegmentos territorialmente definidos que encaixam entre si. Evans-Pritchard defendia que cada nível de segmentação geográfica estava relacionado com os segmento genealógico dos clãs predominantes de cada tribo, tendo contudo salientado que era frequente as famílias ou até mesmo grupos de irmãos

AS TEORIAS INTERACCIONISTAS

separarem-se e andarem por diferentes partes do território para evitar disputas ou para descobrir pastagens, pelo que nem sempre viviam na parte do território da tribo atribuída ao seu segmento de linhagem. Além disso, nem todos os elementos da tribo pertenciam ao clã principal. Existiam linhagens mais pequenas, algumas das quais com origem em elementos dos Dincas, em território conquistado pelos Nuer (Evans-Pritchard 1940b: 286). Tanto o clã principal como as linhagens autónomas mais reduzidas são exógamos, estando por isso ligados entre si pela troca de mulheres em casamento, recebendo o preço da noiva. Nas palavras de Evans--Pritchard, "o sistema de parentesco preenche os fossos existentes na estrutura política através de uma cadeia de ligações que une os elementos de segmentos opostos" (1940a: 226).

Durante a época das chuvas, os Nuer retiram-se para os montes, onde vivem em aldeias e cultivam painço (bem como algum milho), num trabalho difícil que tem de ser levado a cabo para compensar o decréscimo na produção de leite das suas vacas. As pessoas que se juntam nas aldeias, estabelecem laços de grande proximidade entre si. "A escassez de alimentos que por vezes ocorre e a margem reduzida que, durante a maior parte do ano, separa este povo da fome, provocam um elevado grau de interdependência entre os diversos elementos dos pequenos grupos locais que, pode dizer--se, partilham uma quantidade de alimentos comum" (1940a: 84). Embora cada uma destas aldeias se encontre associada a um segmento do clã principal, do qual recebe o seu nome, são frequentes as ocasiões em que muitos dos seus habitantes não são membros do segmento "proprietário" mas sim pessoas que lhe estão ligadas pelo casamento das suas irmãs, mães ou parentes mais distantes. "Daqui resulta normalmente que um grupo local constitui um aglomerado cognático situado em redor de um núcleo agnático" (Evans-Pritchard 1940a: 286).

Os Nuer estabelecem uma distinção entre relações de descendência patrilinear (a que chamam *Buth*) e de parentesco bilateral (*Mar*). A análise de Evans-Pritchard aponta por isso para a existência de dois campos de interacção social diferentes, cada um deles relacionado com direitos e obrigações diferentes: auxílio mútuo na aldeia, associado a laços de parentesco bilateral, e propriedade e hereditariedade do gado no seio das linhagens. Mas

INTRODUÇÃO À TEORIA EM ANTROPOLOGIA

será mesmo este o caso? A função primordial do sistema de linhagens parece ser a solução de disputas. Embora, supostamente, muitas vezes se oponham entre si, os segmentos de linhagem, contudo, unem-se contra um inimigo comum. A "gente" de um homem morto procura sempre obter gado, em compensação pela sua morte, da "gente" do assassino (Evans-Pritchard 1940a: 153). Mas serão estas "gentes" segmentos de linhagem? Evans-Pritchard afirma que uma situação de homicídio envolve não só o assassino mas também os seus agnatos (parentes por via paterna) mais próximos e "durante vários anos após a indemnização em cabeças de gado, os agnatos mais próximos do assassino evitam os do assassinado", uma vez que têm receio de ser também eles mortos por vingança. No entanto, Evans-Pritchard não refere categoricamente que é a linha patrilinear que fornece o gado para a referida indemnização. Diz-nos apenas que o chefe de pele de leopardo "apura quantas cabeças de gado a 'gente' do assassino (*jithunga*) possui e se os seus elementos estão dispostos a pagar a compensação" (Evans-Pritchard 1940a: 153, 158).

Na prática, a distinção entre parentela do lado paterno e outra é por vezes pouco nítida. "Os pequenos grupos locais apascentam o gado, defendendo em conjunto as suas casas, manadas e rebanhos" (Evans-Pritchard 1940a: 17). "No conjunto de laços de parentesco existentes em cada aldeia, e no circuito dos contactos quotidianos, todas as relações têm um peso igual, uma vez que o que importa não é tanto a categoria ou grau de parentesco mas sim o facto de as pessoas viverem juntas numa comunidade pequena e altamente corporativa" (Evans-Pritchard 1950a: 370). À excepção das ocasiões em que se vêem em lados opostos numa contenda ocorrida no interior da sua aldeia, seguindo o que define a estrutura de linhagem segmentária, os membros de uma comunidade lutam sempre juntos quando surgem problemas com alguém de uma aldeia exterior. Estas contendas dão-se normalmente entre as diversas aldeias do mesmo distrito, uma vez que o efeito de perturbação das disputas que ocorrem entre habitantes da mesma aldeia é tal que as pessoas se mostram desde logo abertas à mediação de um chefe de pele de leopardo. O comportamento da comunidade da aldeia como se fosse uma linhagem corporativa ressalta de forma ainda mais evidente na seguinte passagem: "Nas

AS TEORIAS INTERACCIONISTAS

suas relações externas, a aldeia é uma linhagem única e, devido ao facto de os casamentos ocorridos no seu seio se terem dado entre pessoas dos núcleos habitacionais que as compõem, que são originárias de localidades diferentes, «pode ser apresentada como um local cujos habitantes descendem de um antepassado comum»" (Glickman 1971: 312, citando Evans-Pritchard 1951: 17). E esta descendência (como é óbvio) tanto pode ser traçada pela via patrilinear como matrilinear. Os Nuer podem, no entanto, criar laços de descendência patrilinear fictícios transformando as ligações passadas feitas através da via feminina em laços originados por via masculina, ou apresentando laços patrilineares distantes como sendo próximos (Glickman 1971: 309).

Verdon (1982) defende que as relações patrilineares e matrilaterais são ambas geradas pela transferência da posse das cabeças de gado: o *Buth* (descendência patrilinear) resulta da herança dos animais, enquanto que o *Mar* (parentesco cognático) é fruto da transferência dos mesmos no preço da noiva [*bridewealth*], legitimando-se assim a relação dos filhos com os parentes de ambos os seus progenitores. A oposição que se verifica aqui entre o parentesco patrilinear e cognático assemelha-se às oposições culturais identificadas por Sahlins nas Fiji orientais entre chefes e comuns, mar e terra (Sahlins 1976a; ver capítulo 3). Tal como Sahlins demonstrou relativamente às ilhas Fiji, as verdadeiras alterações no *idioma* da cultura geram relações que nos permitem compreender a *estrutura* da sociedade. Não obstante, a conveniência, que no caso dos Nuer exige deslocações não só em busca de pastagens para o gado ou de terrenos para o cultivo do painço mas também para evitar disputas, ameaça constantemente minar a estrutura existente. Os parentes por via patrilinear que vivem longe não podem ajudar na resolução de uma contenda, sendo igualmente impossível esperar pelo seu auxílio no pagamento de uma indemnização em cabeças de gado. Por outro lado, as pessoas com quem se coopera no quotidiano podem fazer ambas estas coisas, pelo que a interpretação de quem age como parente do lado patrilinear ou observa as regras de descendência a ele subjacentes está sempre a ser renegociada nas relações entre os diversos agregados familiares. Assim, ironicamente, se Evans-Pritchard tivesse estabelecido um paralelo entre as transacções de gado dos

INTRODUÇÃO À TEORIA EM ANTROPOLOGIA

Nuer e a troca de valores do *kula* nas Ilhas Trobriand, poderia ter conseguido aplicar com sucesso os métodos analíticos de Malinowski.

As alterações sociais

Embora muitos mercados dependam na prática das relações de crédito estabelecidas entre os donos das lojas e os seus clientes habituais, as verdadeiras transacções de mercado não criam nem perpetuam relações sociais duradouras entre os indivíduos que vendem e os que compram. No entanto, isto não faz com que estas transacções ocorram fora de um sistema social: pelo contrário, costumam dar origem a um tipo de sistema social específico, em que existem diferenças em termos de riqueza embora o estatuto adquirido prevaleça sobre o estatuto atribuído. Tal como Adam Smith escreveu, o dinheiro é o meio através do qual se pode comprar mão-de-obra. A reciprocidade, pelo contrário, tem tendência a promover relações negociadas e igualitárias. Mas, se por um lado a redistribuição da riqueza promove aparentemente a igualdade, na realidade nunca o faz por completo, uma vez que a autoridade central que a leva a cabo guarda invariavelmente uma parte daquilo que recebe para si. Foi este um dos principais pontos fracos dos regimes comunistas da Europa de Leste: a redistribuição tem tendência a perpetuar as estruturas de autoridade já existentes. Por sua vez, as consequências da herança dependem de todos terem ou não acesso aos recursos herdados. No tipo clássico das sociedades assentes em estruturas de linhagens estudadas pelos funcionalistas, a herança vincula toda a gente a grupos corporativos, aos quais são atribuídos os direitos à terra ou ao gado. Num sistema do tipo feudal, em que certos direitos são exclusivos dos membros de uma determinada classe social, resultará um sistema social estável mas com desigualdades.

Polanyi defendia que a extensão dos princípios de mercado a novas áreas da interacção social tinha normalmente um efeito desestabilizador. Na África do período colonial, são numerosos os exemplos de que tal pode acontecer. Diz-se que nessa altura, na África Oriental, surgiu uma lenda que contava que o Diabo inventara o dinheiro, mas ficara tão assustado com essa sua invenção que a deitara fora. E o Homem, a caminho do mercado,

AS TEORIAS INTERACCIONISTAS

apanhara-a, não sabendo do que se tratava (Mary Douglas, comunicação pessoal).

Esferas de transacção em Darfur

Fredrik Barth utilizou o conceito de esferas de transacção para proceder a uma análise eficaz das alterações sociais entre os Fur do Sudoeste do Sudão (Barth 1976b; mas ver a reavaliação crítica em de Waal 1989). Os Fur vivem num maciço montanhoso chamado Jebel Marra, que está rodeado por prados e, contrariamente a estes, irrigado por cursos de água permanentes. A pradaria é habitada por pastores nómadas, mas os Fur dedicam-se ao cultivo de vários produtos, sendo as suas principais culturas de subsistência o painço (que cresce no Verão) e a cebola (que cresce no Inverno), reforçados por algumas culturas de mercado, como tomate, alho e trigo. A terra é pertença das diversas linhagens deste povo, sendo o guardião de cada uma delas quem distribui as respectivas parcelas pelos seus elementos. Os maridos e as mulheres cultivam campos diferentes, que pertencem à linhagem de cada um, e dispõem dos seus produtos de forma independente.

As transacções em termos de mão-de-obra e produção agrícola têm lugar em duas esferas: uma relacionada com as culturas de subsistência e outra com as de mercado. A troca de subsistência é regulada pela reciprocidade, enquanto a segunda é, por definição, regulada pelo mercado. Trabalhar a soldo é considerado desprestigiante, uma vez que representa um estado de dependência permanente em relação a um patrão. O auxílio na plantação e limpeza dos campos das culturas de subsistência é obtido através das distribuições de cerveja que os diversos agricultores vão organizando reciprocamente. Uma das poucas obrigações das mulheres para com os seus maridos é produzir cerveja a partir do painço (devendo eles, por sua vez, produzir roupas para elas e para os seus filhos). A pessoa que recruta mão-de-obra através de uma distribuição de cerveja terá mais tarde de ajudar aqueles que trabalharam para si indo às suas distribuições de cerveja. Desta forma, retribui o favor que lhe fizeram. Existem no entanto situações em que ocorre trabalho numa base não recíproca, nomeadamente quando se constrói uma casa ou outro edifício. Em tais ocasiões, as obrigações do proprietário da casa para quem

INTRODUÇÃO À TEORIA EM ANTROPOLOGIA

o ajudou são imediatamente cumpridas através da oferta de cerveja produzida pela sua mulher. Embora estas ocasiões sejam normalmente interpretadas como festas, constituem os meios através dos quais uma maioria relativamente próspera se diferenciou de uma minoria que, por má gestão, idade avançada ou doença prefere as festas de trabalho não recíproco para obter alimentos (na forma de cerveja), "vendendo" assim o seu trabalho em vez de o aplicar no cultivo dos seus próprios campos.

Segundo os cálculos de Barth, um dia de trabalho pode ser obtido por cinco litros de cerveja, sendo necessários 0,7 kg de painço para produzir essa quantidade de cerveja. No entanto, um dia de trabalho normal na estação do crescimento produzirá, em média, 2,3 kg daquele produto na altura das colheitas, pelo que é mais proveitoso uma pessoa trabalhar no seu próprio campo do que receber cerveja a troco trabalhando para outrem. E ainda mais proveitoso seria recrutar o trabalho de ajudantes através de festas de cerveja não recíprocas. Contudo, a existência de duas esferas de troca limita as hipóteses de se explorar essas potenciais desigualdades.

O alcance das transacções de mercado é limitado: os produtos podem ser vendidos nos mercados locais, mas há muito pouco que se possa fazer com o dinheiro sem ser comprar bezerros (por exemplo, para criar e voltar a vender mais tarde) ou poupá-lo para o pagamento de preços da noiva [*bridewealth*]. São vários os factores que mantêm as duas esferas separadas. Existem diversos contextos em que poderão ocorrer "conversões", mas o seu alcance é restringido pelas condições económicas ou pelos costumes locais. Algum do painço produzido, por exemplo, é vendido nos mercados da região, mas quase todas as famílias o produzem para si próprias, pelo que a procura é escassa. Além disso, é pesado e ocupa demasiado espaço para o preço que vale, pelo que é pouco proveitoso transportá-lo para os pontos de venda. É possível recrutar-se pessoas para plantar culturas de mercado através das distribuições de cerveja, mas só se o organizador tiver um excedente de painço suficiente para tal após garantir a satisfação das necessidades do seu agregado.

O sistema económico dos Fur aparenta ser, assim, bastante fechado e equilibrado. No entanto, Barth demonstra que alguns

AS TEORIAS INTERACCIONISTAS

indivíduos, à data do seu estudo, tinham já descoberto formas inovadoras de se libertar das restrições impostas por esses circuitos: a plantação de árvores de fruto é uma alternativa às culturas de mercado de Inverno e a mão-de-obra necessária para tal pode ser recrutada através de distribuições de cerveja. As árvores levam quatro anos a crescer mas, durante esse tempo, no espaço existente entre elas, pode cultivar-se outras espécies destinadas ao mercado. A fruta é muito rentável, traduzindo-se, à altura do estudo de Barth, em quantias entre 20 a 30 libras esterlinas por ano (tendo este antropólogo calculado que a satisfação das necessidades de uma pessoa orçava em cerca de oito libras por ano no caso dos homens e uma a três libras no das mulheres). No entanto, uma vez crescidas as árvores de fruto, o terreno em seu redor não pode ser cultivado, o que torna impossível a redistribuição destas parcelas pelos outros elementos da linhagem do produtor. Quando as implicações de se produzir fruta se tornaram evidentes, os guardiões de algumas linhagens pressionaram a comunidade no sentido de se aprovar uma lei geral que impedisse a plantação de árvores de fruto nas terras pertencentes às linhagens, enquanto outros expulsaram os seus parentes das mesmas, passando então a utilizá-las em proveito próprio, e outros ainda decidiram vendê-la a particulares. Dado que a terra fora até então transmitida por via hereditária e não comercial, não havia medida pela qual se pudesse avaliar o seu preço na esfera do mercado, pelo que as parcelas foram subestimadas nas primeiras vendas. Numa das "conversões" mais radicais, um campo foi vendido por 17 libras. Enquanto as árvores cresciam, o seu novo proprietário semeou cebolas em seu redor, o que lhe rendeu nada menos de 27 libras só no primeiro ano, 22 no segundo e 25 no terceiro. Ou seja, mesmo antes de as árvores começarem a dar fruto, já o agricultor tirara do terreno lucros consideráveis.

Uma segunda inovação foi a que surgiu por intermédio de um mercador árabe que costumava deslocar-se anualmente à região para transaccionar os seus produtos. Em 1961, pediu autorização para passar lá o Inverno e plantar tomate numa parcela de terra emprestada. Juntamente com a mulher, produziu uma grande quantidade de cerveja, graças ao painço que tinham comprado (por cinco libras) num mercado distante, ao qual os Fur não tinham

INTRODUÇÃO À TEORIA EM ANTROPOLOGIA

acesso. Os tomates cultivados com o auxílio de mão-de-obra recrutada através das distribuições de cerveja foram vendidos por 100 libras num mercado das imediações. Um homem da região, que seguiu o exemplo deste mercador, comprou também três libras em painço num mercado das redondezas e conseguiu recrutar mão--de-obra suficiente para produzir tomate no valor de 38 libras.

Barth previa que os Fur corresponderiam a estas inovações com um reordenamento das suas esferas de transacção. Ou os preços da mão-de-obra, traduzidos em cerveja ou dinheiro, subiam, ou as pessoas recusar-se-iam a participar nas distribuições de cerveja, ou passaria a ser proibido emprestar terra aos forasteiros. Na realidade, é muito difícil resistir-se a inovações desse tipo. A entrada de terra anteriormente transmitida por via hereditária na esfera do mercado tem tido efeitos particularmente arrasadores nas economias de subsistência. Um exemplo das consequências de uma destas situações, ocorrida no século XX (Maiurno), é referido no capítulo 5, constituindo um bom exemplo das causas da crescente pobreza que se vive na África contemporânea. Um caso clássico do século XIX é o do *potlatch*, um sistema de transacções que sofreu grandes alterações com a chegada dos comerciantes de peles europeus à região noroeste americana. Aqui, o aparecimento de novos produtos de troca e o impacto devastador das doenças trazidas pelos europeus nas populações autóctones vieram a aumentar a tendência inerente do *potlatch* para promover as mudanças sociais.

O potlatch

Esta forma de transacção desenvolveu-se nas comunidades de caçadores-recolectores da costa noroeste da América do Norte, nos actuais territórios da Colúmbia Britânica e do Alasca (entre os estudos do *potlatch* contam-se os de Boas 1966; Drucker e Heizer 1967; Garfield e Wingert 1966; e Rosman e Ruebel 1971). Vivendo num meio-ambiente sazonalmente rico, os habitantes desta região eram sedentários, encontrando-se organizados em pequenos grupos de descendência ou matrilinear ou ambilinear, com território próprio. Aí caçavam e recolhiam frutos silvestres, para além de explorarem zonas de pesca na costa, que defendiam pela força de elementos dos outros grupos. As suas actividades eram coordenadas

AS TEORIAS INTERACCIONISTAS

por um chefe, nomeado pela linhagem. Através da guerra, obtinham novos territórios, reduzindo os vencidos à condição de escravos. No Inverno agrupavam-se várias famílias no mesmo acampamento, o qual ficava com uma população de entre 100 a 500 pessoas, que podiam assim defender-se melhor das investidas alheias. Chegada a Primavera, dispersavam para os respectivos territórios, começando então a acumular os alimentos de que iriam necessitar no período que ia desde Novembro a Fevereiro, ou seja, nos meses de escassez do Inverno. Estas populações tinham desenvolvido técnicas bastante sofisticadas de conservação de alimentos: por exemplo, o salmão e a carne das cabras montesas eram fumados e as bagas silvestres conservadas em banha e em óleo extraído dos peixes. Enquanto isso, os entalhadores (por vezes escravos mas, frequentemente, homens livres) estavam encarregues de esculpir os totens e as máscaras que representavam os espíritos-guardiões das linhagens. Eram ainda fabricados outros tipos de objectos (tais como mantas com requintadas decorações), que se destinavam ao *potlatch*. Este último ocorria nos acampamentos de Inverno e a ocasião em que tinha lugar variava de comunidade para comunidade: em alguns casos realizava-se para festejar a iniciação dos jovens nos cultos secretos, enquanto noutros assinalava um casamento ou a investidura de um novo chefe de linhagem. Sempre que uma linhagem tinha um *potlatch* organizava um festim, para o qual convidava elementos das outras linhagens, distribuindo presentes por todos os participantes, correspondentes ao estatuto de cada um.

Contrariamente ao esquema de troca das Ilhas Trobriand, que criava um equilíbrio estável, o *potlatch* da costa noroeste da América era, na altura em que foi estudado pelos antropólogos, uma instituição de carácter competitivo. A riqueza que uma linhagem conseguia acumular dependia do número de elementos activos que possuía, de quantos escravos trabalhavam para eles e quão eficazmente coordenadas pelo chefe eram as suas actividades. Este último estabelecia os objectivos que a linhagem deveria alcançar. A quantidade de alimentos apresentada num *potlatch* e, mais importante ainda, a qualidade dos presentes então oferecidos, espelhavam a situação económica de toda a linhagem. Esta prática cimentava alianças, avisava também todas as linhagens do poder dos organizadores. Os presentes distribuídos expressavam,

INTRODUÇÃO À TEORIA EM ANTROPOLOGIA

igualmente, posição ocupada por quem os recebia na escala social, com os mais influentes a receberem objectos maiores ou mais valiosos. Não se sabe ao certo até que ponto ia a competitividade deste sistema aquando da chegada dos comerciantes europeus, embora seja claro que o comércio de peles a exacerbou. Os comerciantes russos e ingleses (estes últimos trabalhando para a Hudson Bay Company) compravam peles aos nativos em troca de mantas de lã, armas de fogo, armadilhas, etc. Este enorme influxo de riqueza provocou um desequilíbrio ao nível do escalonamento social dos chefes e das linhagens e, mais grave ainda, as doenças levadas pelos europeus mataram muita gente. Entre os Tsimchian, que faziam o *potlatch* para investir os chefes de linhagem e de aldeia, deu-se um aumento das ocasiões de *potlatch*, uma vez que havia a necessidade de mais cerimónias de investidura para os substituir. Ao mesmo tempo, houve gente de muitas comunidades que abandonou os seus tradicionais acampamentos de Inverno para se começar a concentrar em redor dos entrepostos comerciais, entrando então em contacto com novas linhagens e vendo-se obrigada a recorrer ao *potlatch* para determinar o seu estatuto no seio daquelas novas comunidades. Para os Quaquiutles, as mantas elaboradamente decoradas constituíam o principal objecto de troca. Os cocares totémicos estavam associados a cada um dos estatutos sociais e os homens desta tribo entregavam-se a "duelos", com a organização de festins sucessivos, uns em resposta aos outros, tentando sempre superar o anterior em busca do direito de usar um determinado cocar. Compreendendo o valor das mantas, a Hudson Bay Company começou então a importar centenas de milhares destes objectos, produzidos nas fábricas das Midlands inglesas, o que provocou uma enorme inflacção de cobertores nas ocasiões de *potlatch*. Foi como a impressão de demasiadas notas por parte de um banco central: alguns dos Quaquiutles destruíram todos os seus bens numa tentativa de estar à altura deste gigantesco desafio competitivo. No final do século XIX, os governos dos EUA e do Canadá ilegalizaram o *potlatch*, tendo mantido a proibição até à década de 50, altura em que este foi novamente instituído como sistema de transacções não competitivo, concebido para cimentar a unidade entre as comunidades indígenas, entretanto transformadas em minorias étnicas no seio dos dois Estados.

AS TEORIAS INTERACCIONISTAS

Uma linguagem de relações sociais

Durante as décadas de 50 e 60, muitos antropólogos abandonaram a análise das estruturas sociais estáticas em favor de um estudo dos processos sociais gerados pelas transacções. Fortes foi talvez o primeiro a questionar a utilidade de um modelo estático das relações sociais na sua obra *Time and the Social Structure* (Fortes 1949a), em que demonstrou ser possível identificar-se várias estruturas familiares entre os Asante do Gana. Este facto levou-o a afirmar que a melhor forma de se representar estas estruturas não era através da criação de uma classificação estática de tipos familiares mas sim, por um lado, da sua interpretação como fases pelas quais todas as famílias passam durante o ciclo de vida dos seus elementos e, em parte, como resultado das escolhas feitas pelos indivíduos em determinadas alturas desse mesmo ciclo. Um agregado familiar que ao princípio é constituído por um casal apenas, transforma-se mais tarde numa família nuclear, podendo mesmo, se um dos seus filhos se casar, vir a ser constituído por três gerações. Dado que a descendência entre os Asante é feita por via matrilinear, os homens tinham de escolher entre viver com as suas irmãs (cujos filhos seriam seus herdeiros) ou com as suas mulheres e filhos. Fortes comparava a estrutura social ao vocabulário e gramática de uma língua, e as relações sociais à palavra (Fortes 1949a: 304).

Uma retratacção ainda mais marcada da metodologia de Radcliffe-Brown viria a ser feita por Evans-Pritchard, numa palestra proferida em 1950 (Evans-Pritchard 1950b), na qual declarou a sua insatisfação face à base teórica do Funcionalismo e à tentativa desta corrente de moldar a antropologia pelas ciências naturais. Seria a antropologia uma ciência natural ou humana? — perguntou.

A distinção entre ciência e história era já comum na filosofia germânica, tendo influenciado Boas e Weber. Boas foi buscar à sua formação na tradição filosófica alemã a distinção entre a procura científica de leis gerais e a demanda dos historiadores no sentido de compreenderem determinadas tradições. Embora cientista de formação, sentiu atracção pela ideia da compreensão interpretativa, defendendo que a validade das ideias e concepções

INTRODUÇÃO À TEORIA EM ANTROPOLOGIA

é relativa e varia conforme a civilização em que surgem (Stocking 1982: 9-13). Boas reporta-se à "velha controvérsia" entre os métodos históricos e físicos (científicos): a procura das leis gerais e a tentativa de compreender acontecimentos particulares (Boas 1940b (1887): 641-2). Designou o método histórico como "cosmográfico", ou seja, aquele que "tenta dedicadamente penetrar nos segredos" das acções e dos acontecimentos "até todas as suas características serem claras e explícitas" (Boas 1940b (1887): 645).

Evans-Pritchard fazia remontar a concepção da antropologia como uma ciência natural aos filósofos do século XVIII que estudaram pela primeira vez a sociedade como um sistema. Do ponto de vista destes, as sociedades deviam ser encaradas como organismos naturais, estudados empiricamente e explicadas em termos de leis ou princípios gerais que deviam ser válidos para todas elas. Uma versão desta doutrina foi empregue pelos evolucionistas sociais do século XIX (tais como Herbert Spencer), que classificavam as sociedades de acordo com o seu pretenso estádio de desenvolvimento e procuravam descobrir as leis da evolução social. O evolucionismo social fora já atacado pelos difusionistas, que defendiam que as sociedades não mudavam independentemente umas das outras e que a difusão dos costumes entre elas "contaminara" as provas de que os evolucionistas se socorriam, de tal maneira que as teorias destes últimos nunca poderiam ser válidas. Embora rejeitando as formas mais extremas do Difusionismo, Evans-Pritchard afirmava que os argumentos dos seguidores desta corrente eram mais fortes do que aquilo que, de um modo geral, se considerava em termos de antropologia britânica de meados do século XX.

O Funcionalismo surgira como segunda crítica do evolucionismo social e os seus defensores rejeitavam o estudo da História, que consideravam irrelevante para o funcionamento presente dos diversos sistemas sociais, afastando-se assim tanto da especulação acerca da evolução social como da análise dos costumes fora do seu contexto social, defeitos praticados pelos difusionistas. Mas, não obstante, os funcionalistas não deixavam de ter como axioma o facto de a vida social dever ser "reduzida a leis ou afirmações gerais sobre a natureza da sociedade *susceptíveis de ser previstas*" (Evans-Pritchard 1950b: 120, destaque meu). Este autor admitia

AS TEORIAS INTERACCIONISTAS

que o método funcionalista produzira boas etnografias, mas a sua base teórica não fora a mais adequada. Dirigindo os seus comentários principalmente contra a metodologia defendida por Radcliffe-Brown, colocou cinco questões: seriam as sociedades de facto organismos? Teriam todos os costumes de facto um valor social? Deveriam todas as instituições assumir necessariamente a forma que adoptaram? Teria a antropologia social alguma vez descoberto uma lei do comportamento comparável às leis formuladas pelos cientistas naturais? E, por fim, poderiam as sociedades ter realmente chegado à sua forma actual através de um conjunto de acontecimentos únicos e irrelevantes?

À semelhança dos evolucionistas sociais do século XIX, os funcionalistas ainda tentavam "provar que o homem é um autómato e descobrir as leis sociológicas em cujos termos as suas acções, ideias e crenças podem ser explicadas, planificadas e controladas" (Evans-Pritchard 1950b: 123). Contra este ponto de vista, Evans--Pritchard argumentou que o comportamento deve ser *compreendido* como resultado das crenças e compreensão das pessoas, num tipo de abordagem iniciado, talvez, pela análise feita por Heródoto das Guerras Persas. Evans-Pritchard insistia que a vida social tinha um padrão porque os seres humanos são criaturas razoáveis, devendo por isso viver num mundo no qual as relações sociais são ordenadas e inteligíveis. Os responsáveis por trabalhos de campo deveriam por isso tentar compreender os povos que estudavam assumindo a perspectiva dos mesmos, ou seja, pensar segundo os seus conceitos e sentir de acordo com os valores. Estas experiências deveriam depois ser traduzidas para as categorias e valores conceptuais da cultura do antropólogo. Enquanto observador treinado, o antropólogo podia tornar explícitas as categorias culturais implícitas das culturas "nativas", da mesma forma que um linguista treinado podia revelar as regras gramaticais a que um falante nativo recorre implicitamente. A antropologia social deveria basear assim os seus métodos naqueles que eram utilizados pelas ciências humanas, principalmente pela História, devendo as sociedades ser estudadas como sistemas morais e não como sistemas naturais: devia procurar-se identificar padrões e não leis científicas, e interpretar a vida social em vez de a explicar. Paradoxalmente, segundo concluiu, só quando a transformação se

INTRODUÇÃO À TEORIA EM ANTROPOLOGIA

dava é que a antropologia social se tornava verdadeiramente científica.

Dois anos após a palestra de Evans-Pritchard, Lévi-Strauss publicou um estudo sobre "A Estrutura Social" (Lévi-Strauss 1952), no qual utilizava de uma forma mais completa a analogia entre a linguagem e a vida social, defendendo que a comunicação se verificava a três níveis da vida social: troca de mulheres em casamento, troca de bens e serviços e troca de mensagens verbais através da linguagem. Radcliffe-Brown "rebaixara" a antropologia social ao nível da biologia com a sua utilização da analogia orgânica, mas Lévi-Strauss propunha-se agora "erguê-la" ao nível da teoria da comunicação. Da mesma forma, Radcliffe-Brown não conseguira estabelecer uma distinção entre *estrutura* social (um modelo estático de organização social) e *relações* sociais (a organização dos processos de interacção). Lévi-Strauss citava o modelo da linguagem social proposto por Fortes com aprovação.

O antropólogo americano Goodenough desenvolveu ainda mais a analogia linguística na sua nova análise dos conceitos de estatuto e função, apresentados pela primeira vez por Linton. Escreveu: "Descobri ser útil encararmos o conteúdo das relações sociais como algo que contém (entre outras coisas) "vocabulários" de diferentes tipos de formas, bem como uma "sintaxe", ou conjunto de regras que permitem a sua ordenação em (e interpretação como) sequências de acontecimentos sociais" (Goodenough 1965: 1, parêntesis seus). Este antropólogo discordou da concepção de Linton do estatuto enquanto posição na estrutura social e da função enquanto conjunto dos direitos e deveres que assistiam ao indivíduo na sua qualidade de ocupante desse mesmo estatuto (ver capítulo 2). Defendeu que o estatuto era uma *identidade* social e que a pessoa que o ocupava tinha sempre alguma liberdade na forma como interpretava essa mesma identidade. No entanto, essa liberdade apenas podia ser interpretada no idioma da cultura, que fornecia os "princípios sintácticos" que governavam a composição das relações sociais. Baseando-se no trabalho de campo que ele próprio efectuara na ilha de Truk, Goodenough demonstrou a forma como, consoante um homem pretendia lisonjear ou insultar um superior, lhe oferecia mais ou menos tributos.

AS TEORIAS INTERACCIONISTAS

A vida social como jogo

Tendo citado o modelo da vida social como linguagem no seu trabalho de 1952 sobre a estrutura social, Lévi-Strauss foi mais além, propondo uma segunda concepção, em que a vida social era encarada como um *jogo*. A vantagem deste modelo era a atenção que concentrava na forma como os indivíduos utilizavam esta ou aquela estratégia ao escolher entre as diversas possibilidades de acção que se lhes deparavam (Lévi-Strauss 1963: 298). As "regras" apenas estabeleciam os limites às possíveis estratégias: por exemplo, a explicação das regras do futebol não transmite só por si a ideia daquilo que é um jogo de futebol, nem permite predizer qual a equipa que irá vencer uma determinada partida.

De todos os antropólogos que participaram na mudança de paradigma, afastando-se assim do conceito de estrutura social defendido por Radcliffe-Brown, Raymond Firth foi o que se manteve mais próximo do entendimento de Malinowski da antropologia, tendo apresentado a sua própria concepção de processo social em dois trabalhos publicados respectivamente em 1954 e 1955. Embora reconhecendo a influência de Lévi-Strauss, Firth decidiu não utilizar uma analogia linguística, preferindo em vez disso proceder a uma distinção entre *estrutura social*, que definia como os principais padrões das relações sociais existentes que restringiam as possibilidades de interacção futura (Firth 1954: 4), e *organização social*, ou seja, o constante processo de corresponder às novas situações adoptando estratégias apropriadas. Um estudo da organização social revelaria a forma como as pessoas ou tomavam decisões ou aceitavam a responsabilidade que delas se esperava em virtude da posição que ocupavam no sistema social. E, embora todas as sociedades se estivessem dotadas de mecanismos de substituição daqueles que ocupam cargos, caracterizar estes mecanismos em termos estruturais, como sucessão matrilinear ou patrilinear, não era, no seu entender, cientificamente adequado: estas regras não faziam mais do que fornecer um enquadramento de referência, dado que, por exemplo, uma pessoa estúpida, irresponsável ou louca nunca seria escolhida para um cargo pelo simples facto de se encontrar genealogicamente qualificada para o exercer.

INTRODUÇÃO À TEORIA EM ANTROPOLOGIA

A analogia da vida como jogo foi desenvolvida de forma mais completa pelo antropólogo norueguês Fredrik Barth, que encarava os indivíduos como agentes racionais procurando obter vantagens pessoais (à semelhança daquilo que fazia o "Homem Económico" de que falavam os defensores do liberalismo económico). Num trabalho intitulado "On the Study of Social Change" [Sobre o Estudo da Mudança Socia]" (Barth 1967a), defendeu que os antropólogos que seguiam a tradição intelectual de Radcliffe--Brown revelavam dificuldades para explicar a mudança social, pois o seu método de descrição consistia na mera agregação de observações de comportamentos individuais em padrões a que tinham convencionado chamar "costumes" que, segundo eles, as pessoas eram obrigadas a seguir. Radcliffe-Brown rejeitara de facto a técnica de Malinowski de incluir nas suas obras etnográficas relatos das acções quotidianas dos indivíduos, alegando que os exemplos deveriam ficar confinado aos cadernos de apontamentos do antropólogo (ver capítulo 2). Barth recusava o método de abordagem de Radcliffe-Brown pelo facto de este ter como base um conceito "morfológico" de costume, como se este fosse o conjunto dos órgãos observáveis do corpo social. Para ele, os costumes não podiam ser directamente observados, mas sim meramente revelados através da observação de um conjunto daquilo que se supunha serem exemplos mais ou menos representativos do comportamento exigido por esse costume. Barth argumentava, assim, que os padrões de comportamento usuais deviam ser vistos como o resultado das decisões estratégicas que as pessoas tomam relativamente à forma como distribuíam o seu tempo e recursos em determinadas circunstâncias. A estrutura social não era algo que as pessoas, e muito menos a "sociedade", procurassem manter. Era sim um *epifenómeno*, um produto paralelo e involuntariamente estabelecido pelas acções das pessoas. As condições tecnológicas e ecológicas favoreciam determinadas estratégias, condenando outras ao fracasso, ao mesmo tempo que a presença de outros participantes no processo impunha restrições e/ou abria oportunidades a cada pessoa, condicionando assim aquilo que esta podia, ou desejava, fazer. O participante numa distribuição de cerveja na sociedade fur não pensa "como é que a minha participação vai contribuir para a estratificação social da

AS TEORIAS INTERACCIONISTAS

minha comunidade?" No entanto, a sua decisão de não ficar a cultivar os seus próprios campos contribui para o aparecimento de duas classes sociais: a dos que trabalham a porção de terra da sua linhagem que lhes foi atribuída e a dos que trabalham para outrem.

Barth encarava a explicação da mudança social como algo de particularmente problemático para os funcionalistas. Embora Radcliffe-Brown tivesse reconhecido que as estruturas sociais eram susceptíveis de mudança, nomeadamente quando uma instituição era substituída por outra, era difícil caracterizar este processo em termos de analogia orgânica, nos termos da qual a transição de uma sociedade composta para uma sociedade complexa era equiparada, por exemplo, à transformação de uma estrela-do-mar em mamífero (ver capítulo 2), algo muito pouco provável! Para Barth, este problema poderia ser resolvido se a mudança fosse encarada como a consequência de uma modificação, por parte dos indivíduos, da forma como distribuem o seu tempo e o seu trabalho. Entre os agricultores fur não existe grande cooperação entre marido e mulher, uma vez que cada um cultiva uma parcela de terra pertencente à sua linhagem de origem. Mas, se uma família deste povo decidir abandonar a agricultura para se dedicar à pastorícia de carácter nómada nas pradarias circundantes, os dois cônjuges adoptarão estratégias complementares e dependentes entre si. O marido especializa-se na criação do seu gado, enquanto a mulher, para além de poder continuar a cultivar algum painço, se dedica à produção de manteiga a partir das natas do leite do gado, leite esse que também vende, e à confecção das refeições para toda a família. De facto, é desta forma que os pastores nómadas árabes que habitam a região organizam as suas tarefas. O que não implica que os Fur que decidam adoptar essa mesma forma de organização se tornem só por isso, também eles, árabes! Para Barth, trata-se apenas de gestão mais eficaz do tempo e do trabalho, para quem se dedica à pastorícia. Conclui assim que são a frequência e o tipo de recompensas obtidas através das estratégias alternativas de um dado sistema social que determinam quais as estratégias que se tornarão ou não institucionalizadas e quais serão rejeitadas (Barth 1967a: 668).

INTRODUÇÃO À TEORIA EM ANTROPOLOGIA

O jogo de Swat

A tentativa mais ambiciosa levada a cabo por Barth no sentido de analisar a interacção social da perspectiva das estratégias individuais foi o estudo que efectuou do sistema político do vale do Swat, no Norte do Paquistão (Barth 1959a; 1959b). Durante o século XVI, o vale fora conquistado pelos Pastos pertencentes à linhagem Iusufzai, que se estabeleceram na região como senhores feudais, exercendo o seu domínio sobre as populações camponesas locais. Segundo a lenda iusufzai, pouco depois da conquista, fora concebida uma instituição chamada *wesh*, que estipulava que os senhores feudais se mudariam para partes diferentes do vale de tantos em tantos anos. Garantia-se assim que todos os elementos daquela linhagem tivessem benefícios idênticos, uma vez que a qualidade dos terrenos em seu redor variava bastante.

Embora Barth tivesse prestado atenção à história e às instituições sociais do vale, interpretou esta sociedade como algo que existia num estado de delicado equilíbrio, situação provocada pelos seus habitantes que, à maneira hobbesiana, competiam entre si pela obtenção de vantagens pessoais. O antropólogo verificou que, entre os diferentes segmentos da linhagem iusufzai, não ocorria o fenómeno da "oposição segmentária", exemplificado pelos Nuer e Tallensi e no qual os segmentos mais reduzidos de cada linhagem se uniam para constituir uma frente comum quando algum dos seus elementos tinha problemas com forasteiros. Aqui, em vez se verificarem alianças entre grupos situados num determinado nível de segmentação contra um opositor comum, vivia-se num clima de rivalidade que opunha os vários segmentos com laços de parentesco próximo, que procuravam aliados nos segmentos mais distantes da sua linhagem (Figura 4.2.).

Barth concluiu que, na origem destas disputas, estava a competição pela terra e as alturas em que o *wesh* exigia aos senhores terratenentes que se mudassem para outras zonas do vale. A quantidade de terra disponível era fixa e apenas alguns ficavam com as terras melhores, pelo que os seus principais rivais eram também seus parentes próximos. Numa tentativa de isolar esta situação o máximo possível do seu contexto cultural específico, Barth tentou caracterizar este comportamento em termos da teoria dos jogos de von Neumann e Morgenstern, a que tem vindo desde

AS TEORIAS INTERACCIONISTAS

então a ser aplicada à teoria do comportamento social pelos socioecologistas (von Neumann e Morgenstern 1953). Defendeu assim que os Iusufzai jogavam um jogo de maioria de resultado zero. Segundo a definição dos autores desta designação, um *jogo de resultado zero* é uma situação em que os ganhos estão desde logo fixados e as coligações de jogadores bem-sucedidas provocarão sempre conflitos quanto à forma como esses ganhos irão ser partilhados. Por seu turno, um *jogo de resultado positivo* é uma ocasião em que os ganhos podem ser aumentados através da cooperação, pelo que as coligações entre os jogadores terão tendência a manter-se. Os Iusufzai jogavam um jogo de *maioria* porque as equipas em confronto nunca contavam com o mesmo número de elementos.

No modelo mais simples do jogo dos Iusufzai existiam cinco jogadores. Se dois deles estabelecessem uma aliança para se ajudarem mutuamente a conseguir os melhores feudos das suas partes do vale, os outros deviam-se unir contra eles. E, se o quinto jogador se mantivesse isolado, seria presa das duas coligações formadas pelos outros quatro. A coligação à qual se decidisse juntar ficaria a mais forte mas, devido ao facto de ser maior, a terra que obtivesse teria de ser dividida entre um número maior de jogadores, o que aliciava os elementos da equipa a subdividirem-se em coligações mais reduzidas para quando chegasse a hora da repartição dos despojos. Assim, a coligação perdedora acabava por nunca ser eliminada do "jogo", uma vez que a vencedora teria sempre tendência a separar-se devido às disputas internas, em que uns tentavam expulsar os outros na tentativa de aumentar os seus ganhos. O exemplo da Figura 4.3. tem como base um jogo com nove participantes. Se Barth estiver correcto na sua avaliação, os Nuer jogam provavelmente um jogo de resultado não zero na defesa das suas pastagens, gado e culturas. Os dados que sugerem que assim possa ser serão analisados no capítulo 6.

Ordem saída do caos?

A teoria segundo a qual os sistemas sociais foram gerados pela interacção, e não a que alega que têm uma vida própria que sobreviva para além dos indivíduos, incentivou o regresso da noção do século XVIII de reconstrução da origem da sociedade

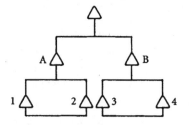

Modelo "Nuer"
1+2 unem-se para enfrentar 3+4: a proximidade gera um interesse comum

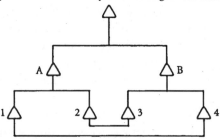

Modelo "Pasto"
1+4 unem-se para enfrentar 2+3: a proximidaede gera a competição pelos recursos

Fig. 4.2. Os modelos Nuer e Pasto de oposição segmentária

Equipas iniciais:

	Coligação 1	☐	Coligação 2	
1 2 3 4 5	☐	6 7 8 9

Um dos jogadores abandona a equipa mais fraca:

	Coligação 1	☐	Coligação 2

Divide-se em 1a

1   2   3☐4   5   6   ☐7   8   9

Agora a coligação 2 pode colocar-se numa posição mais forte, apelando aos desertores das coligações 1a ou 1b

	Coligação 1	☐	Coligação 2
1a	1b

1   2   3☐   4   5   ☐6   7   8   9

Fig. 4.3. Oposição segmentária no Vale de Swat

AS TEORIAS INTERACCIONISTAS

Desenvolvimentos paralelos na teoria sociológica tentavam explicar a forma através da qual as instituições sociais podiam surgir a partir de padrões espontâneos de interacção. A obra de Blau, *Exchange and Power in Social Life* (1964), constitui um bom exemplo deste tipo de abordagem. Considerando a interacção diádica (isto é, entre dois indivíduos — ver capítulo 2) como ponto de partida para a criação de práticas sociais, construiu um modelo dos possíveis resultados das transacções em bens, serviços e informações. Uma relação começa no momento em que um indivíduo presta um serviço a outro, o que pode ter três resultados: se o receptor lhe retribuir, o primeiro indivíduo sentir-se-á incentivado para oferecer mais serviços, estabelecendo-se então uma relação social equilibrada (igual); se o receptor da transacção inicial não retribuir, sofrerá uma perda de "crédito", arriscando-se a ser excluído de transacções futuras. Um receptor que não consegue retribuir os serviços de que depende torna-se um subordinado; um que possua os recursos necessários para retribuir, mas se recuse a fazê-lo, acabará por assumir uma posição de superioridade se o outro continuar a prestar-lhe serviços. As duas "funções" gerais da troca social são assim o estabelecimento de relações de igualdade ou desigualdade entre os participantes. Blau aceita que tais alterações não podem criar um sistema social na sua totalidade, uma vez que os valores atribuídos à troca variam de cultura para cultura e influenciam o resultado das transacções efectuadas. As organizações estruturadas e baseadas em leis de contrato não podem ser criadas através da interacção pessoal, uma vez que estas se encontram dependentes de estruturas legais já existentes. O interesse de Blau centra-se principalmente nas relações que se desenvolvem naquilo a que Marx chamou os "interstícios" da ordem social formalizada.

Uma teoria mais ambiciosa viria a surgir por intermédio de Berger e Luckmann na sua obra *The Social Construction of Reality* (Berger e Luckman, 1966). As pessoas encaram o mundo como algo com significado e, contudo, (segundo defendem estes dois autores) esta significação tem a sua origem não numa consciência colectiva preexistente mas sim nos pensamentos e acções dos indivíduos. A partir da interacção casual, são negociadas definições consensuais, passando então os significados a fazer parte da rotina,

INTRODUÇÃO À TEORIA EM ANTROPOLOGIA

e as escolhas limitadas a partir do momento em que determinadas estratégias são formalizadas (Berger e Luckmann 1966: 72). Embora as pessoas, na realidade, vivam num meio cultural em que os significados e os costumes foram já negociados, estes autores nem por isso deixam de acreditar que (em princípio) uma tal "institucionalização" ocorrerá até mesmo quando dois desconhecidos se encontram numa ilha deserta depois de terem apenas conseguido salvar a consciência de si próprios como "eus". A interacção entre ambos passará por várias fases: em primeiro lugar, atribuirão significados às acções um do outro e depois, através de um processo de tentativa e erro, testarão essas previsões face aos resultados dessas mesmas acções. Detectarão depois as regularidades no comportamento de cada um, atribuindo assim funções um ao outro. A vida tornar-se-á então previsível e o trabalho poderá ser dividido. Na altura em que estes antigos desconhecidos chegarem ao momento de ter filhos, a objectividade do seu mundo intersubjectivo encontrar-se-á já mais complicada e obstinada: as verdadeiras razões para o aparecimento das suas instituições foram já esquecidas e os seus filhos terão de inverter as racionalizações[*]. Apenas algumas partes da experiência serão recordadas, encontrando-se "sedimentadas". É só quando um "sistema de signos" o permite que as experiências podem ser selectivamente partilhadas, reinterpretadas e simplificadas.

De certo modo, as teorias de Berger e Luckmann são um contributo importante para o debate intelectual que nos leva da sociologia fenomenológica (interpretativa) para o pós-modernismo. Hoje em dia, é geralmente aceite que os significados culturais *são* intersubjectivamente negociados, que mudam com o tempo e que os indivíduos podem divergir na importância que atribuem às mensagens e acções uns dos outros. Mas existe, de uma outra perspectiva, um obstáculo fundamental à validade da teoria de Berger e Luckmann: eles próprios admitem como improvável que a cultura tenha surgido a partir de uma situação como a que

---

[*] A leitura de Berger e Luckmann, em termos de antropologia, está confinada a Lévy-Bruhl e Lévi-Strauss. O seu livro está pejado de especulações, sem qualquer evidência empírica, sobre as crenças e práticas dos povos das sociedades de pequena dimensão.

AS TEORIAS INTERACCIONISTAS

descrevem na sua ilha deserta imaginária, embora essa situação não seja totalmente atípica. Durkheim estava sem dúvida certo quando salientou, em oposição aos teóricos do contrato social, que todas as sociedades humanas conhecidas tiveram a sua origem noutras sociedades, pelo que não poderá ter havido um momento em que as pessoas se juntaram de sua livre e espontânea vontade para construir uma sociedade livre das influências de costumes já existentes. Berger e Luckmann aceitam mesmo que a justaposição da especificidade individual e da identidade social colectiva é uma falsa justaposição (Berger e Luckmann 1966: 194).

O próprio Durkheim tratou do problema da origem das instituições recorrendo à sua ideia das correntes emocionais que arrebatam as multidões: as multidões são agregados mais ou menos aleatórios de indivíduos, pelo que este autor considerava não ser necessário imaginar-se a existência prévia de uma estrutura institucional para explicar as ondas de paixão que as empolgavam. Não obstante, os sentimentos eram, desde o início, colectivos (ver capítulo 1). Lévi-Strauss também viria a sucumbir à tentação de identificar certas situações contemporâneas como reproduções das condições sob as quais as primeiras sociedades tinham surgido. Na sua obra *Les Structures Élémentaires de la Parenté*[*] [Estruturas Elementares do Parentesco] (1949), mostra-nos a relação criada por dois desconhecidos que se encontram num café em França e que oferecem um copo de vinho um ao outro como "exemplo, raro na nossa sociedade (…), da formação de um grupo para o qual (…) não existe um fórmula previamente definida" (Lévi-Strauss 1969: 59). Encontrando-se sentados à mesma mesa, cada um oferece um copo de vinho do seu jarro ao outro, pese embora o facto de a bebida ter vindo do mesmo barril. De um ponto de vista puramente material, o efeito teria sido o mesmo se cada um tivesse bebido apenas do seu jarro. E, em vez de interpretar isto como um costume tipicamente francês, o antropólogo classifica-o como um exemplo das formas da vida social "não cristalizadas", de que são também exemplo os grupos que se formam espontanea-mente em circunstâncias acidentais ou provocadas, como durante

---

[*] Originalmente publicado em 1949. A edição inglesa, citada no texto, data de 1969. (N. R.)

INTRODUÇÃO À TEORIA EM ANTROPOLOGIA

um tremor de terra ou em campos de concentração. Para Lévi--Strauss, a constituição destes grupos revela traços de experiências psicossociais primitivas, consideravelmente menos desenvolvidas do que aquilo a que chama "instituições selvagens", comparando o encontro no café a "uma projecção infinitamente distante (...) de uma situação fundamental: aquela em que os indivíduos dos grupos primitivos entraram em contacto pela primeira vez" (Lévi--Strauss 1969: 60).

Uma re-análise do "jogo de Swat"

Os problemas inerentes a este tipo de teoria interaccionista são exemplificados por uma re-análise da interacção social no vale do Swat, no noroeste do Paquistão. Tanto Asad como Ahmed criticaram Barth por tentar separar o "jogo de Swat" do seu contexto social. O trabalho de Asad baseia-se numa re-análise do material recolhido pelo norueguês, ao passo que Ahmed escreve com conhecimentos *in loco* da região.

Asad argumenta que a ordem social não é o resultado de uma escolha livre de agentes independentes, mas sim de processos históricos cumulativos, que levaram ao aparecimento de uma determinada forma de estrutura de classe: o domínio da população do vale pela minoria dos Paquetuns, ou seja, elementos reconhecidos como pertencentes à linhagem terratenente dos Iusufzai. Este sistema social não surgira espontaneamente a partir de jogos, tendo sido, isso sim, deliberadamente regulamentado pelos membros dessa minoria, que eram os únicos a poder jogar o "jogo de Swat". E, embora competissem entre si para aumentar a qualidade dos seus feudos, era através de uma acção conjunta que exploravam os seus rendeiros, de quem, no passado, tinham chegado a extorquir quatro quintos das colheitas em impostos.

Existiam além disso dois tipos de Paquetuns: grandes e pequenos terratenentes. Barth afirmava que qualquer um deles que perdesse a sua terra seria expulso da linhagem iusufzai, tornando--se um mero rendeiro, como qualquer outro dos elementos da população nativa (comparar com a análise de Marx do antigo modo de produção), mas não teve isto em conta ao descrever a forma como o "jogo" funcionava. Se esta regra *fosse* tomada em consideração, o número de jogadores deveria tornar-se progres-

AS TEORIAS INTERACCIONISTAS

sivamente mais reduzido, até que, finalmente, um só vencedor ficaria com toda a terra do vale. A razão lendária do *wesh* era garantir que todos os Iusufzai tivessem feudos de valor semelhante, mas como o resultado demonstrava que esse objectivo não estava a ser atingido, poderíamos estar perante um processo de eliminação de jogadores. Assim, onde Barth retratou um estado de equilíbrio, Asad vê um processo de mudança unilinear e irreversível.

A interpretação de Asad é confirmada pelas investigações de Ahmed: Barth interpretou o aparecimento de um Estado centralizado no vale do Swat, anteriormente à sua incorporação na Índia britânica, ocorrida no início do século XX, como uma consequência do domínio britânico. Mas Ahmed defende que, embora apoiada pelos britânicos, esta centralização foi o resultado lógico do "jogo". Conforme as terras arrendadas se foram concentrando nas mãos dos senhores feudais bem sucedidos, também um número crescente de descendentes dos invasores iusufzai originais se viu ameaçado de perda total das suas terras, o que implicava perder também o seu estatuto de Paquetuns. As relações verticais entre rendeiros e terratenentes, que tinham como base o pagamento do tributo, foram corrompidas por uma crescente consciência de classe por parte dos camponeses. Em meados do século XX, um líder sufi não ortodoxo, o Akhund de Swat, comandou uma revolta contra os Iusufzai, nomeando um rei que não pertencia a esta linhagem para presidir aos destinos da região. Ahmed salienta que o Akhund foi o produto de uma tradição histórica e cultural específica, cuja importância Barth subestimara. Quando o Akhund morreu, os seus descendentes guerrearam entre si pela sucessão, dando aos ricos Iusufzai uma grande oportunidade para disputar o tradicional "jogo". Assim, começaram por apoiar ora um ora outro dos pretendentes ao trono, mudando constantemente de aliados na tentativa de evitar que qualquer um deles conseguisse chegar prontamente à vitória. Até que, por fim, um dos netos do Akhund, o Wali de Swat, acabou por conseguir virar a política fraccionária dos Iusufzai a seu favor, estabelecendo sempre uma aliança com o mais fraco dos senhores de cada região do vale antes de a invadir. Depois, dominada que estava a facção mais importante, destruía as fortificações dos seus opositores e desarmava as populações. De um modo geral, aliava-se

INTRODUÇÃO À TEORIA EM ANTROPOLOGIA

ideologicamente à maioria camponesa contra os Iusufzai, acabando por abolir as reminiscências do *wesh* e convertendo o pretenso direito místico destes últimos de receberem tributo numa simples renda em dinheiro, parte da qual tinha de ser entregue ao Estado. Isto permitia-lhe manter um exército de dez mil homens. E, para se manter em contacto com todos os centros regionais do vale, recorreu aos serviços de engenheiros britânicos, que ali instalaram 2400 quilómetros de linhas telefónicas.

Esta re-análise demonstra que, para além da forma cultural, também devemos ter em conta os efeitos cumulativos da troca. A vida é mais do que um mero jogo ou troca de mensagens intangíveis: envolve poder. E conforme as diferenças ao nível desse mesmo poder se vão acumulando com o passar do tempo, podem perfeitamente transformar a estrutura das relações sociais.

A análise da interacção levou a vários desenvolvimentos: ao mesmo tempo que a antropologia social redescobria a teoria marxista da troca e poder, os socioecologistas desenvolviam a teoria dos jogos, com o objectivo de estabelecer um modelo para a evolução do comportamento social. O conceito de interacção social como forma de "discurso", no qual os intervenientes interpretam as acções uns dos outros como portadoras de significado, contribuiu para o aparecimento do pós-modernismo. As diversas abordagens surgidas no seio do Interaccionismo abriram caminho para a divergência em termos de teoria antropológica actualmente representada pelas correntes da socioecologia e do pós-modernismo.

5

A ANTROPOLOGIA MARXISTA

Graças aos ataques de Boas e seus alunos, nos EUA, e de Radcliffe-Brown e Malinowski, no Reino Unido, as teorias da evolução unilinear do século XIX encontravam-se já desacreditadas na década de 30. Contudo, na década seguinte, foi a vez do particularismo histórico de Boas ser posto em causa pelas críticas de Leslie White, que defendia a existência de leis da evolução social. White fez reviver a tipologia evolucionária de Morgan e, embora não cite o nome de Marx, a generalidade dos analistas concorda que o seu pensamento é moldado por uma perspectiva marxista. O seu esforço para "fazer reviver o trabalho de Morgan deve ser considerado uma das atitudes intelectuais mais corajosas alguma vez tomadas por um antropólogo (…), principalmente numa altura em que o macarthismo dominava o seu país" (Murphy 1977: 28; cf. Sanderson 1990: 90).

White substitui a ênfase dada por Marx ao controlo da mão--de-obra humana e ao acesso aos meios de produção pela ideia de que a força decisiva que conduz a evolução social é o controlo da energia (White 1943; 1949). Mantém contudo o paradigma causal de Marx, reconhecendo três subsistemas de cultura: a tecnologia, as relações sociais e a ideologia. A tecnologia é o motor que provoca as mudanças no sistema social, enquanto a vida social molda a ideologia: "Todos os tipos de tecnologia possuem um tipo de filosofia que lhes é característico (…), mas a experiência do mundo externo (…) é filtrada também pelo prisma dos sistemas

INTRODUÇÃO À TEORIA EM ANTROPOLOGIA

sociais" (White 1949: 366). White defendia que, devido ao facto de os primeiros sistemas culturais explorarem apenas a energia do corpo humano, estavam condenados a manter-se simples na sua forma. Há cerca de 10 mil anos, a Revolução Agrícola aproveitou a energia das culturas e dos animais domesticados, permitindo um ganho energético suficiente para que surgissem cidades e impérios, mas também para que os produtores primários fossem explorados por uma classe dirigente que se apropriava da produção excedentária (White 1949: 382). Mais tarde, a Revolução do "Combustível" (ou seja, Industrial) transformou o modo de exploração exercido pela classe dominante e inaugurou a época da expansão colonial em busca de novos mercados: "Nenhuma nação industrial tinha ou poderia ter poder de compra suficiente para manter e absorver a sua própria produção. A própria base do sistema de lucro industrial era um excesso do valor do produto sobre os custos de produção em termos dos salários pagos aos operários" (White 1949: 387).

A perspectiva de White também deve algo a Durkheim na sua insistência de que os processos especiais devem ser explicados através das características intrínsecas dos sistemas sociais e não de um recurso à biologia ou à psicologia (White 1949: 364, 392). A teoria de White insere-se perfeitamente na linha dos evolucionistas progressivos do século XIX, não dando qualquer relevo à adaptação e rejeitando a influência do meio-ambiente: "O funcionamento de qualquer cultura particular será obviamente condicionado pelas condições ambientais que a rodeiam. Mas, numa análise da cultura como um todo, podemos considerar a totalidade de meios-ambientes para formar um factor constante que pode ser excluído da nossa fórmula de desenvolvimento cultural" (1949: 368 n). Tendo escolhido utilizar um único critério (a quantidade de energia captada e a eficácia com que é aplicada), White apenas conseguia medir a variação cultural numa escala unilinear, sendo o seu esquema por vezes mais próximo do de Herbert Spencer do que do modelo multilinear de evolução social de Karl Marx.

Nenhum antropólogo britânico defendeu uma abordagem marxista na década de 40, mas, em 1956, Peter Worseley publicou algo que, naquela época, foi visto como uma revolucionária

A ANTROPOLOGIA MARXISTA

reinterpretação marxista da análise que Fortes efectuara da sociedade talensi. Os Talensi são um povo de agricultores em regime de subsistência que, tradicionalmente, não tinham uma liderança centralizada. Actualmente, vivem num território que fica no norte do Gana.

Fortes efectuara um trabalho de campo de dois anos junto deles, entre 1934 e 1937, tendo analisado a sua sociedade segundo uma perspectiva funcionalista (ver capítulo 2). Descobriu então que os Talensi tinham grupos de descendência patrilinear localizados, aglomerados em clãs de carácter patrilinear que continham cerca de 400 elementos cada um e que tanto podiam ocupar uma só como várias aldeias. Cada linhagem tinha o seu chefe. Aqui, as linhagens constituíam grupos corporativos e terratenentes. Juntamente com a análise dos Nuer efectuada por Evans-Pritchard, o estudo de Fortes sobre as linhagens dos Talensi fora a obra etnográfica mais importante da escola estrutural-funcionalista.

Os Talensi eram um povo composto por dois grupos historicamente distintos: os "habitantes originais" da região, cujas linhagens eram encabeçadas por *tendaanas*, e os descendentes dos imigrantes, cujos chefes de linhagem eram chamados *na'ams*. Ao chefe de linhagem cabia a guarda dos santuários dos seus antepassados. Fortes considerou que a religião desempenhava um papel importante na manutenção da coesão de cada linhagem, defendendo além disso que o culto dos antepassados tinha uma função social de importância vital para este povo (no seguimento da tradição durkheimiana). O compromisso de um indivíduo para com o aldeamento do seu segmento de linhagem era um dever sagrado, devendo o chefe desta última a sua autoridade ao facto de ser o representante vivo dos antepassados da linhagem. Segundo Fortes, seria um pecado alguém vender a parcela da terra ancestral, cujo direito de exploração herdara, uma vez que os seus antepassados se encontravam sepultados nela. Escreveu: "A terra cuja posse um homem detém no aglomerado habitacional do seu clã é normalmente a mesma que recebeu do pai como herança. E é sagrada devido a esse facto" (Fortes 1949b: 181-2). Se um homem tiver vários filhos, alguns dos mais novos serão obrigados a ir viver para mais longe, uma vez que a terra é escassa nas aldeias mais antigas. Procedem então ao desbaste de terrenos selvagens,

INTRODUÇÃO À TEORIA EM ANTROPOLOGIA

dando início a novas quintas. Mas, quando os pais envelheciam, estes filhos regressavam. Fortes considerou que esse regresso se devia a um sentimento de compaixão filial para com o pai e os antepassados da sua linhagem. Embora a necessidade económica fosse sem dúvida a principal razão para que uma família se dispersasse, "o processo de reintegração resulta de factores rituais e afectivos" (1949b: 185). Havia um elemento de reconstrução na análise de Fortes: 25 anos antes, os Talensi tinham sido derrotados pelo exército britânico e expulsos das montanhas situadas no coração do seu território, tendo regressado apenas em 1936.

Worseley chamou a atenção para o facto de, no relato de Fortes sobre os clãs deste povo (Fortes 1945), este autor ter escrito que as sepulturas dos antepassados eram "frequentemente tratadas de uma forma muito descuidada" (Fortes 1945: 219). Por vezes, encontravam-se de tal forma negligenciadas que só os anciãos descendentes de um determinado antepassado sabiam qual o local onde ele estava sepultado. Embora, numa situação ideal, cada linhagem devesse cultivar a terra onde ficavam os túmulos dos seus antepassados, nem sempre as coisas se passavam assim na prática: verificavam-se alterações na posse da terra após as movimentações populacionais, sendo frequente que a extensão de terra que continha aquelas sepulturas passasse então para as mãos de outro segmento da sua linhagem, ou até mesmo para outro clã. Era evidente que a vontade de cuidar dos santuários dos antepassados não era o suficiente para garantir que uma determinada linhagem cultivasse sempre a terra que herdara dos mesmos. Worseley propôs por isso uma razão mais prática para o apego das pessoas à terra, tendo demonstrado que os Talensi se encontravam numa situação de escassez, tanto de alimentos, como de terra. Os montes Tong, no coração do seu território, apresentavam uma densidade populacional na ordem dos 101 habitantes por km2, a fome era comum e as crianças tinham muitas vezes de procurar cascas de cereais ou escavar a terra em busca de sementes para se poderem alimentar. Não era pois de surpreender que os direitos aos terrenos mais férteis fossem bem guardados e que os melhores campos fossem aqueles que se situavam em redor dos aglomerados populacionais desde há muito habitados, uma vez que a sua terra era a que tinha sido tratada e fertilizada desde há mais tempo. As

A ANTROPOLOGIA MARXISTA

novas quintas, criadas na zona até então florestada, tinham um solo que nunca fora tratado. Fortes admitira a existência de importantes elementos económicos na ligação de cada indivíduo à sua linhagem. "Tal como os próprios Talensis costumam dizer, é tudo uma questão de estrume, incluindo excrementos humanos. Uma quinta situada numa aldeia das mais antigas mantém um elevado índice de produtividade (...) e não é facilmente abandonada", escrevera. "Este facto (...) confere-lhe mais importância enquanto objecto de herança" (1949b: 263)*. Worseley concluiu então que os filhos regressavam a casa do pai quando este atingia uma idade avançada não tanto por uma questão de amor filial mas sim para tentarem assegurar o direito a alguma parcela das suas terras. Para adquirir tais direitos, deviam estar presentes no momento em que a terra da sua linhagem fosse redistribuída, mantendo-se depois junto dela para a cultivar. Se um determinado segmento de uma linhagem decrescesse em termos de pessoas ao longo de algumas gerações ao mesmo tempo que um outro segmento da mesma crescia, este último podia apropriar--se dos terrenos que o primeiro não cultivasse.

Worseley demonstrou como o axioma de Marx, que afirma que o controlo dos factores de produção confere poder, explicava a base económica da organização por linhagens nas sociedades de pequena dimensão. O seu estudo manteve-se um dos poucos a aplicarem a teoria marxista à antropologia social ao longo de uma década e meia. Seria só na década de 70 que o estudo do processo social viria a recuperar as perspectivas daquele filósofo alemão.

O contexto teórico e social do revivalismo marxista

A antropologia marxista surgiu como resposta à insatisfação relativamente a vários aspectos da teoria antropológica do seu tempo, questionando, naquele que constitui talvez o seu aspecto

---

* Fortes é contraditório neste ponto. Noutras ocasiões, em apoio do seu argumento de que o dever de protecção dos santuários dos antecessores fora o factor determinante para o regresso dos Talensi aos montes Tong, afirma que a sua vida era melhor nos territórios para onde os britânicos os tinham enviado: "Tratava-se de terra fértil, ganha à floresta não cultivada. Em termos de produção alimentar, viviam melhor ali do que nos montes" (Fortes 1949b: 185).

INTRODUÇÃO À TEORIA EM ANTROPOLOGIA

mais importante, a validade de se abordar isoladamente as sociedades de pequena dimensão, suspensas no tempo e no espaço, em lugar de estudá-las como elementos do mundo colonial e pós--colonial. Criticava, além disso, a tendência dos funcionalistas para atribuirem uma força idêntica a todos os elementos do sistema social, bem como as afirmações estruturalistas de que a vida social era orientada pelo estrutura do pensamento das pessoas e não pelo resultado prático das suas acções. Os marxistas estruturais procuraram uma solução de compromisso, defendendo que as condições materiais de existência não podiam ser as únicas a influenciar as ideias das pessoas. Segundo eles, no seio de um mesmo meio ambiente podiam surgir vários sistemas cognitivos, resultantes de reacções às diversas condições materiais. As linhagens, por exemplo, são constituídas através do parentesco, fomentando o trabalho cooperativo entre familiares e o direito conjunto dos mesmos à posse dos factores de produção. No entanto, o parentesco social é sempre, em parte, fictício, não coincidindo na totalidade com o biológico. O parentesco é assim simultaneamente parte da infra-estrutura das relações materiais e da sobrestrutura da ideologia (ver por exemplo Friedman 1975; Godelier 1977).

Já Marvin Harris, por seu turno, foi radical na rejeição da teoria de que as ideias das pessoas podem transformar as condições materiais da sua existência. Considerou os esforços de Sahlins, Godelier, Friedman e outros de encontrar um ponto de confluência entre o Estruturalismo e o Marxismo uma atitude desnecessária que apenas obscurecia o postulado marxista de que eram as condições materiais de existência que moldavam a consciência e não o contrário (Harris 1979: 219). Durante a década de 60, Harris desenvolveu a teoria do materialismo cultura, que tenta purificar o Marxismo da sua ambiguidade relativamente ao papel desempenhado pelas ideias no processo social, colocando um grande ênfase na função assumida pela tecnologia e pela demografia na determinação das condições da vida social, o que levou os marxistas estruturais a considerá-lo um "materialista vulgar" (Bloch 1983: 153). A ideia de Harris assentava na distinção entre a noção que as pessoas têm do significado da sua própria acção social (perspectiva *émica*) e a análise do observador

ANTROPOLOGIA MARXISTA

sociológico (perspectiva *ética*)*. "As operações éticas têm como característica principal a elevação dos observadores ao estatuto de juízes últimos das categorias e conceitos utilizados nas descrições e análises" (Harris 1979: 32). Seguia assim a máxima marxista de que as ideias (a "consciência") de cada pessoa são moldadas pela sua inclusão num determinado modo de produção, embora aderisse também ao princípio iluminista de que o observador imparcial é isento e pode identificar objectivamente as verdadeiras causas dos acontecimentos. Para Harris, as causas da acção social procedem sempre do plano material para o ideológico e nunca o contrário. As verdadeiras condições sob as quais as pessoas produzem aquilo que é necessário para a sua subsistência, e transmitem à geração seguinte, limitam as possíveis formas que as relações sociais podem assumir. Por seu lado, as condições materiais da vida social, criadas pelas acções levadas a cabo pelas pessoas, limitam por sua vez as possíveis formas que os valores e ideias possam assumir. Harris rejeita pois a perspectiva oposta, que as ideias possam ter um efeito determinativo das condições materiais ou sociais de cada um (Harris 1979: 55 e segs).

Marx prestara relativamente pouca atenção aos modos de produção não capitalista (ver capítulo 1). No decurso do processo de desenvolvimento e aperfeiçoamento da sua teoria, foram analisados novos modos de produção, ao mesmo tempo que se reavaliava os antigos. Os modelos estáticos do Funcionalismo, em que cada costume desempenhava um papel indispensável na manutenção do equilíbrio pouco estável das relações sociais, foram substituídos por modelos processuais que interpretavam as desigualdades de poder como consequência de um acesso desigual ao trabalho e aos factores de produção. Surgiram novas perspectivas sobre a forma como os sistemas sociais podiam sofrer uma transformação de um modo de produção para o outro. Reconheceu-

---

* Os termos *emic* e *etic* foram originalmente criados pelo linguista Kenneth Pike, a partir dos sufixos dos termos *phonetic* e *phonemic*. Ético refere-se a uma característica linguística ou comportamental analisada sem se atender ao seu significado estrutural. Émico é relativo a uma análise dos fenómenos linguísticos ou comportamentais de acordo com os elementos estruturais ou funcionais de um sistema, salientando o seu valor funcional e distintivo — por oposição ao meramente descritivo (N.R.)

INTRODUÇÃO À TEORIA EM ANTROPOLOGIA

-se mesmo que, durante um tal período de transformação, era possível que esses dois modos de produção coexistissem na mesma sociedade ou "formação social" (Bloch 1983: 155).

As críticas de Asad ao funcionalismo britânico (1973, citadas na conclusão do capítulo 2) tiveram o seu paralelo nos EUA, onde também se referiu que a antropologia se desenvolvera com o colonialismo e que os antropólogos tinham tendência para menosprezar os estudos sobre o impacto das potências coloniais nas populações nativas, considerando que esses estudos não constituíam "verdadeira antropologia" (Hymes 1974: 31, 50). E, tal como os antropólogos britânicos foram acusados de conluio com as autoridades coloniais de África, também os americanos foram acusados de participar em campanhas anti-subversivas organizadas pela CIA durante a guerra do Vietname (Berreman 1968; 1973). Na opinião de Berreman, a neutralidade na ciência é algo inalcançável: não se estar comprometido significa estar-se comprometido com o *status quo*, pelo que a investigação se deve tornar socialmente responsável e ser confrontada com as realidades do domínio pós-colonial do Ocidente sobre as outras sociedades. Em França, a revolta estudantil de 1968 contra as instituições académicas suscitou também um desejo de adaptação das ciências sociais às questões políticas contemporâneas. Tudo isto levou a que, em qualquer destes três países, a análise marxista da interligação entre o poder e o controlo dos recursos, bem como da tendência predatória do capitalismo relativamente aos outros modos de produção, ganhasse um novo ímpeto durante a década de 70.

O comunalismo primitivo reavaliado

Até à década de 60, a generalidade dos antropólogos considerava que os caçadores-recolectores levavam uma vida precária, mal escapando à fome nas suas longas buscas de recursos, que eram escassos. A ausência de hierarquia política característica dos caçadores-recolectores mais recentes era vista assim como uma consequência natural da sua falta de riqueza material e da necessidade de estarem em permanente migração. No entanto, na década de 60, surgiram novos e surpreendentes dados que alteraram esta perspectiva por completo, levando à conclusão de que (apesar

ANTROPOLOGIA MARXISTA

da sua aparência rousseauniana de naturalidade) o igualitarismo entre os caçadores-recolectores tinha uma origem política. Com efeito, a observação do comportamento dos habitantes de dois acampamentos aborígenes australianos na procura de alimentos revelou que o tempo médio gasto diariamente por cada habitante na sua obtenção e preparação era de quatro a cinco horas. Os aborígenes paravam após obter o necessário. Tratava-se daquilo a que Sahlins chamou uma economia de objectivos limitados (Sahlins 1974: 17, citando McCarthy e McArthur 1960. Ver Altman 1987: 94-5 para uma reapreciação dos dados fornecidos por estes dois autores). Woodburn (1968) referiu que os caçadores--recolectores hadza, da Tanzânia, passavam normalmente, em média, menos de duas horas por dia a obter alimentos (Woodburn 1968: 27). Richard Lee fizera já, em 1964, observações semelhantes num período de quatro semanas durante um extenso trabalho de campo levado a cabo entre os Ju/'hoansi, ou !Kung do Dobe, que lhe permitira concluir que cada adulto activo procurava alimentos durante cerca de duas horas e nove minutos por dia, número que não leva em conta o tempo gasto na sua preparação. Sahlins conclui que o trabalho de uma hora na caça e recolha de alimentos pode sustentar entre quatro e cinco pessoas. Aparentemente, a actividade da caça e recolha dos San parece ser pelo menos tão eficiente no sustento de um dado número de pessoas quanto a agricultura francesa anterior à Segunda Guerra Mundial (Sahlins 1974: 21).

Sahlins concluiu então que não eram só os caçadores-recolectores mas também muitos agricultores de subsistência africanos e de outros continentes que não se apercebiam por completo da sua capacidade para produzir alimentos: "A mão-de-obra não é utilizada ao máximo das suas capacidades, os meios tecnológicos não são empregues de forma a deles se retirar o melhor rendimento e os recursos naturais não são explorados" (Sahlins 1974: 41). Para Sahlins, isto devia-se ao controlo das trocas: embora todos os agregados familiares necessitassem de recorrer a esta prática, muitas vezes faziam-no apenas para garantir a sua subsistência, naquilo que Marx classificava como transacções não mercantis. Mas não era isso que se passava com os sistemas políticos, pois estes ofereciam incentivos à produção acima das necessidades de cada um. Por exemplo, os Kapauku (da Papuásia

INTRODUÇÃO À TEORIA EM ANTROPOLOGIA

Nova Guiné), estudados por Pospisil (Pospisil 1963), são horticulturalistas que intensificam a sua produção para competir por um estatuto mais elevado através dos banquetes cerimoniais (Sahlins 1974: 115). A detalhada obra etnográfica escrita por Pospisil sobre este povo demonstra, tal como salienta Sahlins, que os membros de agregados familiares que desejam ascender ao estatuto de "Homem Grande" trabalham muito mais do que os outros, pois procuram obter poder político através da construção de alianças, que têm por base a troca.

Sahlins cunhou o conceito de *modo de produção doméstico* para definir uma economia em que a produção era totalmente dirigida para as necessidades internas de cada agregado familiar, característica que Marx atribuíra ao comunalismo primitivo. Embora a colaboração com outros agregados possa ocorrer regularmente, tal cooperação "não compromete a autonomia do agregado, ou a sua finalidade económica, [ou] a gestão doméstica da força de trabalho" (Sahlins 1974: 78).

Uma caracterização alternativa da forma mais simples de organização social é aquela que nos surge na teoria de Woodburn do retorno imediato e posterior, também ela influenciada pela teoria marxista (Woodburn 1982). Mas, enquanto Sahlins considerava a autonomia dos agregados familiares uma característica crucial do modo de produção doméstico, Woodburn defendia que os sistemas políticos igualitários dos caçadores-recolectores eram deliberadamente conservados através de transacções niveladoras realizadas entre as várias unidades domésticas de modo a evitar que determinados agregados acumulassem excedentes. Woodburn defende que existem dois tipos de sistema político nas sociedades caçadoras-recolectoras, tendo um como base o *retorno imediato* e o outro o *retorno posterior*.

Num sistema de retorno imediato, as pessoas procuram os alimentos diariamente, sem os guardar para o futuro. A tecnologia é simples e todos podem fabricar rapidamente aquilo de que necessitam. Todos são livres de caçar e recolher alimentos onde entenderem. A terra, os animais e plantas que nela vivem não têm dono. Em consequência, os agrupamentos sociais são flexíveis e duram pouco, além do que, ao mesmo tempo que se dá grande importância à partilha, ninguém depende de outrem para obter

ANTROPOLOGIA MARXISTA

alimentos ou quaisquer outros recursos essenciais. Isto tem como consequência subverter a autoridade e impedir a emergência de qualquer coerção ou diferenciação social com base na riqueza. Os Hadza, com os quais Woodburn trabalhou detalhadamente, não praticam qualquer tipo de territorialidade. Segundo ele, nessa sociedade, as crianças e os jovens adultos solteiros não dependem de forma alguma dos mais velhos para obter os recursos de que necessitam para sobreviver. Nos sistemas de retorno posterior, o trabalho é investido em recursos que se tornam bens sobre os quais todos têm direitos. Entre estes contam-se o equipamento complexo (barcos grandes e armadilhas para o peixe feitas em pedra) dos Inuítes, bem como os alimentos armazenados e os objectos de arte trocados pelos índios da costa noroeste dos EUA no *potlatch*. Em tais circunstâncias, podem surgir diferenças de poder: entre os proprietários do equipamento e os outros, entre linhagens ricas e pobres ou entre homens e mulheres. A transição do retorno imediato para o retorno posterior assemelha-se, nesta teoria, ao conceito de Marx do movimento que se afasta do comunalismo primitivo.

Woodburn defende que os agricultores e pastores não podem evitar viver em sistemas de retorno posterior porque investem trabalho na plantação e manutenção das suas culturas ou na criação dos seus rebanhos, contrariamente aos caçadores-recolectores, que não necessitam de tal sistema. Não considera que os sistemas políticos destes últimos sejam condicionados pelo meio ambiente natural, ou sequer que o interesse próprio de cada indivíduo seja suficiente para explicar o igualitarismo. O caçador bem sucedido é obrigado pela sua comunidade a distribuir o produto da sua caçada, pelo que os melhores caçadores dão sempre mais do que aquilo que recebem. Qualquer pessoa que seja arrogante é ostracizada. Os Ju/'hoansi, ou !Kung San, possuem um esquema de partilha bastante elaborado, chamado *Hxaro*, através do qual são trocados objectos pessoais: colares de contas, pontas de flecha, etc. são dados como ofertas. Se um animal for caçado, pertencerá ao dono da ponta de flecha que o matou e não ao caçador. As pessoas cultivam estas parcerias com elementos dos outros grupos, oferecendo os seus objectos pessoais aos outros como prova de amizade, embora subjacente a essa oferta esteja sempre uma

INTRODUÇÃO À TEORIA EM ANTROPOLOGIA

obrigação de posterior devolução. Os Hadza, por seu turno, jogam com discos de casca de árvore para redistribuir aleatoriamente os objectos pessoais, atingindo assim um nivelamento no acesso aos mesmos sem dar origem a relações sociais de longo prazo.

O "modo de produção sem linhagens organizado segundo o parentesco" de que nos fala Wolf (embora com base nas mesmas etnografias), dá-nos outra perspectiva ainda. Este autor considera crucial para o igualitarismo a ausência de reclamação de direitos de posse sobre a terra (Wolf 1982: 91). No entanto, embora tal como Woodburn considere que as unidades domésticas não são socialmente independentes, encara o parentesco, mais do que o jogo ou a partilha da carne, como uma forma de se estabelecer direitos sobre o trabalho de cada um.

O modo de produção de linhagem

O conceito de "modo de produção de linhagem" foi apresentado por Meillassoux na sua análise dos Gouros, da Costa do Marfim (Meillassoux 1964) e aperfeiçoado tanto pelos antropólogos marxistas franceses da década de 70 (ver Godelier 1975; Lefébure 1979; e Terray 1972) como, posteriormente, por Eric Wolf (1982). As sociedades que apresentam este modo de produção caracterizam-se por coligações feitas entre um conjunto de agregados familiares, ou unidades domésticas, que se mantêm unidas pelos direitos de propriedade, que herdaram e gerem em conjunto. Com o tempo, estas unidades transformam-se nas linhagens corporativas identificadas pelos funcionalistas estruturais. O parentesco fornece quer a ideologia que justifica a pertença ao grupo, como os meios através dos quais o trabalho é coordenado. O facto de os elementos destes povos estarem vinculados por tais actividades e direitos mútuos tem três consequências políticas. Os membros da geração mais nova encontram-se submetidos à autoridade política dos anciãos, de quem (tal como nos demonstra o exemplo dos Talensi) herdarão direitos sobre os recursos de subsistência essenciais, que pertencem ao grupo. A autoridade é, desta forma, investida nos anciãos. As mulheres são muitas vezes utilizadas pelos homens mais velhos para criar casamentos estratégicos, os quais conservam as relações entre as linhagens na ausência de um governo supremo e

ANTROPOLOGIA MARXISTA

centralizado. Tal como no modo de produção doméstico, o modo de produção de linhagem é uma ferramenta analítica bastante cómoda, que centra a sua atenção na forma como as relações políticas são sustentadas pelos direitos de propriedade e pela troca de produtos. Fornece-nos além disso um meio muito útil de analisar a sociedade de muitos povos de pastores nómadas e agricultores de subsistência, que se revela mais profundo que os modelos culturais estáticos do funcionalismo de Radcliffe-Brown.

Os pastores nómadas

As sociedades pastoris partilham com a maioria dos caçadores-recolectores a característica da mobilidade, mas divergem destes porque possuem uma reduzida base de recursos. Em lugar de explorarem um vasto leque de recursos alimentares selvagens, os seus elementos investem esforços na criação intensiva de animais, por vezes de uma só espécie (vacas, camelos, etc.) ou duas espécies aparentadas (como as ovelhas e as cabras). O nomadismo é frequentemente associado à falta de hierarquia política. Burnham, à semelhança de Wood, defende que este processo envolve algo mais do que o simples determinismo ecológico (Burnham 1979). Não é apenas a necessidade de migração constante que impede o aparecimento de uma chefia instituída entre os nómadas, mas sim a exploração deliberada da sua capacidade de deslocação, que lhes permite escapar à coacção dos potenciais déspotas. Quando as disputas são passíveis de se resolver com o abandono do acampamento por parte de um dos grupos, não há necessidade de se contar com mecanismos deliberados de intervenção para evitar o colapso das relações sociais no seio da comunidade. Tal como Sahlins defendeu relativamente ao modo de produção doméstico, Burnham conclui que os agregados familiares não necessitam assim de abdicar da sua autonomia política. Burnham defende que os nómadas puros são intrinsecamente igualitários e que a centralização política apenas ocorre quando existe alguma forma de interacção entre eles e os agricultores, tal como acontecia na Ásia Central por volta do ano 1000 d.C.

Goldschmidt defende que a dependência do gado para se sobreviver é, só por si, um obstáculo ao aparecimento de desigualdades políticas (Goldschmidt 1979). Embora em condições

INTRODUÇÃO À TEORIA EM ANTROPOLOGIA

favoráveis um rebanho possa aumentar rapidamente, revela-se extremamente vulnerável numa situação de seca ou epidemia. A mobilidade do gado torna-o ainda susceptível de ser roubado por grupos de ladrões, existindo um limite prático do número de animais que podem ser agrupados numa só unidade, pelo que os rebanhos maiores devem ser dispersos. Tal como acontece com os caçadores-recolectores, a ausência de uma força que exerça um domínio político não faz do agregado familiar um núcleo socialmente isolado, uma vez que este último pode reduzir os riscos de furto espalhando o seu gado o mais possível, quer através de empréstimos, quer de pagamentos do preço da noiva. Os empréstimos consolidam as relações baseadas na dependência recíproca no interior da linhagem, enquanto o preço da noiva cimenta as alianças entre os diversos grupos. Esta análise ajuda-nos a explicar a organização social igualitária e não centralizada dos Samburu (capítulo 2) e dos Nuer (capítulo 4).

Os agricultores

O investimento de trabalho no cultivo da terra estimula o modo de vida sedentário. A terra cultivada é um recurso bastante valioso, que pode ser defendido se o grupo que a possui se encontrar politicamente bem organizado (ver o exemplo dos Ianomami no capítulo 3). A agricultura caracteriza-se pela exigência de uma força de trabalho irregular, mais utilizada nas épocas da preparação dos terrenos e das colheitas que, segundo vários antropólogos marxistas como Terray, é garantida pelas relações sociais de longo prazo que se verificam entre os elementos de uma mesma linhagem. Os chefes de cada uma destas unidades têm a seu cargo a coordenação dos trabalhos conjuntos. Terray defende que as linhagens da África Ocidental se mantêm unidas acima de tudo pela sua necessidade de cooperação no trabalho agrícola e baseia-se no trabalho de Meillassoux sobre os Gouros (Meillassoux 1964) e no seu sobre os Didas para exemplificar a sua teoria. Classificou as exigências laborais da agricultura em dois tipos: a preparação dos solos e as colheitas sazonais necessitam de uma *cooperação extensiva*, enquanto as actividades de semear, plantar e de manutenção diária apenas exigem uma *cooperação restrita* (Terray 1972: 117). Em situações de caça à rede ou, antigamente, de guerra,

ANTROPOLOGIA MARXISTA

toda a aldeia se unia. Para ser eficaz, a caça à rede exige a colaboração de uma grande grupo de pessoas, "ajudando a criar coesão entre linhagens com origens muitas vezes distantes" (Meillassoux 1964: 89, citado por Terray 1972: 118). O desaparecimento desta prática desestabilizou as aldeias dos Gouro, levando à sua divisão segundo as suas linhagens constituintes. Nas aldeias em que as linhagens são fortes, a cooperação extensiva na agricultura é levada a cabo por todos os seus elementos, enquanto que a cooperação restrita é feita apenas entre membros de um mesmo segmento. Se, durante uma caçada com arcos ou armas de fogo, os homens descobrissem uma terra boa para o cultivo, marcavam às árvores e informavam o "ancião da sua comunidade", que organizava então o seu desbaste, a efectuar por elementos da linhagem (Terray 1972: 126). A colheita, fruto da cooperação entre os elementos da linhagem, era armazenada em silos, pelos quais o referido ancião também é o responsável. A maior parte dos produtos é distribuída pelos elementos da linhagem que os cultivaram, ficando uma parte para oferecer aos convidados ou parentes das aldeias mais próximas. Embora estas práticas possam permitir que o ancião adquira um séquito de pessoas que dele dependam, Meillassoux considera que o seu poder é restringido pela sua dependência em termos físicos relativamente aos elementos mais novos da sua linhagem (que são quem tem força para trabalhar), bem como pelo facto de a terra ser abundante nesta região africana. O poder do ancião é "funcional" no sentido em que os mais jovens necessitam dos seus conhecimentos, mas, numa situação de disputa, estes últimos poderão recusar-se a trabalhar na tarefa proposta e obrigá-lo a ceder.

Os Wahgis, das montanhas da Nova Guiné, são um bom exemplo de um sistema económico semelhante (O'Hanlon 1989). A defesa do território é crucial para a política deste povo. Uma perspectiva marxista centra-se na necessidade de manutenção do controlo sobre as terras que pertencem a cada linhagem. Os derrotados de uma guerra são expulsos do seu território, sendo por isso obrigados a procurar outros locais para semear as suas culturas. Embora os Wahgis tivessem vivido em paz desde a década de 1930, a situação era de guerra quando O'Hanlon iniciou o seu trabalho de campo junto deles, tendo eclodido mais um conflito

INTRODUÇÃO À TEORIA EM ANTROPOLOGIA

local (O'Hanlon 1995). De forma a protegerem o seu território dos ataques inimigos, os homens de um clã waghi devem mostrar a sua unidade e auto-suficiência aos de fora, intimidando assim os potenciais inimigos. Isto é feito nas exibições de danças cerimoniais. Tanto os clãs como as unidades mais pequenas que os compõem necessitam de chefes para conseguir defender os seus interesses. As disputas internas têm ser resolvidas e as relações externas geridas. Aqui, a chefia não é tão formalizada como na sociedade talensi, mas existe em cada subclã um homem ou dois homens reconhecidos como sendo mais eminentes do que os outros. Tal como Sahlins salientou, a falta de controlo do "Homem Grande" relativamente às terras da linhagem limita em muito o seu poder de coacção para com os outros (Sahlins 1963). O seu controlo limita-se à possibilidade de persuasão dos outros agregados familiares no sentido de produzirem mais do que aquilo que necessitam para garantir a sua própria subsistência, de forma a conseguirem a quantidade de alimentos necessária para os banquetes que acompanham as exibições de dança (Sahlins 1974: 115 e segs.).

Eric Wolf e o impacto do colonialismo

Durante a década de 1970, foram vários os modos de produção propostos, fruto da tentativa dos antropólogos de preencher as lacunas da análise de Marx relativamente às sociedades não ocidentais. Tal como vimos na subcapítulo anterior, estas designações por vezes sobrepõem-se. Wolf identifica três modos de produção — capitalista, tributário e "organizado segundo o parentesco" — que, embora não sejam exaustivos em termos da variabilidade social, proporcionam uma forma parcimoniosa de classificar as sociedades humanas com a finalidade de analisar o impacto da Europa no resto do mundo desde o ano de 1400 d.C. (Wolf 1982). O subcapítulo que se segue constitui um resumo da análise de Wolf, utilizando exemplos para demonstrar o impacto do colonialismo nas sociedades não ocidentais durante e após o período colonial europeu.

O modo de produção organizado segundo o parentesco

Neste modo de produção, o parentesco social (isto é, a

ANTROPOLOGIA MARXISTA

interpretação cultural do parentesco biológico) coloca as pessoas logo à nascença num tecido de relações sociais que lhes permitem contar com o trabalho uns dos outros para as suas actividades de subsistência. Wolf identifica duas variantes deste modo de produção: uma em que nenhum grupo de parentes de uma dada comunidade reclama direitos exclusivos sobre os factores de produção (a economia de retorno imediato, de Woodburn, e o modo de produção doméstico, de Sahlins) e outra em que o acesso a estes factores numa determinada região é restrito àqueles "autorizados pelo parentesco" a reclamar a sua pertença ao grupo detentor dos factores de produção (modo de produção de linhagem de Meillassoux).

Wolf compara a primeira variante com os grupos de caçadores--recolectores, que não investem o seu trabalho na alteração do meio ambiente que os cerca. Do meu ponto de vista, esta comparação, apesar de se basear num mito há muito estabelecido na antropologia, é falaciosa: a questão dos direitos sobre a terra nas sociedades de caçadores-recolectores será novamente analisada no capítulo 6. Quanto à segunda variante, este antropólogo associa--a à transformação da terra através do trabalho colectivo na agricultura. Aqueles que trabalham a terra em conjunto transmitem os direitos sobre a mesma aos seus filhos, dando origem a linhagens como aquelas que podemos encontrar entre os Talensi e os Wahgi.

O ponto fraco dos sistemas sociais assentes no modo de produção organizado segundo o parentesco reside, segundo Wolf, na sua tendência para gerar uma segmentação da sociedade em grupos opostos: as mulheres perdem estatuto desde o momento em que são utilizadas como objectos nas trocas de casamento entre linhagens; o poder dos chefes resulta dos seus direitos a gerir a terra e o trabalho da sua linhagem. Nenhum chefe consegue estabelecer a sua autoridade sobre uma comunidade mais vasta se não conseguir assumir o controlo sobre uma fonte de poder independente.

O modo de produção tributário

Uma característica essencial de muitas economias agrícolas camponesas é o facto de os produtores poderem cultivar um excedente em relação àquilo que o seu agregado familiar necessita

INTRODUÇÃO À TEORIA EM ANTROPOLOGIA

para sobreviver. Qualquer indivíduo que tenha poder para obrigar outro a trabalhar durante mais tempo, de forma a produzir esse excedente, poderá extraí-lo como tributo. Esta situação é considerada por Sahlins como o meio através do qual o modo de produção doméstico é subvertido pelos Homens Grandes da Nova Guiné, que conseguem persuadir os outros das suas capacidades para negociar alianças. No entanto, aqueles que gozam deste estatuto não têm os poderes de coacção normalmente associados aos sistemas tributários. Sahlins distingue assim a dependência voluntária solicitada pelos Homens Grandes dos sistemas tributários da Polinésia (Sahlins 1963).

Wolf encara os modos de produção asiático e feudal de que falava Marx como dois extremos de um contínuo, que caracteriza como modo de produção tributário (cf. Godelier 1974). Este, encontra-se nos Estados centralizados em que os dirigentes militares ou sociais extraem os excedentes aos produtores primários. Embora os produtores, quer se trate de criadores de gado ou agricultores, tenham direitos de utilização sobre a terra que exploram, os seus governantes reclamam o direito a exercer sobre eles um poder superior, através do qual justificam a sua autoridade para reclamar os tributos. O poder destes governantes será maior nos casos em que controlam algum factor de produção de importância estratégica (o abastecimento de água para a irrigação dos campos ou o comércio a longa distância) e consigam sustentar um exército permanente como meio de coacção. O poder relativo dos suseranos locais e dos governantes centrais variará de acordo com o grau de controlo que cada um exerça sobre esses factores de produção.

Os incipientes Estados tributários dos Camarões no século XIX

Rowlands (1979) defende que os pequenos Estados que existiram na região das savanas dos Camarões (África Ocidental), durante o século XIX revelam-nos vários estádios do processo de transição de um modo de produção de linhagens para um modo de produção tributário. A reconstituição histórica a que este autor procede abrange a fase em que as sociedades assentes sobre um sistema de linhagens do mesmo tipo, como os Tiv e os Talensi, se transformaram em Estados semelhantes, embora a uma escala mais

ANTROPOLOGIA MARXISTA

reduzida, ao dos Asante. No comércio local obtinha-se produtos para a subsistência, sendo as transacções conduzidas pelos chefes de cada agregado familiar, enquanto que no de longa distância se transaccionava bens de prestígio tais como escravos, ouro, marfim, nozes de cola e armas de fogo. Este tipo de comércio aumentava o estatuto das elites, que o controlavam. A entrada para as rotas do comércio de longa distância entre o Sara e os entrepostos comerciais europeus situados na costa foi fulcral para a transformação dos modos de produção que viria a ocorrer nesta região de África. Rowlands coloca a questão de como foi possível que certos agregados familiares tenham conseguido fazer a transição de forma a começar a comerciar bens de prestígio. Ora, a ecologia dos Camarões favoreceu uma maior especialização dos agricultores das savanas na produção de cereais e de alimentos ricos em amido (inhames, milho), bem como na criação de animais (cabras, porcos, galinhas, etc.) e em actividades como a escultura em madeira e a fundição do ferro. A zona de floresta, mais a sul, era altamente propícia à produção de óleo de palma, cânfora e sal. Os habitantes de cada uma destas regiões procuravam os produtos da outra, que obtinham através de trocas pelos seus próprios produtos. Verificou-se também alguma especialização económica na zona das savanas. Os reinos centrais, com um acesso mais próximo às regiões produtoras de óleo de palma, verificaram ser compensador transaccionar alimentos de maiores dimensões, enquanto que os da vertente leste preferiram especializar-se nas pequenas ferramentas de ferro, mas de grande valor.

A unidade de produção era o povoado, constituído por uma família extensa (isto é, um segmento de linhagem mínima). Os homens criavam animais e produziam objectos artesanais para troca, ao passo que as mulheres tinham a seu cargo o trabalho agrícola e doméstico que garantia a subsistência. Quanto ao chefe do povoado, era responsável pelo armazenamento e distribuição de alimentos produzidos pelas mulheres do seu povoado. Podia encaminhar os excedentes directamente para os mercados, ou guardá-los para abastecer os homens do seu clã nas suas expedições mercantis. Os chefes dos agregados familiares dos reinos centrais encontravam-se assim numa posição privilegiada para explorar a capacidade dos seus dependentes de se dedicarem ao trabalho com

INTRODUÇÃO À TEORIA EM ANTROPOLOGIA

vista à obtenção de excedentes, com os quais ficavam para aumentar a sua riqueza própria. Nos povoados da parte esquerda do planalto das savanas, os homens dedicavam-se ao entalhe da madeira e à fundição do ferro, o que lhes deixava pouco tempo para se dedicarem a práticas mercantis, pelo que recorriam a intermediários, pagos pelos seus congéneres da zona central, para comercializar os seus produtos.

De que forma investiam os chefes de povoado bem sucedidos os lucros obtidos no comércio? Em primeiro lugar entrando para as "sociedades de comparticipações", que eram associações de parentes por via patrilinear, pessoas da mesma faixa etária ou amigos. Para ser aceite, um homem devia ter riqueza, representada sob a forma de varetas de latão (comparar o exemplo de associações semelhantes entre os Tiv, descritas no capítulo 4). Regularmente, todos os elementos destas sociedades contribuíam com um determinado número de varetas, após o que cada membro — à vez — ficava com a totalidade do "pecúlio" para utilizar em empreendimentos aprovados pelos outros elementos. Entre estes empreendimentos contavam-se a angariação de preços de noiva para o matrimónio de um filho ou o financiamento de uma expedição de carácter mercantil. O "pecúlio" também podia ser utilizado pelos chefes de linhagem ou de segmento para obter um título ou um estatuto privilegiado numa associação de carácter ritual, o que aumentaria também o estatuto de toda a sua linhagem ou segmento (comparar com a associação *Bwami*, dos Lega, a que fizemos uma breve alusão no capítulo 3 e que foi descrita por Biebuyck (1973).

Bafut era o reino que explorara com maior proveito o comércio de bens de subsistência. Aqui, o rei instituíra associações palacianas e obrigara todas as linhagens a enviar um representante para fazer parte de uma delas, ficando assim com os seus interesses representados na corte. As linhagens procuravam aumentar o seu estatuto dentro do reino, apoiando para isso a promoção do seu representante, o que era conseguido através de pagamentos em cabeças de gado, vinho, varetas de latão ou alimentos oferecidos aos outros membros da sua associação e ao próprio rei. Foram vários os pequenos reinos do planalto das savanas que, no século XIX, entraram em guerra para proteger a sua terra contra tentativas

ANTROPOLOGIA MARXISTA

de anexação e para evitar que os seus parceiros comerciais no negócio do óleo de palma fossem dominados por Bafut. Este reino, no entanto, expandia-se rapidamente, fazendo várias incursões noutros reinos mais pequenos para obter escravos, conseguindo dominar muitas aldeias de produtores de óleo de palma, produto que depois lhes cobrava como tributo, em vez de ter de o negociar com elas. Rowlands deduz que a elite palaciana, cujos elementos eram os grandes beneficiários do comércio de escravos, se viu a dada altura em pleno processo de libertação face às linhagens que representava, transformando-se numa classe à parte de detentores de títulos, com controlo exclusivo do comércio de longa distância. Só eles tinham meios para adquirir as armas, a pólvora e os tecidos de algodão que se podia obter nos entrepostos comerciais europeus nas zonas costeiras.

Em Bafut teria certamente acabado por surgir uma estrutura centralizada, semelhante à dos Asante, não fora a intervenção dos colonos alemães. Até ao século XIX, a presença dos mercadores europeus na África Ocidental estivera confinada ao litoral. No entanto, com o passar do tempo começou a dar-se a expansão para o interior, com a consequente conquista dos reinos com quem anteriormente mantinham relações comerciais. Os Alemães criaram plantações junto à costa para aumentar a produção de óleo de palma, que também obtinham através do comércio com as zonas de floresta. Quanto aos reinos das savanas, viram-se reduzidos à condição de Estados tributários, fornecendo escravos para trabalhar nas plantações das zonas de floresta, mais a sul. Neste processo, os reinos menores e as aldeias das florestas do norte viram-se privados de uma grande parte da sua população, apanhada nas incursões feitas pelos Estados do centro em busca de escravos, até que a conquista desses reinos por parte dos Alemães colocou fim à situação.

A escravatura em África

Durante o século XVII, 1 341 000 africanos foram escravizados e enviados para as plantações da região das Caraíbas (Wolf 1982: 195), passando para os seis milhões no século seguinte, quatro milhões dos quais foram enviados para as plantações de açúcar. Após 1850, o tráfico de escravos diminuiu graças ao crescimento

INTRODUÇÃO À TEORIA EM ANTROPOLOGIA

da produção mecanizada, embora ao longo de dois séculos tivesse feito parte de um importante sistema de transacções mercantis controlado a partir da Europa. Os britânicos trocavam produtos fabricados no seu país por escravos africanos (só entre 1730 e 1750 o comércio da Grã-Bretanha com África apresentou um crescimento na ordem dos 400%), sendo a produção das plantações das Caraíbas (café, açúcar e algodão), obtida com trabalho escravo, enviada, por sua vez, para Inglaterra.

Esta relação predatória e sem precedentes provocou transformações na organização política da África Ocidental: a ascenção da confederação asante coincide com o período em que a Costa do Ouro (actual Gana) era o centro do comércio de escravos. Os Asante beneficiaram com as culturas trazidas do Novo Mundo, que aumentavam a produtividade agrícola e permitiam que os artesãos especializados e exploradores de ouro das aldeias fossem sustentados pelos respectivos chefes. O estudo das savanas camaronesas, efectuado por Rowlands, demonstra que, a uma escala mais reduzida, o modo de produção de linhagens se podia transformar num sistema político centralizado assente no comércio de escravos. As sociedades como as dos Tiv e dos Talensi eram vulneráveis às incursões para captura de escravos, feitas pelos reinos mais a sul. Os chefes de linhagem talensi, chamados *na'mas,* eram antigamente angariadores de escravos que abasteciam os Asante (Wolf 1982: 230). Embora eleitos, eram os donos de toda a produção de alfarrobeiras situadas no território do seu clã, assistindo-lhes igualmente o direito de decidir em que altura certas partes do rio e da floresta se encontravam disponíveis para a caça. Até à intervenção britânica para suprimir a escravatura, quaisquer seres humanos encontrados a vaguear nas terras dos chefes de clã eram-lhes entregues para ser vendidos. Durante o período colonial, este costume de entregar tudo o que fosse achado ao respectivo chefe de clã sobreviveu, já não com os seres humanos, mas sim com os cães, gado e pedaços de latão ou cobre (Fortes 1940: 258-9).

A guerra não era o único meio através do qual se obtinha escravos para negociar com os europeus na costa: no modo de produção de linhagens, o trabalho de um indivíduo encontra-se "fechado" num grupo de parentesco, a quem esse indivíduo deve

ANTROPOLOGIA MARXISTA

o seu trabalho (Wolf 1982: 205). Na África Ocidental existiam no entanto mecanismos tradicionais para afastar as pessoas das suas linhagens: uma pessoa podia ser colocada, ou colocar-se voluntariamente sob tutela de uma outra para lhe pagar uma dívida ou obter alimentos em épocas de fome. Quando isto acontecia, passava os direitos do seu trabalho e da sua capacidade reprodutiva para as mãos da outra pessoa. Um homem que infringisse o código de conduta da sua linhagem podia ser expulso do seu grupo, tornando-se um fora-da-lei e ficando vulnerável a líderes como, por exemplo, os *na'ams* dos Talensi. A guerra também permitia capturar prisioneiros e, mal começaram a comprar armas aos europeus, os chefes dos Asante e dos outros povos da floresta empenharam-se em guerras de conquista. Tanto os chefes de povoado comuns como os reis podiam aumentar a sua oferta de mão-de-obra adquirindo direitos sobre um povo. Os reis punham os endividados, criminosos e cativos a trabalhar, não só na agricultura mas também na extracção do ouro e no comércio de longa distância (como carregadores) (Wolf 1982: 208).

Um Estado tributário bem desenvolvido

No norte da Índia, anteriormente à conquista britânica, existia um modo tributário semelhante ao feudal. Esta região era dominada, desde 1527, por Turcos oriundos do Turquestão, que criaram uma elite governante composta não só por Turcos, Persas, Usbeques e outros imigrantes, mas também por Rajputes nativos (Wolf 1982: 241). Em Kangra (região do actual Punjabe), a norte de Deli, o rajá local reclamava como tributo metade da produção bruta dos melhores terrenos, e entre um terço e um quarto nos casos das piores terras. "Os rajás mais avarentos, ou simplesmente mais poderosos, acrescentavam a estas taxas de base uma enorme quantidade de contribuições adicionais: para o exército e para a guerra, por exemplo, para os honorários do pesador e do homem que verificava a validade do dinheiro, para cobrir os custos do transporte dos produtos para os celeiros reais e — o que deve ter sido mais revoltante — para pagar as despesas da emissão de recibos" (Parry 1979: 22). O modelo funcionalista do equilíbrio de poder entre governante e governado não consegue de forma alguma explicar um regime tão opressivo.

INTRODUÇÃO À TEORIA EM ANTROPOLOGIA

Uma característica comum aos Estados tributários africanos e indianos é a de, como o caso dos Asante nos demonstra, as linhagens desempenharem um papel importante na estrutura política. A diferença entre o modo de produção de linhagem e o modo de produção tributário não está na ausência de linhagens neste último, mas sim no facto de não serem politicamente autónomos, sendo os seus chefes obrigados a actuar como agentes da autoridade central. Fox reconstruiu a posição dos clãs rajputes no estado de Utar Pradexe, tanto sob o domínio mongol como britânico. Os Rajputes eram um povo de proprietários de terra e de agricultores. Cada linhagem era chefiada por um rajá, que recebia tributo dos seus outros elementos, e que nela recrutava soldados para defender as suas terras e conquistar novos territórios. O rajá era responsável por entregar parte dos tributos por si recolhidos ao Imperador. Cada segmento de linhagem ocupava uma aldeia própria e nomeava os seus agricultores, que mantinham relações clientelares com os artesãos, camponeses e outros grupos de trabalhadores residentes. Segundo Fox, todos os estratos que detinham poder na máquina do Estado ficavam com uma parte da produção cerealífera dos agricultores, e o equilíbrio de poder entre o centro e as aldeias "reflectia-se na distribuição da produtividade dos camponeses" (Fox 1971: 54). O Império Mongol tinha suficiente poder militar para extorquir uma maior ou menor quantidade de tributo aos rajás, estando no entanto dependente dos mesmos para assegurar a existência de um governo local.

As linhagens são destruídas pela transformação da terra num bem que se torna propriedade privada de um determinado indivíduo, ou seja, pelo sistema de capitalismo (Fox 1971: 15). Em 1690, a província do Império Mongol a que Calcutá pertencia era governada pelo nababo de Bengala. Este, confiara a gestão da sua enorme fortuna aos mercadores-banqueiros indianos. Fizeram-se então enormes empréstimos aos britânicos, o que lhes permitiu estabelecer contratos com os tecelões locais para o fornecimento de tecidos à China (através dos mercadores britânicos). Nesta altura, os segmentos das linhagens dos Rajputes ainda se encontravam em expansão para novos territórios, recusando-se muitas vezes os elementos destes grupos a pagar tributo aos seus governantes, pelo que os britânicos decidiram debilitar a posição

ANTROPOLOGIA MARXISTA

do nababo apoiando os Rajputes dissidentes. A situação atingiu o ponto de rotura em 1757, altura em que este governante foi derrotado pelos britânicos, que pilharam os seus cofres, roubando cinco milhões de libras. Uma tal riqueza permitiu-lhes expulsar os mercadores-banqueiros, a quem tinham anteriormente recorrido para poder controlar a província (Wolf 1982: 242-6).

Tal como os grandes mercadores da França do período pré--revolucionário, os britânicos procuraram aumentar os seus rendimentos através dos impostos, que duplicaram entre 1756 e 1776. Muitos camponeses e artesãos ficaram então arruinados e a agricultura local transformou-se, tendo-se passado do cultivo de produtos de subsistência para o de produtos de mercado, tais como o algodão e o ópio, que eram vendidos na China. Embora de 1770 a 1783 se tivessem registado fomes terríveis, a produção de culturas de mercado (açúcar, tabaco, especiarias, algodão, sizal, indigo, etc.) em detrimento das culturas de subsistência continuou, contribuindo para a Revolta Indiana de 1857.

As culturas de mercado e migrações de mão-de-obra

No início do século XX, os Estados tradicionais da Índia tinham economias monetárias há 2000 anos. Na África Ocidental, uma economia maioritariamente de subsistência transformava-se rapidamente devido ao simples facto de se ter começado a cobrar os impostos em dinheiro, para além de se dar aos africanos a possibilidade de ganharem esse mesmo dinheiro através da exploração de novas culturas de mercado ou do trabalho nas minas de cobre recentemente abertas (Elliott 1974; Watson 1958). O efeito destas mudanças variou consoante as características da economia de subsistência praticada e o esquema de organização do trabalho em cada região, tendo sido estudadas por vários antropólogos da Universidade de Manchester, sob a direcção de Gluckman. A. L. Epstein estudou a transformação das relações sociais em Luansha, numa cidade mineira então localizada na colónia da Rodésia do Norte (actual Zâmbia) (Epstein 1958). As autoridades coloniais britânicas pretendiam que os migrantes africanos apenas residissem na cidade durante um período curto, para evitar o seu desen-raizamento em relação às comunidades "tribais", de carácter rural, de onde eram originários. Em 1931, os britânicos criaram o cargo

INTRODUÇÃO À TEORIA EM ANTROPOLOGIA

electivo de "ancião da tribo". Pretendia-se que cada ancião agisse como intermediário entre as autoridades coloniais e os elementos da sua "tribo" que trabalhavam nas minas. No entanto, a sociedade urbana não reproduzia as relações sociais rurais: nesta nova organização, o filho de um chefe podia ver-se incluído numa equipa de trabalho em que era chefiado por um cidadão comum do seu povo. Por outro lado, nestas zonas mineiras, as diferenças intertribais eram menos importantes do que os problemas salariais: quando em 1935 foi anunciado um aumento dos impostos, a força de trabalho africana revoltou-se e os chamados "anciãos da tribo" fugiram, acusados pelos seus conterrâneos de conluio com os britânicos (Epstein 1958: 32). Contudo, surgiram outros grupos para os substituir. Um deles tivera a sua origem numa associação bibliotecária, formada para promover a alfabetização em inglês. Repudiava as divisões étnicas e lutara com sucesso pela melhoria da qualidade do milho vendido aos operários africanos, bem como pela abolição da lei "tribal" tradicional nos tribunais urbanos.

O capitalismo na economia rural

As alterações verificadas na organização social urbana documentadas por Epstein seguem os padrões de um modelo marxista, embora muitos estudos das alterações sociais ocorridas nas zonas rurais durante o período da colonização sugerissem que as sociedades rurais conseguiriam absorver os efeitos do capitalismo e regressar a um estado de equilíbrio. O estudo mais recente levado a cabo por Duffield numa cidade do Sudão demonstra até que ponto os efeitos desta doutrina socioeconómica podem ser corrosivos na vida social de uma população de carácter rural. No sistema agrícola capitalista, não são os proprietários da terra e do equipamento que fornecem a mão-de-obra: são os trabalhadores agrícolas que lhes vendem a sua força de trabalho, vendo-se por eles obrigados a laborar durante mais tempo do que aquele que necessitariam se tivessem de assegurar apenas os custos da sua subsistência. É a produção excedentária destes agricultores que dá ao capitalista o seu lucro, que será reinvestido na expansão do seu capital. Estas características contrastam com as da agricultura de subsistência, na qual os membros do agregado familiar ou

ANTROPOLOGIA MARXISTA

linhagem — a unidade produtora — partilham a posse da terra e do equipamento, sendo o objectivo primordial do seu trabalho garantir a sua subsistência, mesmo que tenham de ceder parte dele para pagar um tributo a uma autoridade política superior. Para estes camponeses, as culturas de mercado são uma actividade acessória, feita nos terrenos vagos durante os tempos livres.

Maiurno (Duffield 1981) é uma pequena aldeia situada nas margens do Nilo Azul, fundada em 1906 pelo filho do último califa de Sokoto (região do norte da actual Nigéria) independente, que ali se refugiou após o seu pai ter sido derrotado pelos britânicos. Os terrenos agrícolas em redor deste povoado dividem-se em dois tipos: os que são irrigados pelas cheias anuais do rio e os que são irrigados apenas pela chuva, que se encontram mais afastados da margem e são menos produtivos (Figura 5.1.). Os terrenos do primeiro tipo pertencem aos camponeses mais abastados, sendo trabalhados de um modo geral por trabalhadores sazonais, normalmente peregrinos nigerianos a Meca que ficaram sem dinheiro durante a viagem e necessitam dele para regressar a casa. Trata-se de uma relação deveras exploratória. Os canais de irrigação, de um modo geral também eles pertença de privados, situados em terrenos mais afastados do rio, empregam igualmente mão-de-obra contratada. Por seu turno, a terra irrigada apenas pela chuva é trabalhada pelos agregados familiares de camponeses, que contam acima de tudo com os laços de amizade ou parentesco para recrutar a mão-de-obra necessária, num sistema de reciprocidade.

As culturas de mercado foram aqui introduzidas pelas autoridades coloniais britânicas na década de 20, como fonte de rendimentos que permitissem à população pagar os seus impostos à Coroa. E, uma vez que a quase totalidade dos rendimentos que advinham dessas culturas se destinava a pagar os referidos impostos, a sua produção não permitia na altura a acumulação de capital por parte dos agricultores. O fundador da aldeia, Mai Wurno, instituíra o seu poder não só graças ao controlo sobre os terrenos irrigados apenas pela chuva, mas também ao facto de possuir escravos. Uma vez instituído, o governo colonial do Sudão fora rápido a abolir a escravatura, mas os britânicos legitimaram o seu controlo sobre as terras irrigadas pela chuva atribuindo-lhe

INTRODUÇÃO À TEORIA EM ANTROPOLOGIA

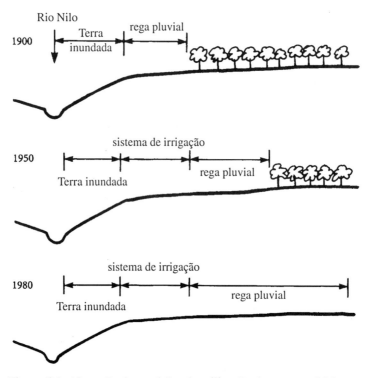

Figura 5.1. Alteração dos padrões de utilização da terra em Maiurno

um título hereditário e o direito a oito quilómetros quadrados daquelas terras na zona imediatamente contígua à povoação.

Durante a guerra da Coreia, na década de 50, o preço do algodão subiu bastante e o governo colonial decidiu introduzir um sistema de irrigação em redor de Maiurno para bombear água para os terrenos irrigados apenas pela chuva mais próximos do rio, de forma a poder aumentar a produção de algodão para venda noutros continentes. O filho de Mai Wurno foi um dos quatro homens a quem foram atribuídos direitos de exploração da cultura de algodão nos terrenos irrigados, uma vez que era já um dos seus maiores proprietários. Além disso, tinha os meios através dos quais poderá ter subornado os representantes governamentais que se deslocaram à região (Duffield 1981: 71). Na sua maioria, aqueles que até então tinham cultivado a terra que iria ser irrigada pelo novo sistema foram expropriados, sendo-lhes atribuídas novas parcelas, mais

ANTROPOLOGIA MARXISTA

distantes e sem sistema de irrigação. O capital para montar o sistema proveio de consórcios locais, criados pelo filho de Mai Wurno e outros investidores, que tinham acumulado lucros graças ao comércio nas suas lojas ou aos camiões de transporte de que eram proprietários. Enquanto alguns lucros eram investidos na expansão das actividades comerciais, outros foram canalizados para a intensificação da agricultura nos terrenos agora irrigados, tornando necessário o recurso à mão-de-obra contratada. Surgiu assim uma divisão entre os camponeses desta comunidade, entre aqueles que podiam contratar pessoal assalariado e os que não o podiam fazer. Os primeiros abandonaram o método tradicional do sistema de trabalho recíproco, do qual passaram a escarnecer.

No início da década de 60, a produtividade da terra originariamente irrigada começou a decrescer, assistindo-se igualmente a uma quebra dos preços do algodão. Os mais abastados responderam à situação desbastando ainda mais território irrigado apenas pela chuva e passando a explorar o milho-da-guiné como cultura de mercado alternativa. Este processo foi facilitado pela chegada dos tractores, que passaram a substituir alguma da mão-de-obra. Os tractores foram comprados por pessoas que viviam na cidade e tinham ganho dinheiro com o transporte de pessoas, mercadorias, com o comércio lojista e com a exportação de algodão, tendo sido o filho de Mai Wurno o primeiro a comprar um. O aumento da produção de culturas de mercado tornado possível pela utilização destes tractores tem permitido desde então uma expansão ainda maior dos terrenos agrícolas pertencentes aos mais abastados, consumindo toda a terra acessível e ainda por desflorestar. Quanto aos agricultores mais pobres, já não podem deixar que a floresta cresça novamente nos terrenos empobrecidos pelo excesso de uso e desbastar novas parcelas, uma vez que a floresta já desapareceu.

O problema da escassez de terra tem sido agravado pela forma como as espécies destinadas ao mercado são produzidas. O desejo de aumentar os lucros levou os agricultores mais ricos a abdicar das fases de pousio no ciclo das culturas. E, enquanto os terrenos anualmente inundados pelo Nilo conseguem aguentar esta situação por algum tempo, o mesmo não se passa com a terra irrigada pela chuva, cujo empobrecimento se está a dar a um ritmo acelerado. Contudo, os agricultores abastados vêem a agricultura acima de

INTRODUÇÃO À TEORIA EM ANTROPOLOGIA

tudo como um meio de, a curto prazo, ganharem dinheiro para investir no comércio. O destino da terra a longo prazo não os preocupa, uma vez que este não é o seu principal meio de obtenção de capital. Na realidade, tratam-na como se fosse um mero bem de consumo.

Esta estratégia dos mais ricos, que concentram os seus esforços na produção de culturas de mercado, tem vindo assim a divergir da dos outros camponeses, que produzem acima de tudo para a sua própria subsistência. As famílias de camponeses mais pobres utilizam a enxada, em lugar do tractor, e produzem uma maior variedade de culturas nas terras irrigadas apenas pela chuva, conseguindo manter a fertilidade dos seus solos durante períodos de vinte a trinta anos graças ao sistema da rotatividade. Em virtude de dependerem da terra para assegurar a sua subsistência, têm todo o interesse em mantê-la fértil. Mesmo entre os camponeses surgiram já dois estratos económicos distintos: tudo começou quando os camponeses mais prósperos criaram um novo esquema de organização do trabalho cooperativo (o *jitu*) para substituir os tradicionais grupos de trabalhadores que se ajudam reciprocamente. No novo sistema, dois ou mais agregados familiares relacionados entre si por laços de parentesco trabalham a terra em conjunto, ocupam uma única quinta e têm um só celeiro para armazenar os alimentos necessários à sua subsistência. Em alguns casos, os filhos destas famílias abriram pequenos negócios na cidade e tiveram sucesso. E quando podem investir os seus lucros num tractor, compram-no, permitindo que os pais o utilizem.

Em 1980, a produção de algodão atingiu níveis tão reduzidos que apenas os camponeses mais pobres e os mais velhos se sentiam atraídos pela terra originariamente irrigada pelo Nilo. Os agricultores que trabalhavam os terrenos irrigados pelo sistema mecânico local contraíram empréstimos para comprar sementes e fertilizantes, bem como para contratar mão-de-obra para limpar os campos, ará-los e colher o algodão. Contudo, actualmente, chegou-se a uma situação em que estes agricultores necessitam muitas vezes do dinheiro dos adiantamentos para garantir a sua subsistência imediata, podendo mesmo não ter meios para produzir cereais para si próprios. Ficam assim dependentes do trabalho não remunerado dos filhos dos seus parentes, acabando por constituir

ANTROPOLOGIA MARXISTA

uma terceira classe social, situada abaixo do campesinato auto--suficiente, e em fase de exclusão da actividade agrícola.

Duffield questiona-se sobre o porquê de o campesinato pobre não ter criado um sistema de *jitu*, concluindo que, sem cereais para armazenar, não existe um benefício mútuo que possa ser obtido pela cooperação. Os filhos que continuassem a viver com os pais, e que poderiam, com o tempo, vir a transformar as suas quintas em agregados de famílias extensas, iriam herdar as suas dívidas, ao passo que, se emigrarem, poderão ganhar dinheiro como aprendizes de alguma profissão ou como assalariados rurais, o que lhes permite vir a casar. Desta forma, os pobres que não podem satisfazer as necessidades dos seus filhos (ajudando-os a casar-se, por exemplo) vêem-se privados da sua ajuda.

O capitalismo e o "Terceiro Mundo"

O capítulo 1 resume a teoria de Marx relativamente ao capitalismo no Ocidente, salientando que, embora este filósofo tenha dedicado pouca atenção à análise dos modos de produção não capitalistas, chamou a atenção para a forma como o capitalismo estava a dominar e transformar outros modos de produção na Ásia, na África e nas Américas. Um dos aspectos mais importantes da antropologia marxista foi revelar que os estudos "tribais" dos funcionalistas tinham sido marcados pela atitude perfeitamente artificial de se analisar as sociedades de pequena dimensão fora do seu contexto colonial.

O objectivo primeiro do agregado familiar do camponês é garantir a subsistência dos seus elementos, estando a participação em transacções mercantis subordinada a essa tentativa de auto--suficiência. As culturas de mercado são feitas apenas nos terrenos que não são necessários para a subsistência dos membros do agregado e o trabalho não é mecanizado. Quanto à mão-de-obra, é principalmente fornecida por estes últimos. Os camponeses tendem a ter muitos filhos, uma vez que estes serão a próxima geração de trabalhadores. Dado que a necessidade de mão-de-obra varia consoante os ciclos agrícolas, podem ser produzidas culturas de mercado durante a fase baixa do ciclo dos produtos de subsistência. Scott (1976) afirma que os camponeses têm duas estratégias principais para reduzir os riscos da sua actividade: uma é investir nas culturas tradicionais utilizadas desde há muito na sua região e que se sabe darem sempre boas colheitas, embora outras culturas pudessem dar colheitas ainda melhores em anos favoráveis. A segunda é instituir ocasiões sociais (tais como as distribuições recíprocas de cerveja organizadas pelos Fur (ver capítulo 4), que asseguram que cada agregado possa contar com a ajuda dos elementos dos outros agregados. Scott chama a esta prática de organização de eventos a "economia moral do camponês".

O modo de produção capitalista instituído pelos regimes coloniais é contrário a ambas as estratégias. O objectivo primordial de um regime colonial não é "levar a civilização até ao nativo", mas sim obter matérias-primas tais como minerais e géneros alimentares o mais barato possível para as indústrias e operários da metrópole, e criar mercados ultramarinos em que os produtos metropolitanos manufacturados possam ser vendidos lucrativamente. Para financiar o governo por si estabelecido na colónia, a potência colonizadora recorre aos impostos sobre as gentes locais (Figura 5.2.). E, para o conseguir com sucesso, necessita de "abrir" os recursos das esferas de transacção fora da esfera dos mercados e reguladas pela herança, por obrigações tributárias ou por reciprocidade. Nos locais onde a terra se encontra distribuída por linhagens, deve-se transformá-la em propriedades privadas, que poderão ser compradas e vendidas; e onde houver redistribuição através de um modo de produção tributário, esta deverá ser transformada em colecta de impostos em numerário efectuada directamente pelo governo central. Quanto às trocas recíprocas de mão-de-obra, devem ser substituídas pela contratação de mão-de--obra paga em dinheiro.

Figura 5.2. Relações entre a metrópole e as colónias.

ANTROPOLOGIA MARXISTA

A maior contribuição para a investigação antropológica feita por Wolf na obra *Europe and the People Without History* [A Europa e os povos sem história] (1982) é provavelmente a sua demonstração de que, contrariamente àquilo que os funcionalistas supunham, as sociedades tradicionais de África, da Ásia e das Américas nunca foram unidades isoladas e intemporais, além do que, na altura em que *foram* estudadas por aqueles antropólogos, tinham acabado de ser incorporadas na economia capitalista mundial. Segundo Marx, podemos identificar duas fases no processo de crescimento do capitalismo: na primeira, a riqueza é obtida pelas transacções comerciais, mas a produção mantém-se não mecanizada e a mão-de-obra é assegurada pela escravatura. Na segunda fase, a mecanização da indústria reduz a necessidade de mão-de-obra, embora aumente tanto a procura de matérias-primas das colónias, como o incentivo à criação de mercados para os produtos nelas manufacturados.

O "socialismo africano"

Foi já referido neste capítulo que a organização tradicional do pastoralismo e a agricultura de subsistência em África pode ser analisada segundo o modelo do "modo de produção de linhagem". O termo "socialismo africano" é utilizado para descrever toda uma série de programas políticos delineados por líderes pró-independência no final da era colonial na África Oriental e implementada, em maior ou menor grau, em países como o Quénia e a Tanzânia. O princípio essencial desta doutrina era que os regimes capitalistas do período colonial, que tinham promovido o individualismo e a divisão social, deviam ser substituídos por políticas socialmente unificadoras baseadas nas instituições colectivas da África rural antes da sua conquista por parte das potências colonizadoras. Jomo Kenyatta, por exemplo, declarou, um ano antes da independência do Quénia:

"Não somos escravos, quer do capitalismo ocidental, quer do socialismo leste-europeu. Devemos desenvolver os nossos próprios padrões e ideais, com base na nossa própria cultura e na filosofia intrinsecamente socialista dos povos africanos, na qual todos aceitam o seu dever para com os vizinhos, recebendo em troca, da

INTRODUÇÃO À TEORIA EM ANTROPOLOGIA

parte da comunidade, a sua segurança." (Kenyatta 1968: 187, citado por Grillo 1991: 2).

Tendo em conta a recente queda dos regimes comunistas da Europa de Leste, vem bastante a propósito perguntarmo-nos até que ponto estas tentativas de implementação das políticas socialistas na África Oriental obtiveram sucesso e por que razão ficaram longe de ser levadas até ao fim. Relativamente ao Quénia (Grillo 1993: 68), há quem afirme que tal se deveu ao facto de a tradicional ordem social ter sido destruída durante o período colonial, o que é discutível. Dinham e Hines descrevem a forma como a imposição de impostos prediais e municipais obrigou os africanos destas regiões a tornar-se trabalhadores por conta de outrem. Em 1924, 20% das melhores terras daquele país encontravam-se reservadas para os colonos europeus. Tanto os povos de pastores, como os Massais, e os de agricultores, por exemplo, os Quicuios, tinham perdido território para os colonos. No mesmo ano, 1715 colonos davam emprego a 87 mil africanos (Dinham e Hines 1983). Após a independência, o governo do Quénia tomou medidas para controlar a fuga de capitais para as empresas estrangeiras, criando instituições para esse efeito que estabeleciam os preços a pagar aos produtores de chá e de café. Na colheita de café de 1978, quase 57% do total era já proveniente das cooperativas de pequenos produtores. Ao mesmo tempo, pagava-se à empresa Brooke Bond para ensinar os donos das pequenas explorações de chá a fazer a colheita da sua produção.

Mas, infelizmente, o Quénia encontrava-se nessa altura tão embrenhado no sistema económico capitalista introduzido durante o período colonial que se tornava impossível reconstruir a ordem pré-colonial. A Commonwealth Development Corporation e o Banco Mundial auxiliaram os africanos na compra de quintas aos europeus, contribuindo assim para que aqueles detenham agora 72% das grandes plantações de café do país. Só que muitas dessas quintas foram compradas pelos mais ricos, o que originou uma classe que tem um óbvio interesse em manter as suas explorações a lucrar com os mercados de exportação. Em 1980, existiam 3200 destas grandes quintas no Quénia, embora o número de pequenas explorações chegasse já aos 1,5 milhões (Dinham e Hines 1983: 92-7). O número de pequenos agricultores que produziam apenas

ANTROPOLOGIA MARXISTA

para sustento próprio era de 88% do total e tinham que vender parte das suas colheitas de milho para comprar outros produtos necessários, tais como fósforos, chá e sal, bem como para pagar os estudos dos filhos. A camada mais pobre da população(30%) recebe 6,4% do rendimento do país, enquanto a mais abastada (2% da população) partilha pouco mais de 30% do mesmo. Segundo estes dados, que, claro está, omitem o volume de produção que não se destina à economia de mercado, o Quénia era o 5º país do mundo com mais desigualdades sociais no início da década de 80 (Dinham e Hines 1983: 111). Actualmente, existe mais gente sem terra do que na altura da independência, vendo-se os proprietários mais pobres obrigados a vender as suas pequenas explorações para pagar os estudos dos filhos, saldar as dívidas dos empréstimos ou comprar bens de primeira necessidade. Algumas empresas estrangeiras, tais como a Brooke Bond e a Del Monte estão a comprar terrenos de qualidade para produzir plantas ornamentais e ananás para exportação. Embora auto-suficiente em termos alimentares até 1980, nesse ano, pela primeira vez, o Quénia teve de importar milho (o seu produto mais importante). Este país não parece, também ele, ter conseguido evitar os processos ocorridos em menor escala na pequena cidade sudanesa estudada por Duffield.

Na Tanzânia, foi adoptada uma política bastante mais radical após a independência, proibindo-se a iniciativa privada estrangeira mas recorrendo-se a empréstimos para o desenvolvimento. As empresas estrangeiras criadas antes da independência ou foram totalmente nacionalizadas ou parcialmente adquiridas pelo Estado. Os pequenos agricultores têm sido os principais produtores de culturas para exportação tais como o café, o algodão e a noz de caju (Dinham e Hines 1983: 113). A estratégia para tirar o máximo partido da produção destes camponeses foi chamada *Ujamaa* (esforço colectivo), tendo sido implementada em 1967. Os pequenos núcleos habitacionais de camponeses foram agrupados em aldeias, comprometendo-se o governo a equipá-las com escolas, serviços de saúde e abastecimento de água. Cada família extensa ficou com um campo próprio (*shamba*) mas, em troca dos serviços prestados pelo governo, passou a ter de cultivar (juntamente com as outras famílias) um campo colectivo pertencente ao Estado,

INTRODUÇÃO À TEORIA EM ANTROPOLOGIA

onde se produzia espécies para exportação. Em 1972, a administração central do governo foi regionalizada com vista a uma maior identificação dos planificadores relativamente com os problemas da produção. No entanto, esta continuou a cair: uma seca em 1982 obrigou o governo a tentar obter 300 mil toneladas de ajuda alimentar (Dinham e Hines 1983: 125).

Dinham e Hines concluem que o governo da Tanzânia não investiu o suficiente no fornecimento de tecnologia apropriada, uma vez que a maior parte do seu investimento agrícola é aplicada nas grandes explorações. Consequentemente, existe falta de mão--de-obra para trabalhar os campos particulares e das aldeias, isto para além de os preços das culturas que os camponeses produzem não serem protegidos pelo Estado e de o seu transporte ser caro. Mas, talvez o mais importante, as regras de distribuição dos ganhos do trabalho nos campos das aldeias não foram especificadas de forma clara, pelo que este se encontra sujeito a uma forma da chamada "tragédia dos comuns", na qual qualquer pessoa que trabalhe um campo se vê privada de uma recompensa justa quando outros reclamam uma parte dos frutos do seu trabalho sem que nele tenham participado.[*]

Seria o conceito de socialismo africano um mito? Ironicamente, uma das raízes desta doutrina é a descrição das formas de governo tradicionais no livro funcionalista estrutural *African Political Systems* (Fortes e Evans-Pritchard 1940). Alguns dos primeiros trabalhos sobre esta questão foram escritos pelo exilado comunista britânico George Padmore que, na década de 40, identificou a posse comunal da terra e o facto de a autoridade dos chefes tradicionais depender do apoio popular como as características essenciais do modo de produção pré-colonial. Embora se possa argumentar que o socialismo é um conceito ocidental estranho e importado, imposto à cultura africana, são vários os autores africanos contem-porâneos que avançam com pontos de vista semelhantes aos do seu antecessor britânico (Grillo 1993: 71-3). Dinham e Hines defendem que, embora o esforço cooperativo ao nível da família extensa fosse tradicional na Tanzânia, não o era ao nível das aldeias

---

[*] Ostrom publicou já uma excelente análise das condições sob as quais as cooperativas de produtores teriam mais hipóteses de sucesso (Ostrom 1990).

ANTROPOLOGIA MARXISTA

(Dinham e Hines 1983: 116). Num estudo de uma aldeia tanzaniana, Caplan descobriu que a carga de trabalho suplementar recaía sobre as mulheres, embora o representante governamental que exortava ao aumento da sua produção fosse oriundo de outra parte do país (Caplan 1993). A cultura de mercado produzida no campo da aldeia era o algodão, cujo período de maior trabalho coincidia no entanto com o das culturas de subsistência locais: o trabalho colectivo não estava por isso a ser orientado para a cultura certa. Por outro lado, a introdução da mandioca e do coqueiro revelara resultados tão mais lucrativos que os homens começaram a deixar de trabalhar nas culturas de subsistência para se dedicarem a estes novos produtos. Os homens aumentaram a sua riqueza, enquanto as mulheres ficaram com uma maior responsabilidade para assegurar a subsistência do agregado familiar. Consequentemente, a cooperação no seio da família extensa estava em decadência.

Apesar destes problemas intrínsecos das práticas adoptadas pela Tanzânia, as agências capitalistas estrangeiras são as principais culpadas pela situação. Em 1976, o Banco Mundial declarou-se alarmado com "a ameaça de os camponeses (tanzanianos) regressarem em número demasiado elevado à produção de géneros alimentares", tendo por isso decidido custear um projecto de redução da agricultura de subsistência, que passou a ficar concentrada num número específico de aldeias. Embora 40% do investimento do Banco Mundial na Tanzânia se destine à agricultura, nenhum programa foi criado para aumentar a produção dos bens alimentares essenciais. Como consequência, as culturas de subsistência, como o milho, foram empurradas para terrenos mais afastados, tendo sido substituídas por culturas de mercado, como, por exemplo, o tabaco, mais vulneráveis à seca (Dinham e Hines 1983: 125).

Existirá uma progressão evolutiva nos modos de produção?

A antropologia marxista fugiu dos modelos estáticos do Funcionalismo e do Estruturalismo, incentivando a uma convergência entre a antropologia e a história (Godelier 1972; Wolf 1982), não perdendo de vista — ao contrário daquilo que acontecera por vezes com o Interaccionismo — o facto de a

INTRODUÇÃO À TEORIA EM ANTROPOLOGIA

interacção ter sempre lugar no seio de um sistema já existente gerado por processos sociais cumulativos.

Contudo, embora se possa construir uma sequência tipológica com base no factor de dominação política que coloca os caçadores-recolectores regidos pelo parentesco na extremidade de um contínuo e os Estados tributários no outro, Wolf repudia o evolucionismo implícito em Marx e explícito em autores americanos tais como Sahlins (1963) e Service (1962). Wolf explica a forma como os Estados tradicionais da Ásia, caracterizados por modos de produção tributários, estavam intimamente relacionados com as vizinhas sociedades nómadas pastoris e descentralizadas, cuja economia se caracterizava pelo modo de produção de linhagens. Os nómadas levavam uma vida caracterizada pela flexibilidade e pela mobilidade, o que os tornava difíceis de subjugar mesmo apesar de os citados Estados dependerem de rotas comerciais que atravessavam as zonas desérticas e semidesérticas que separavam Constantinopla de Pequim, Kashgar de Deli. Os Estados prosperavam ou decaíam de acordo com a sua influência sobre os nómadas. Estes eram bons a atacar os Estados mas maus a consolidar as vitórias que obtinham sobre eles, uma vez que isso implicava a sua assimilação a um novo modo de produção. Conta-se que disseram ao sucessor de Genghis Khan. «O império foi construído a cavalo, mas não é daí que se consegue governá-lo» (Wolf 1982: 33).

Subsiste, no entanto, em todas estas análises uma tendência tipicamente marxista para tratar os caçadores-recolectores igualitários, que, segundo se crê, não reclamam a propriedade da terra, como representativos da condição humana original. O interesse próprio é encarado como característico da economia liberal (de mercado). O Marxismo explica a forma como surgem diferenças de poder sempre que se institui direitos de propriedade privada, mas não esclarece quais as condições específicas que promovem a partilha dos factores de produção. O fracasso do governo da Tanzânia na reinstituição dos campos comunitários foi, sem dúvida, motivado em parte por influências externas tanto ao nível económico como político, mas ficou também a dever-se ao pressuposto de que os agricultores africanos teriam uma tendência natural para colocar o seu trabalho ao serviço de todos, desde que lhes fosse dada uma oportunidade para tal. A socio-ecologia explora as condições sob as quais a cooperação e a reciprocidade servem os interesses do indivíduo, sendo o tema do capítulo seguinte.

6

A SOCIOECOLOGIA

A socioecologia surgiu como resposta à descoberta de que o comportamento animal não tinha, contrariamente ao que muitos vitorianos imaginavam, "os dentes e as garras manchados de sangue". Uma guerra de todos contra todos não era o desfecho inevitável da luta pela sobrevivência: as abelhas cooperam entre si nas colmeias, o mesmo acontecendo com os chimpanzés nos seus grupos. Os pensadores do Iluminismo, na sua procura de uma ordem social racional, tinham especulado sobre a origem da vida social: Hobbes deduzira que os indivíduos apenas abdicariam da sua liberdade de acção se houvesse um chefe que lhes pudesse garantir que os outros indivíduos também o fariam, ao passo que Rousseau imaginara que, na origem do comportamento social, estivera a formação de coligações entre indivíduos para defender a sua propriedade. A socioecologia, por sua vez, tenta explicar a evolução do comportamento numa perspectiva darwinista, apresentando respostas para algumas das questões levantadas por Hobbes e Rousseau.

Embora Darwin imaginasse que a evolução do comportamento social entre insectos devesse ser explicável em termos de selecção natural, nunca conseguiu encontrar essa explicação (Maynard- -Smith 1982: 167). A teoria neodarwinista transforma a ideia de "sobrevivência do mais apto" na de "sucesso reprodutivo": se a forma corporal e o comportamento de um determinado indivíduo

INTRODUÇÃO À TEORIA EM ANTROPOLOGIA

são geneticamente determinados, então a selecção natural fará com que os genes que produzem as formas e padrões de comportamento mais adaptativos sejam transmitidos durante a reprodução com maior frequência que os genes alternativos que se mostrarem menos adaptativos. Começando por Hamilton, no final da década de 50, os biólogos desenvolveram teorias para explicar a forma pela qual a interacção social poderia contribuir para o sucesso reprodutivo das diferentes espécies, partindo desde logo do pressuposto de que determinadas características sociais eram directamente controladas por factores genéticos. Colocava-se duas questões:

1. Sob que condições poderia ser vantajoso para os animais, em termos evolucionários, cooperar com outros membros da sua espécie ou dedicar-se a trocas recíprocas? As formas de interacção foram definidas como "estratégias", tendo por base (tal como já acontecera com o interaccionismo) a teoria dos jogos;

2. Quais os mecanismos que favoreciam a disseminação desses comportamentos através da selecção natural?

A resposta aparentemente óbvia à segunda questão, o que "é melhor para cada espécie" (uma resposta análoga aos argumentos do funcionalismo Estrutural de Durkheim e Radcliffe-Brown), foi rejeitada. Wynne-Edwards estudou o comportamento do tetraz vermelho das charnecas, descobrindo então que, em alguns anos, havia exemplares que não procriavam. Concluiu assim que, devido ao facto de não haver alimentos suficientes para que todos pudessem alimentar uma ninhada, alguns elementos do grupo mantinham-se celibatários para permitir que os outros procriassem com sucesso. O problema desta explicação é que, se este comportamento do tetraz vermelho celibatário é determinado por um gene do "altruísmo", esse gene não será transmitido à geração seguinte. Será, em vez disso, rapidamente substituído por um gene do "egoísmo" (ver Trivers 1985: 79-85).

A sociobiologia tenta explicar a variação nos padrões de comportamento humano em termos das consequências do comportamento em determinados meios, que tanto podem ser naturais como sociais. Segue um paradigma mais darwinista que marxista ou spenceriano, não se preocupando com a concepção da evolução como um processo cumulativo que leva as sociedades

A SOCIOECOLOGIA

ou culturas a passar por certos estados: não existe direccionalidade no evolucionismo darwinista.

De forma a fazer do indivíduo, mais do que da sociedade, a sua unidade de estudo, os sociobiólogos analisaram as estratégias comportamentais seguidas individualmente pelos animais e pensaram nas consequências para o indivíduo que as estratégias teriam se fossem aplicadas a outros indivíduos que seguissem a mesma ou uma outra estratégia qualquer. Este método tinha a sua origem na teoria dos jogos, embora recorresse a aspectos diferentes daqueles que Barth utilizara na sua análise do processo social do vale de Swat (ver Capítulo 4). A teoria dos jogos, tal como foi originalmente aplicada ao comportamento económico humano por von Neumann e Morgenstern, partia do princípio de que os intervenientes agiam racionalmente e por interesse próprio. Quando aplicado à evolução darwinista do comportamento, o critério da racionalidade (ou seja, da procura deliberada da estratégia que melhor servirá os interesses do indivíduo) é substituído pelo resultado involuntariamente obtido da acção segundo certas estratégias geneticamente determinadas. O critério do interesse próprio, ou seja, da utilidade do objectivo do agente (que, nas culturas humanas, pode ir desde a honra até ao lucro financeiro) é substituído pelo critério único da aptidão darwinista, ou seja, pelo sucesso reprodutivo ou pela aptidão inclusiva (Maynard Smith: 1982: vii, 2).

As teorias interaccionistas motivaram um regresso ao estudo da sociedade como um grupo de indivíduos que interagem entre si, em vez de a encararem como um sistema supra-orgânico segundo a tradição de Durkheim e Radcliffe-Brown. A socio-biologia proporcionara uma oportunidade de estudo dos padrões de interacção pessoal numa perspectiva darwinista, justificando o aparecimento não só da competição mas também da cooperação e reciprocidade na interacção social humana. Alguns antropólogos aplicaram a sociobiologia às sociedades humanas. A teoria de que uma proporção significativa do comportamento humano habitual é geneticamnete controlada foi já refutada de forma convincente por Harris, Sahlins e Durham (Harris 1979, capítulo 5; Sahlins 1976b; Durham 1991; ver também Layton 1989a). Nas restantes partes deste capítulo utilizaremos o termo *socioecologia* em lugar

INTRODUÇÃO À TEORIA EM ANTROPOLOGIA

de *sociobiologia*, para definir a aplicação dos modelos adaptacionistas à explicação do comportamento social humano, sem se inferir que esse comportamento está directamente dependente de factores genéticos. Apesar do seu convicto ataque à sociobiologia, a abordagem "materialista cultural" de Harris é compatível com a socioecologia. Este autor defende que a enorme quantidade de variabilidade do comportamento humano demonstra que "o *Homo sapiens* foi seleccionado para adquirir e modificar repertórios culturais independentemente dos seus impulsos genéticos" (Harris 1979: 123, destaque meu). A premissa da socioecologia é que o comportamento adquirido contribui largamente para o sucesso reprodutivo do ser humano: o que é seleccionado é a capacidade para aprender a construir estratégias sociais. Harris defende também que, da mesma forma que uma espécie não luta colectivamente para sobreviver, permanecendo em vez disso como resultado de mudanças adaptativas nos organismos individuais, também os homens e mulheres respondem oportunisticamente como indivíduos a "opções custo-benefício" de formas que têm consequências para os padrões de interacção social (Harris 1979: 61). Chama, além disso, a atenção para um aspecto que é esquecido pelos defensores dos modelos adaptacionistas mais simplistas: quanto maior for a desproporção de forças numa sociedade, mais provável se torna que os fracos sejam obrigados a comportar-se de uma forma que favoreça a sobrevivência dos mais poderosos.

Enquanto que Durkheim e Radcliffe-Brown identificavam a "função" de um costume como sendo a sua contribuição para a conservação do sistema social, para os socioecologistas a função dos padrões de comportamento é a sua contribuição para o sucesso reprodutivo do indivíduo. Da mesma forma, se os primeiros encaravam o comportamento individual como a expressão das normas (sendo os desvios punidos pela sociedade), os socioecologistas consideravam as variações comportamentais dos indivíduos a fonte de novas estratégias, cujo sucesso ou insucesso será determinado pelos efeitos que exercerem sobre os indivíduos responsáveis pela sua ocorrência. Podemos assim afirmar que a socioecologia recupera questões levantadas pelo funcionalismo de Malinowski, nomeadamente quando se questiona quanto à forma como os indivíduos que buscam a satisfação dos seus

A SOCIOECOLOGIA

próprios interesses podem beneficiar da vida em sociedade, embora tente explicar a variabilidade do comportamento humano em termos adaptativos, superando assim as limitações do recurso às necessidades humanas universais proposto por Malinowski). As ideias defendidas pela socioecologia possibilitaram ainda o aparecimento de hipóteses sobre as qualidades adaptativas do comportamento social, que podem ser testadas através de uma comparação do mesmo nas diversas sociedades, ou das alterações comportamentais ocorridas ao longo do tempo numa única comunidade.

Por último, a socioecologia rejeita a premissa da evolução como progresso, que permanece implícita na antropologia marxista. Os caçadores-recolectores dos nossos dias já não podem ser interpretados como sobreviventes da condição humana original: se nos permitem obter alguma informação sobre a evolução do comportamento social dos tempos mais remotos, tal fica a dever--se apenas ao facto de viverem em condições ecológicas semelhantes àquelas em que, segundo se crê, os nossos antepassados viveram na África Oriental ou na Ásia Ocidental. Além disso, a "condição humana original" é uma adaptação a um determinado conjunto de circunstâncias, pelo que não é nem mais nem menos "natural" do que qualquer outra condição humana. Não importa há quanto tempo as comunidades de caçadores-recolectores da actualidade vivem em tais condições: as populações cujos antepassados foram pastores ou agricultores são tão susceptíveis de nos fornecer informações como aquelas cujos antepassados vivem da caça e da recolha de alimentos desde há milénios. A socioecologia proporciona assim uma nova abordagem das questões sociológicas colocadas durante o Iluminismo.

Julian Steward

Este investigador aplicou pela primeira vez um modelo adaptativo aos grupos sociais de caçadores-recolectores na década de 30. Crítico severo da escola da cultura e personalidade, reagiu contra o particularismo histórico de Boas e seus pupilos procurando identificar leis sociais válidas para todas as culturas (Murphy 1977: 4). Sanderson caracteriza a abordagem de Steward como um compromisso entre as formulações muito gerais e extremamente

INTRODUÇÃO À TEORIA EM ANTROPOLOGIA

abstractas de Leslie White, por um lado, e o evolucionismo do século XIX e o particularismo histórico dos que adoptam as teses de Boas, por outro (Sanderson 1990; 92).

Steward criticou a escola da cultura e personalidade por colocar demasiada ênfase nos padrões normativos (Steward 1977a [1960]: 72) e, segundo Murphy, o seu ponto de ruptura mais importante relativamente à tradição de Boas foi passar do estudo dos traços culturais para o do comportamento dos indivíduos (Murphy 1977: 24-5). Steward parece ter desenvolvido o seu modelo adaptativo das estruturas dos grupos de caçadores-recolectores durante muito tempo. O seu trabalho inicial sobre o tema reconhecia três tipos de grupo — patrilinear, matrilinear e composto — , identificáveis consoante a pertença aos mesmos fosse herdada por via paterna, materna ou pelo facto de os progenitores pertencerem já ao mesmo grupo (Steward 1936). Nesta fórmula inicial, justificava a predominância do grupo patrilinear ao domínio masculino inato e uma maior aptidão do homem para a caça! No entanto, surgiam grupos compostos, sob determinadas condições, tais como aquelas em que as comunidades dependiam de manadas migratórias para a sua subsistência (Steward 1936: 334). Algumas comunidades de Inuítes, por exemplo, juntam-se em grandes grupos nos dois períodos anuais em que se dá a migração dos caribus, mantendo-se depois dispersas nos restantes meses. Já em 1960, Steward atribuía também o aparecimento de grupos patrilineares a determinadas circunstâncias ecológicas, mais concretamente àquelas que exigiam uma cooperação na caça às espécies dispersas mas não migratórias. Justificava esta situação com o argumento de que era vantajoso para os homens manterem-se no território do pai, com cuja morfologia se encontravam familiarizados (Steward 1977a [1960]: 77). Posteriormente, em 1968, este modelo seria ainda mais desenvolvido, com o autor a afirmar: "os factores que explicam a existência do grupo patrilinear são mais ambientais do que tecnológicos (...) os animais de grandes dimensões e com elevado grau de mobilidade que não migram para regiões muito distantes, onde a caça excede a recolha de alimentos em termos de esforço e, por vezes, em quantidade, onde a população é escassa e onde o transporte é apenas feito por seres humanos" (Steward 1977b [1968]: 123).

A SOCIOECOLOGIA

O interesse de Steward pelo grupo patrilinear surgiu do facto de não ter encontrado um grupo com essas características entre os Xoxones, com quem trabalhara numa tentativa de reconstituir a vida social pré-colonial daquela sociedade. Tradicionalmente, este povo não tinha grupos sociais organizados maiores do que a unidade familiar. Em 1938, Steward defendeu que essa situação se devia à escassez de caça no planalto da Grande Bacia, no sudoeste dos EUA. O modo de vida dos Xoxones durante o período pré-colonial, altura em que viviam da apanha de sementes silvestres dispersamente distribuídas, levara cada família a vaguear sozinha ao longo de grandes distâncias. No inverno, várias dessas famílias acampavam em grupo nos pinhais da região de Pinyon mas, como cada pinheiro dava frutos de forma irregular, os grupos iam-se juntando em pinhais diferentes consoante os anos (Steward 1938). O antropólogo notou também que os Paiútes do vale do rio Owens, que viviam nas encostas orientais da Serra Nevada, ocupavam um meio ambiente mais rico em recursos hídricos. E, aqui, os grupos patrilineares não só existiam como havia cooperação entre os seus elementos para proteger os seus recursos contra os forasteiros[*]. Reconhecendo que os recursos podiam ser criados através do meio social, comparou os Xoxones com os Carrier da Colúmbia Britânica, verificando então que a introdução do comércio de peles criara um excedente material suficiente para que estes últimos transformassem o seu sistema de linhagem simples num sistema baseado no estatuto e que assentava no *potlatch*, embora o seu ambiente natural tivesse permanecido o mesmo ao longo de todo este processo (Steward 1977a: 74).

A selecção do comportamento adquirido
Embora as teorias sociológicas não pressuponham que as estratégias que as pessoas seguem na realidade possam ser programadas geneticamente, parte-se do princípio de que o comportamento adquirido será sempre sujeito a uma selecção de uma forma análoga à do comportamento genético. As estratégias

---

[*] Em obras posteriores, Steward viria a modificar esta interpretação, concluindo que naquele vale apenas tinham existido "protogrupos": ver Steward 1977c [1970]: 393.

INTRODUÇÃO À TEORIA EM ANTROPOLOGIA

que se revelarem adequadas tenderão a disseminar-se por toda uma população em lugar das estratégias alternativas que não contribuam tanto para o sucesso reprodutivo do indivíduo. A origem de uma estratégia de comportamento adquirido (cultura), mais do que as determinações genéticas directas, será relevante para os processos de selecção natural se facilitar a sobrevivência e a disseminação dessa mesma estratégia em lugar das alternativas. As estratégias adquiridas apresentam duas vantagens sobre aquelas que são directamente programáveis do ponto de vista genético: em primeiro lugar, a sua transmissão não se encontra dependente dos laços entre pais e filhos (designa-se por "lateral" o tipo de transmissão em que os indivíduos aprendem com pessoas que não sejam os seus progenitores). Em segundo, podem ser adoptadas e abandonadas no espaço de uma geração, que é o tempo mínimo para que uma nova característica genética transmissível se manifeste (ver Smith 1988; Dawkins 1980; Durham 1991; e Odling-Smee 1995).

Neste capítulo exemplificaremos a aplicação da teoria socio-ecológica ao comportamento humano em três áreas de investigação: a da teoria da optimização energética (que não implica necessariamente a utilização da teoria dos jogos e constitui um exemplo da "ecologia comportamental"), a da reciprocidade e a da territorialidade. Existem outras aplicações possíveis (por exemplo aos trabalhos de Irons e Borgerhoff Mulder sobre as estratégias de casamento), que no entanto não serão contempladas nesta obra (ver contudo Irons 1979; e Borgerhoff Mulder 1987).

A teoria da optimização energética

A teoria

A teoria da optimização energética foi desenvolvida para explicar o comportamento dos animais na sua selecção dos alimentos, embora se baseie principalmente nas fórmulas microeconómicas que permitem aos lojistas calcular a quantidade de produtos que necessitam de ter nas prateleiras. Tendo-se descoberto que esta teoria permitia prever o comportamento alimentar dos animais com um grau de rigor bastante aceitável (ver Krebs e Davis 1984: 91-112), muitos antropólogos decidiram reaplicá-la ao

A SOCIOECOLOGIA

estudo das comunidades de caçadores-recolectores humanos (por exemplo Hames e Vickers 1982; Hawkes *et al.* 1982; Jones 1980; O'Connell e Hawkes 1981). Imagine-se um caçador-recolector a partir para um dia passado num ambiente físico que ele (ou ela) conhece bem e no qual encontrará uma certa quantidade de alimentos potenciais, embora não saiba exactamente onde ou quando (o chamado "ambiente propício"). A teoria da optimização energética tenta prever quais os alimentos potenciais que esse indivíduo irá parar para colher ou caçar se pretender fazer a melhor utilização possível do seu tempo e energia, e quais os que irá deixar de lado por a sua colheita ou tempo de caça necessário não serem compensatórios em termos de tempo, o qual poderá ser mais bem aplicado na obtenção de outros alimentos.

O grau de influência que as estratégias alternativas têm sobre o sucesso reprodutivo humano é muitas vezes difícil de calcular durante o espaço de tempo que dura um trabalho de campo antropológico. Os socioecologistas como Borgerhoff Mulder e Smith defendem que os objectivos do comportamento estudado pelos marxistas, por exemplo a busca da riqueza e do poder, constituem "objectivos substitutos", que ajudam a alcançar a finalidade última de promover o sucesso reprodutivo do indivíduo (Borgerhoff Mulder 1987; Smith 1988). O comportamento na procura de alimentos é avaliado com base no pressuposto de que aqueles que obtêm comida de uma forma mais eficaz aumentarão os seus níveis de sucesso reprodutivo.

Numa cidade de província espanhola, estudada por dois amigos meus, existia uma estação de comboios, à porta da qual estavam sempre vários taxistas aguardando a chegada dos passageiros dos comboios. Na sua maioria, ocupavam-se levando as pessoas para as diversas zonas da cidade, mas havia um que recusava sempre os clientes. Tendo-lhe os meus amigos certa vez perguntado porquê, explicou que estava à espera de um cliente que quisesse ir até Madrid e que não estava disposto a perder a oportunidade de fazer um transporte de longa distância por andar a transportar outras pessoas em distâncias curtas até à cidade. Mas, infelizmente para ele, o cliente para Madrid era algo raro, senão mesmo mítico, pelo que o taxista teria feito melhor em aceitar os muitos transportes de curta distância que tantas vezes lhe pediam (Mike e Nanneke

INTRODUÇÃO À TEORIA EM ANTROPOLOGIA

Redclift, comunicação pessoal). Em termos de caçadores-recolectores, o problema coloca-se de uma forma semelhante: deverá um determinado indivíduo prosseguir a sua caminhada na esperança de encontrar uma girafa ou um canguru vermelho, ou deverá perder algum tempo para colher algumas bagas ou frutos? Para poder encontrar a melhor solução, deve-se calcular os custos e benefícios da exploração de cada alimento potencial. A teoria da optimização energética não parte do princípio de que a pessoa que procura os alimentos *faz realmente* estes cálculos: até que ponto são feitos é uma questão em aberto. Limita-se sim a prever qual será a melhor (isto é, óptima) solução, investigando depois o comportamento real para verificar se este está de acordo com a previsão. Se não estiver, existem duas hipóteses: ou a teoria não se adequa à situação que visa analisar ou o indivíduo não está a tirar o melhor partido do meio circundante.

Se bem que existam muitas outras componentes importantes na alimentação (tais como as vitaminas), os benefícios de cada alimento potencial são normalmente medidos em termos de calorias. Estas constituem assim a *divisa* de acordo com a qual os custos e os benefícios são medidos. A taxa de *lucro* que o indivíduo obtém ao seleccionar cada alimento é medida em termos do tempo que gastou para o obter e, depois, preparar (as nozes devem ser partidas, a carne cortada e cozinhada, etc.). A taxa geral do lucro que é obtido pelo consumo de um determinado alimento depende da frequência com que este é encontrado. Apesar do lucro potencial do taxista por levar alguém a Madrid, era o facto de não conseguir clientes para aquele serviço com frequência suficiente que levava a que a sua estratégia falhasse. Por outro lado, se um género alimentar particularmente nutritivo for encontrado com frequência por um indivíduo que procura alimentos, é possível que este, à semelhança daquilo que se verifica com muitos animais predadores, decida especializar-se exclusivamente na caça a esse mesmo género, como acontecia com os índios das planícies americanas em relação aos búfalos. Normalmente, no entanto, o *tempo de busca* necessário para se localizar um recurso de elevada qualidade, ou a frequência com que o mesmo pode ser acidentalmente encontrado, tornam mais rentável a inclusão de outros recursos na alimentação desse indivíduo. Cada alimento, poderá assim ser

A SOCIOECOLOGIA

classificado de acordo com os seus custos e benefícios relativos. Se a frequência com que os recursos de maior valor são encontrados aumentar, os de menor valor poderão então deixar de ser consumidos, dado que os primeiros serão sempre aproveitados. Os Ache fornecem-nos um dos melhores exemplos da aplicação desta teoria às comunidades de caçadores-recolectores (Hawkes *et al.* 1982). O quadro 6.1. mostra-nos uma selecção dos cálculos efectuados por Hawkes e seus companheiros de investigação relativamente aos alimentos que, segundo se observou, os elementos daquele povo colhiam ou caçavam. São vários os aspectos interessantes que podemos identificar nestes cálculos: embora as laranjas rendam menos, em termos de relação de calorias por quilo, do que os macacos, o facto de levarem menos tempo a ser preparadas para a alimentação torna-as mais lucrativas em termos de calorias (e, como não fogem, o tempo de perseguição necessário para as obter é zero). O pecari de colarinho apresenta um índice de calorias por quilo semelhante ao do seu congénere de lábios brancos. No entanto, dado que este último leva mais tempo a caçar, surge numa posição mais baixa no quadro. Por fim, o palmito ocupa a última posição na hierarquia dos alimentos que, segundo se observou, os Ache consomem. Embora durante o estudo não tivesse sido solicitado a estes nativos que procedessem a uma tal esquematização da sua dieta alimentar, observou-se que tomavam o tipo de decisões que a teoria da optimização energética prevê. Os antropólogos assistiram a várias discussões entre os elementos deste povo acerca das vantagens de se caçar macacos: de um modo geral, dizia-se que não valia a pena caçá-los porque "não tinham gordura suficiente". No entanto, normalmente, quando viam algum caçavam-no. Nunca ignoravam as informações que lhes chegavam de outros Ache de que havia um laranjal por perto onde as laranjas já se encontravam maduras, mas só se dedicavam à colheita do palmito no final do dia.

Um dos melhores testes à teoria da optimização energética é estudar-se a forma como as estratégias dos caçadores-recolectores mudam quando a sua situação sofre também ela alterações. Os Ju/'hoansi, do deserto de Calaári, forneceram a Lee uma longa lista de "alimentos da fome", ou seja, géneros a que recorriam sempre que aqueles que são mais rentáveis em termos de calorias escas-

INTRODUÇÃO À TEORIA EM ANTROPOLOGIA

Quadro 6.1. Classificação dos alimentos presentes na dieta óptima dos Ache.

Recurso	Prod. de cals/Kg	Caça hrs/Kg	Processamento hrs/Kg	Rentabilidade hrs/Kg	Classif.
Pecari de colarinho	1950	0,01	0,02	65000	1
Laranja	355	-	0,07	5071	4
Mel	3037	-	0,93	3266	6
Pecari de lábios brancos	1950	0,69	0,02	2746	7
Macaco	1300	0,97	0,10	1215	11
Palmito	350	-	0,37	946	12

Fonte: Hawkes *et al.* 1982: quadro 3.

seavam (Lee, 1968: 34). Nas regiões em latitudes mais ele-vadas, são muitos os alimentos que surgem apenas sazonalmente, pelo que, nos meses de menor abundância, as populações se vêem obrigadas a adicionar outros alimentos, tais como o marisco, à sua alimentação. Winterhalder descobriu que os Cree, povo das florestas da América do Norte, alteraram os seus comportamentos de caça logo que conseguiram comprar armas de fogo e armadilhas à Hudson Bay Company. Estas inovações, reduziram em muito o tempo de perseguição, tornando-lhes rentável caçar espécies que, anteriormente, levavam demasiado tempo a apanhar (Winterhalder 1981: 87). No caso dos Ojíbuas verificou-se uma situação de adaptação semelhante: quando as espécies migratórias de grandes dimensões foram virtualmente extintas nas florestas da sua região, devido a caça excessiva, este povo passou a alimentar-se apenas de pequenos animais, tais como o peixe e a lebre (Rogers e Black 1976). Na Austrália Central, o aparecimento de armas de fogo e de automóveis tornou a caça ao canguru mais eficaz, continuando a caça a ser ainda muito popular e praticada apesar de se poder comprar carne de vaca nos talhos. Por outro lado, os alimentos menos rentáveis em termos de calorias, como sementes de cereais, que, embora comuns, levam mais tempo a processar, desa-pareceram da alimentação logo que a farinha de trigo importada surgiu na região (O'Connell e Hawkes 1981).

A SOCIOECOLOGIA

A maioria dos meios ambientes reais não são propriamente aquilo que poderíamos considerar "propícios", mas sim desiguais: os recursos encontram-se assim concentrados em certas áreas e, num meio ambiente altamente sazonal, os indivíduos sabem-no de antemão e podem mudar os seus acampamentos para os ir explorando. Muitos Inuítes (Esquimós) costumavam deslocar-se da costa para o interior e vice-versa para explorar recursos como a foca, o peixe de água doce, as aves e os frutos silvestres, consoante as estações do ano. Nestas situações, se uma zona rica for inesperadamente descoberta, o que é mais comum acontecer nas florestas tropicais, será compensatório para o indivíduo parar e explorar os recursos aí existentes durante algum tempo. A teoria da optimização energética prevê que os indivíduos possam lá permanecer até que o nível de retorno caia para um valor idêntico àquele que se verificava antes da descoberta desse local. Hawkes *et al.* (1982) calculam que, na sua actividade de caça, os Ache obtenham uma média de 1115 quilocalorias por hora e por pessoa. Mas, se optarem pela apanha da laranja, esse número subirá para as 4438 quilocalorias por hora, revelando-se por isso uma estratégia mais inteligente para o grupo permanecer no laranjal até já só restarem tão poucos frutos, e aqueles que restarem serem tão difíceis de colher, que o número de quilocalorias obtidas por hora baixe para as já referidas 1115. Por seu turno, um palmar apenas poderá fornecer 810 quilocalorias por hora, pelo que se revela mais rentável para os Ache ignorar a exploração dos recursos destas palmeiras, excepção feita, obviamente, a um dia mau, em que se encontrem a obter menos de 800 quilocalorias por hora. Poderá ser esta a razão pela qual os elementos deste povo raramente se dedicam à exploração de palmeiras e, quando o fazem, ser sempre ao final da tarde, altura em que as suas hipóteses de obtenção de alimentos com um maior índice de rentabilidade diminui.

Uma conclusão interessante que podemos retirar do estudo das comunidades de caçadores-recolectores à luz da teoria da optimização energética é a de que os alimentos a que os agricultores recorrem, tais como os tubérculos e os cereais (arroz, trigo, etc.) ou os derivados da palmeira (sagu e afins) serem normalmente escassos na alimentação ideal dos caçadores-recolectores. Isto significa que a agricultura surgiu não como uma procura natural

INTRODUÇÃO À TEORIA EM ANTROPOLOGIA

dos benefícios da plantação de sementes, como os evolucionistas progressivos do século XIX queriam fazer crer, mas sim como resposta de adaptação a um declínio da possibilidade de exploração de espécies caloricamente mais rentáveis. Efectivamente, muitos povos caçadores-recolectores da actualidade praticam aquilo a que se pode chamar culturas de "baixo nível", prática na qual a erva é regularmente queimada para promover um novo crescimento e as extremidades dos tubérculos são replantadas para que se possam reproduzir (ver Jones e Meeham 1989; Layton *et al.* 1991; Winterhalder e Goland 1993). A caça e a recolha de alimentos tendem a ser praticadas em ambientes onde se revelam mais frutíferas do que as estratégias opostas do pastoreio e do cultivo, o que se explica a razão pela qual ainda hoje existem caçadores-recolectores e não por que um qualquer milagre tenha feito com que o seu modo de vida sobrevivesse inalterado ao passar do tempo desde o início da evolução humana.

As limitações

Aqueles que utilizam a teoria da optimização energética estão bem cientes de que esta simplifica as situações reais. A sua abordagem não contempla os nutrientes que existem para além das calorias, fazendo igualmente tábua rasa do facto de, no caso dos seres humanos, se poder procurar folhas e ervas para fins não alimentares (por exemplo, para fabricar cestos ou redes). Só que, ao mesmo tempo, a simplicidade desta teoria é sem dúvida um dos seus pontos fortes, desde que se revele eficaz na previsão do comportamento dos caçadores-recolectores em termos de selecção dos alimentos.

A teoria da optimização energética não assume quaisquer pressupostos sobre a fonte dos conhecimentos cognitivos que permitem aos indivíduos agir com eficácia. Não existem razões para se supor que as suas acções sejam fruto de uma programação genética, tratando-se provavelmente, em grande parte, de comportamentos adquiridos. É possível que tenhamos desenvolvido capacidades culturais que imitem o comportamento mais ou menos geneticamente influenciado de outras espécies. Smith salienta que, uma vez que a teoria da optimização energética tem a sua origem na microeconomia, acaba por resultar mais numa "humanização"

A SOCIOECOLOGIA

dos animais que numa "animalização" do ser humano (Smith 1983: 637-40): o merceeiro deve esvaziar as suas prateleiras de produtos que vendem pouco (análogos às sementes de palmeira dos Ache) para aí colocar os que lhe poderão trazer mais lucro. Existe, no entanto, um risco de se chegar a um círculo vicioso nesta análise: os processos evolutivos são modelados a partir da economia, mas o comportamento económico é, por sua vez, explicado pelos modelos evolutivos.

Sahlins e Douglas afirmam, nas suas argumentações contra o determinismo marxista, que as preferências alimentares humanas são determinadas pela cultura. Dão como exemplo as restrições alimentares de carácter totémico: segundo a lenda aborígene australiana, cada grupo foi contemplado com um território que continha os espíritos das crianças por nascer, que lhe foi atribuído por um ser heróico e ancestral, de aparência simultaneamente humana e animal. Como resultado, as pessoas ainda hoje evitam comer a espécie animal associada ao seu ser ancestral, porque isso equivaleria a comer um familiar. Estas proibições são exemplos dos "operadores totémicos" de que falava Lévi-Strauss, que transformam o pensamento estruturado em acção (ver capítulo 3). Tal com Lévi-Strauss, também Douglas (1966: 53-7) e Sahlins (1976a: 169-77) defendem que os tabus alimentares derivam apenas de questões simbólicas e não do valor económico das espécies em questão. Douglas avança a ideia estruturalista de que as proibições alimentares judaicas, especificadas pelo Velho Testamento, se aplicam a espécies que não se adequam exactamente às categorias cognitivas da cultura judaica: os animais que têm patas dianteiras semelhantes a mãos mas não andam erectos; as criaturas como as enguias e as minhocas, que rastejam e são destituídas de membros; e os animais de unha fendida, como o camelo e o porco, que não são ruminantes, estão excluídos da alimentação porque desafiam a estrutura do antigo pensamento judaico (ver capítulo 3). Embora Sahlins se mostre crítico em relação a Douglas (Sahlins 1976a: 118-19) apresenta uma justificação semelhante relativamente aos comportamentos alimentares que se verificam nos EUA de hoje em dia: não se come cavalo ou cão por estes animais, na sociedade ocidental, serem tratados como criaturas sensíveis, às quais os donos atribuem nomes e dedicam grande carinho, sendo por isso

INTRODUÇÃO À TEORIA EM ANTROPOLOGIA

encarados quase como se fossem semi-humanos. Comê-los seria praticamente uma atitude de canibalismo!

Mas, enquanto crítica à teoria da optimização energética, este último argumento baseia-se até certo ponto numa falha de compreensão: a criação de cavalos é uma forma menos eficaz de se obter proteínas do que a criação de gado, uma vez que o estômago ineficaz dos equídeos os faz comer uma quantidade de erva que é aproximadamente quase quatro vezes superior à que as vacas ingerem. Harris defende que o aumento do consumo de carne de bovino, como carne preferida dos consumidores norte-americanos, é perfeitamente explicável em termos económicos: foi provocado pelo aparecimento de transportes ferroviários de longa distância equipados com sistemas de refrigeração, que permitiam o transporte daquela carne desde a região das grandes planícies até à costa leste (Harris 1979: 254-7; cf. Ross 1980). Se os norte-americanos actualmente podem satisfazer facilmente a sua fome sem recorrer à carne de cavalo ou de cão, é porque se podem dar ao luxo de ser sentimentais. É que a fome altera os valores das pessoas: o explorador australiano Leichhardt viu-se obrigado, em ocasiões diferentes, a comer carne de canguru bebé crua e as correias de couro da sua prensa de plantas. Muitos dos tabus totémicos da Austrália revelam-se na prática menos abrangentes do que aparentam. As pessoas podem comer o seu animal totémico se tiver sido um elemento de outro clã a matá-lo ou, noutros locais, podem caçá-lo e comê-lo sem problemas desde que não ingiram a sua cauda, pescoço ou uma outra parte específica do corpo. Na prática, o sistema de significação opera dentro dos limites impostos pelas condições materiais em que se vive.

A teoria da optimização energética avalia os custos e benefícios imediatos do comportamento dos indivíduos em relação a si próprios, partindo-se do pressuposto de que cada organismo age isoladamente. Dwyer cita o caso de uma caçada organizada por um homem ("M2") da aldeia de Bobole (Nova Guiné) para demonstrar até que ponto uma tal abordagem pode ser enganadora (Dwyer 1985). A meia-irmã desse homem casara recentemente com uma pessoa de Namosado, uma comunidade situada a vários quilómetros dali. "M2" tinha uma dívida para com outro residente de Bobole, que lhe dera carne no passado. Um terceiro homem,

A SOCIOECOLOGIA

que ajudara a trazer o pagamento combinado pela mão da noiva de Namosado, escorregara e magoara-se durante o trajecto. Apesar de "M2" ter pago uma compensação ao conterrâneo acidentado, o clima na comunidade continuou tenso e, pretendendo desanuviá--lo, organizou uma caçada com mais quatro homens. Entre todos, o grupo conseguiu apanhar 30 animais de caça e 49 morcegos mas, apesar deste sucesso extraordinário, "M2" não ficou com uma única peça: a carne foi generosamente distribuída por toda a gente de Bobole e Namosado e não apenas por aqueles com quem o organizador da caçada tinha laços de parentesco reconhecíveis.

Contudo, embora Dwyer defenda que estes dados podem ser utilizados para questionar a aplicabilidade da socioecologia ao comportamento humano, ao fazê-lo chama a atenção para formas nas quais a sobrevivência do indivíduo (e, desde logo, o seu sucesso reprodutivo) é condicionada pela interacção com as outras pessoas. Nas terras altas da Nova Guiné, as pessoas necessitam de preservar a unidade de propósitos dentro da sua comunidade, bem como de ter aliados fora dela (ver o exemplo dos Wahgi no capítulo 5). A optimização energética é aquilo que Maynard Smith designa por "jogo contra a Natureza" (Maynard Smith 1982: 2): o comportamento do predador e da presa influenciam o sucesso reprodutivo mútuo, mas as suas estratégias têm origem em "heranças genéticas" diferentes. O estudo de Dwyer demonstra a importância de se levar em conta as consequências adaptativas da interacção com outros elementos da mesma espécie.

A evolução do comportamento social

A evolução do comportamento social tem vindo a ser explorada através da aplicação da teoria dos jogos à evolução. A finalidade da teoria dos jogos evolucionista é mostrar aquilo que acontecerá se determinadas estratégias forem utilizadas contra si próprias e contra outras, a fim de avaliar os seus custos e benefícios para o sucesso reprodutivo de quem a elas recorre. Esta teoria não tenta explicar a forma através da qual essas estratégias aparecem (parte--se do princípio de que surgem ao acaso, como as mutações), podendo a sua base genética ser pouco clara. Contrariamente a algumas variantes da teoria da interacção (debatidas no capítulo 4), parte-se aqui do pressuposto de que as estratégias existem no

INTRODUÇÃO À TEORIA EM ANTROPOLOGIA

seio de um padrão de interacção social permanente, embora nem por isso se deixe de desenvolver aspectos do interaccionismo, principalmente os formulados por Blau. Maynard Smith define a estratégia que sai vencedora contra si mesma e todas aquelas que ocorrem no campo da interacção como sendo *evolucionariamente estável* (Maynard Smith 1982: 6). As estratégias podem ser evolucionariamente estáveis num determinado meio e não o ser em outro, existindo mesmo meios em que nenhuma das estratégias nesse momento a ser "jogada" pelos elementos das diferentes comunidades seja evolucionariamente estável.

O falcão e a pomba

Um dos modelos de jogo mais simples aplicados à evolução do comportamento social é o do "falcão e da pomba". Embora, de uma forma mais imediata, seja aplicado à territorialidade, este modelo não tem por objectivo representar um exemplo animal específico mas sim revelar todas as possibilidades lógicas inerentes a cada contexto. Parte do princípio de que existem dois competidores em todos os encontros, bem como duas alternativas preestabelecidas — a do *falcão* e a da *pomba*. Nenhum deles sabe de antemão qual a estratégia que o outro adoptará, ou quem vencerá se ambos optarem por lutar. O falcão intensifica o confronto e continua a lutar pelo recurso que ambos pretendem obter até ficar ferido ou o inimigo se retirar. Pressupõe-se que os falcões são animais que apresentam todos a mesma capacidade, pelo que cada um deles vence aproximadamente 50% das suas contendas. As pombas manifestam a sua vontade de lutar, mas retiram-se assim que o opositor aceita o desafio.

Imaginemos uma situação em que dois animais se encontram a competir pelo mesmo recurso (por exemplo, um território) que, quando conquistado, aumentará o sucesso reprodutivo do vencedor, enquanto o derrotado terá de se contentar com outro território qualquer que, por não ser tão bom, lhe diminuirá esse mesmo sucesso. Estes, juntamente com a gravidade com que o animal for ferido, serão os custos e benefícios do recontro, o qual poderá assumir três formas diferentes: se for disputado entre dois falcões, cada competidor terá uma hipótese de vencer na ordem dos 50%, mas também 50% de hipóteses de ser ferido e perder; se a questão

A SOCIOECOLOGIA

for decidida entre um falcão e uma pomba, o primeiro sairá sempre vencedor; e, finalmente, se se tratar de duas pombas, o recurso será partilhado entre ambas, ganhando cada uma delas metade daquilo que um falcão ganhador obteria.

A estratégia da pomba não é estável, uma vez que, logo que seja desafiada por um falcão, sairá derrotada. Pelo contrário, a estratégia do falcão poderá ser estável se o recurso for tão importante que valha a pena correr o risco de ficar ferido para o obter. Se não o for e o risco de se ferir for elevado relativamente aos benefícios que a vitória poderia acarretar, a estratégia estável poderá então consistir na adopção da atitude de falcão numas ocasiões e na da pomba noutras. Maynard Smith considera ainda outras estratégias que podem "invadir" o campo de batalha: a estratégia *burguesa* é fazer de falcão quando se encontra no seu próprio território e de pomba quando penetra no território de outrem, pelo que, sempre que dois estrategas burgueses se encontram, um deles irá necessariamente assumir a primeira atitude e o outro a segunda. Maynard Smith demonstra também que o custo acumulado desta estratégia é menor que o de adoptar invariavelmente uma ou outra dessas atitudes independentemente da estratégia do opositor (Maynard Smith 1982: 22), uma vez que se consegue assim vencer mais vezes do que a pomba e ficar ferido menos vezes que o falcão. Trata-se por isso de uma estratégia evolucionariamente estável porque sai vencedora tanto quando é confrontada consigo própria, como com as outras duas.

O dilema do prisioneiro

O "dilema do prisioneiro" é um jogo mais complexo, que fornece um exemplo para a evolução da cooperação, principalmente no sentido da reciprocidade, em que os participantes fazem as suas jogadas alternadamente. Tem como base a situação em que dois suspeitos foram presos pela polícia e estão a ser interrogados em gabinetes separados (a alternativa será imaginar-se dois resistentes capturados por um exército invasor). É dito a cada prisioneiro que, se implicar o outro no crime, receberá uma redução de pena. Se os dois confessarem, beneficiarão ambos dessa pena mais leve – mesmo admitindo a sua culpa –, uma vez que o seu depoimento ajudará a polícia a resolver o caso. Se algum deles se recusar a

INTRODUÇÃO À TEORIA EM ANTROPOLOGIA

confessar e o outro decidir fazê-lo, a sua pena será mais pesada. Sabem ambos que, se o outro se mantiver em silêncio, o melhor será proceder da mesma forma, uma vez que poderão vir a ser ambos libertados por falta de provas. Se, contrariamente a isso, suspeitarem que o outro confessou, o melhor será fazer o mesmo (Trivers 1985: 389-90). Trata-se de um "jogo de resultado não zero", uma vez que o grau de ganhos (ou perdas) de cada prisioneiro dependerá das estratégias que ambos adoptarem. Aparentemente, optar pela confissão parece ser a estratégia evolucionária estável, uma vez que se saldará por um empate quando confrontada consigo própria e por uma vitória quando confrontada com a manutenção do silêncio enquanto a outra pessoa confessa. No entanto, revela--se mais desfavorável do que a cooperação mútua, uma vez que resultará ainda assim numa pena leve.

Numericamente, os custos poderão ser representados da seguinte forma: se eu confessar e o outro mantiver o silêncio, essa atitude custar-me-á 1 e a ele 4. Se confessarmos ambos, custar--nos-á 2 a cada um. Se eu me mantiver em silêncio e ele confessar, terei de pagar 4 (a chamada "recompensa do idiota"). Mas, se ambos ficarmos calados, essa opção custar-nos-á 0. O preço de eu confessar é assim de 1 ou 2 , enquanto que o de manter o silêncio será de 0 ou 4. Este modelo apenas poderá ser aplicado a situações quotidianas se os custos das estratégias alternativas se encontrarem classificados por esta ordem.

Cada prisioneiro enfrenta o dilema de, apesar de a opção da confissão ser menos arriscada do que a da cooperação mútua, se ambos confessarem irão acabar sempre por ser punidos, o que já não aconteceria se mantivessem o silêncio, ou seja, se cooperassem entre si. Axelrod salienta que, enquanto a teoria de Hobbes sobre as origens da cooperação se limitava a pressupor a intervenção de um soberano para assegurar a existência desta última, o Dilema do Prisioneiro vai mais longe, conseguindo explicar a forma como ela surgiu através de uma interacção directa entre jogadores que se encontravam em situações semelhantes (Axelrod 1990: 6). Embora seja verdade que no Dilema do Prisioneiro os captores desempenham uma função muito próxima da do soberano de Hobbes, na realidade essa função é desempenhada pelas forças cegas da selecção natural. Axelrod percebeu que a cooperação

A SOCIOECOLOGIA

apenas poderá surgir se o prisioneiros conhecerem de antemão as intenções um do outro. Mas, como se encontram separados em celas individuais, para que tal aconteça terá de haver um prévio conhecimento mútuo. Assim, quando o jogo é jogado repetidamente, a estratégia estável poderá ser a cooperação, mas, se é jogado pela primeira vez, essa estratégia será a confissão.

Axelrod criou um programa informático para apurar qual a estratégia mais eficaz quando o jogo é jogado repetidamente, convidando pessoas a apresentar estratégias que pudessem ser confrontadas entre si no computador e estratégias concorrentes para identificar qual a melhor em termos de longo prazo. A vencedora foi a chamada estratégia do "olho por olho". Aqui, cada jogador começa por partir do princípio de que o outro vai cooperar (ou seja, ninguém confessa) e depois, nas jogadas subsequentes, faz exactamente aquilo que o outro fizer. Desta forma, os outros jogadores que cooperam são recompensados, mas os que confessam são punidos. Axelrod pergunta como poderia uma tal estratégia "invadir" um terreno de jogo em que toda a gente tivesse optado pela a estratégia egoísta e hobbesiana da confissão. Defende que um jogador que assuma a atitude do "olho por olho" não conseguirá vencer sozinho mas, se alguns pares ou pequenos grupos entrarem em campo com esta estratégia, o seu sucesso perante os outros resultará na obtenção de resultados mais vantajosos do que os obtidos pelos "desertores" permanentes (Axelrod 1990: 50-1). Existe no entanto um outro elemento a ter em conta: se os jogadores souberem que estão a jogar pela última vez e não dependerem uns dos outros para situações de cooperação futura, a melhor estratégia será, mais uma vez, optar pela confissão. O seu "plano de jogo" terá assim de incluir uma avaliação da probabilidade de se virem a encontrar novamente. Quanto mais elevadas julgarem ser essas probabilidades, mais susceptíveis serão de colaborar (Axelrod 1990: 10-13; ver também Ridley 1996).

A adaptação e o comportamento social

Os socioecologistas reconhecem quatro tipos de interacção social: cooperação, reciprocidade, competição e inveja (Trivers 1985: 41-65). Os parágrafos que se seguem analisam a evolução da cooperação e da reciprocidade entre os seres humanos:

INTRODUÇÃO À TEORIA EM ANTROPOLOGIA

Na *cooperação*, ambas as partes beneficiam imediatamente.

Na *reciprocidade*, uma parte dá à outra e fica a perder, aguardando no entanto que o favor lhe seja retribuído mais tarde.

Na *competição* só pode ganhar uma parte, à custa da outra.

Na *inveja* uma parte magoa a outra para se magoar a si própria. Ambas ficam a perder.

Uma vez que numa situação de cooperação os benefícios são imediatos e as estratégias dos outros jogadores são evidentes, torna--se relativamente fácil verificar o modo como a cooperação pode evoluir. Esta evoluiu com as estratégias de caça de certos animais, tais como cães selvagens e leoas. Os Mbuti dependem da cooperação de cerca de vinte a trinta homens e mulheres para conseguir caçar com redes na floresta de Ituri, na África Central, e as comunidades que praticam esta actividade apenas se juntam em acampamentos com alguma dimensão na altura em que o mel silvestre pode ser recolhido (Turnbull 1965: 106-7). Por seu turno, os Tiwi, do Norte da Austrália, necessitam de quinze homens para bater pelo fogo as pradarias da sua região, sem contar com o auxílio das mulheres e crianças como batedores (Hart e Pilling 1966: 42). No acampamento inuíte de Netsilik, na costa do Árctico, a carne de foca é uma parte muito importante do regime alimentar durante o Inverno. As focas são arpoadas quando emergem à superfície para respirar em buracos feitos no gelo. No entanto, estes animais desenvolveram com o tempo um sistema para reduzir o risco inerente a vir respirar, tendo cada um deles passado a abrir vários buracos, entre os quais se vai movimentando. Os caçadores vêem--se assim obrigados a cooperar para garantir que todos os buracos fiquem guardados. Balikci calcula que um campo de Inverno de caça às focas necessite de quinze caçadores para operar de uma forma eficaz, salientando que, quando um homem consegue caçar uma foca, a sua mulher divide o animal em catorze partes iguais, ficando cada uma delas para os outros companheiros de caça (Balikci 1970: 58, 75). Smith, que calculou ao pormenor os benefícios da cooperação entre os Inujuamíutes, considera por seu turno que a quantidade ideal de caçadores num grupo de caça às focas é de apenas três elementos (Smith 1991: 323-7). Não obstante, em qualquer um destes três exemplos, um caçador nunca obterá sozinho os mesmos resultados que consegue obter em grupo,

A SOCIOECOLOGIA

pelo que se pode afirmar que a cooperação constitui uma estratégia evolucionária estável.

O altruísmo

A estratégia de abdicar de um recurso em benefício de outrem, observada no relato de uma caçada na Nova Guiné, feito por Dwyer, é mais difícil de explicar. Não obstante, foram já várias vezes observados comportamentos semelhantes em várias comunidades de caçadores-recolectores, como por exemplo um caçador partilhar as suas peças de caça com outros membros do seu grupo ou os elementos de uma determinada comunidade deixarem que outro grupo se abasteça nas suas terras. Esse comportamento é conhecido por *altruísmo*. A antropologia marxista identificou a falta de exigências de direito exclusivo à posse de terra como base do igualitarismo que se verifica entre os caçadores-recolectores. E, como pressupõe que esta é a condição humana natural, ou original, considera desnecessário explicá-la.

A primeira explicação neo darwinista do altruísmo foi apresentada por Hamilton (1964; a sua teoria encontra-se resumida em Trivers 1985: 45-7, 126-7). Hamilton demonstrou que os indivíduos com um parentesco genético próximo poderão beneficiar do altruísmo. Num formigueiro ou numa colmeia, todas as "trabalhadoras" são filhas da mesma rainha pelo que, se algumas delas sacrificarem as suas vidas para salvar a colónia, é natural que as sobreviventes transportem consigo o mesmo gene "altruísta", ou gene complexo. Esta extensão do conceito de sucesso reprodutivo é conhecida por "adequação inclusiva": um indivíduo sacrificar a própria vida para bem da colónia não aumenta a sua adequação pessoal ao meio, mas assegura a transmissão dos seus genes à geração seguinte. Para apoiar a teoria de Hamilton, Trivers cita o caso do esquilo de Belding, um pequeno mamífero da América do Norte que é frequentemente alvo de predadores. Por vezes, um destes esquilos entoa um grito de alarme ao ver o predador aproximar-se mas, quando o faz, sabe que está a atrair para si as atenções do mesmo, sendo natural que se transforme então na presa escolhida. As fêmeas nunca se afastam muito do seu local de nascimento, mas os machos deslocam-se para sítios mais distantes ao atingir a maturidade sexual. Depois de se

INTRODUÇÃO À TEORIA EM ANTROPOLOGIA

dispersarem, os machos raramente emitem avisos de alarme e dificilmente se alimentam perto da família. Assim, era mais provável que fossem as fêmeas adultas a dar o grito de alarme, nas ocasiões em que os familiares se estavam a alimentar nas proximidades (Sherman 1980, resumido em Trivers 1985: 110--14). O(s) gene(s) que determina(m) a tendência para emitir gritos de alarme será(ão) assim favorecido(s) pela selecção.

A teoria de Hamilton foi aplicada ao altruísmo dos seres humanos. Chagnon defende que o casamento entre primos cruzados na sociedade ianomami (ver capítulo 3) resulta numa ligação genética progressiva entre os membros de linhagens aliadas. A morte em defesa da aldeia teria assim o mesmo efeito que os sacrifícios das formigas ou abelhas-soldado, perpetuando os genes responsáveis por esse comportamento por todo um grupo de indivíduos aparentados (Chagnon 1982). Os Saracatsani comportam-se da forma que esta teoria do altruísmo prevê ao recusarem-se a comportar-se altruisticamente para com alguém que lhes seja mais distante do que um primo em segundo grau (ver capítulo 2). Para lá desse grau de parentesco, a probabilidade de partilha do mesmo gene é demasiado baixa para compensar o risco de sacrifício.

Altruísmo e reciprocidade

Por vezes, mesmo entre as espécies não humanas, ocorrem situações de altruísmo entre indivíduos que não têm um parentesco próximo entre si. Para explicar esse tipo de comportamento, Trivers criou o conceito de altruísmo recíproco. O melhor exemplo não humano deste género de comportamento encontra-se nos morcegos-vampiros (Wilkinson 1984, resumido em Trivers 1985: 363-6). Estes animais vivem em colónias, voando todas as noites até aos locais onde existe gado, cujo sangue chupam. Cada um deve alimentar-se no mínimo uma vez por cada três dias para poder sobreviver, mas as suas vítimas, muitas vezes, conseguem sacudi--los. Um morcego bem alimentado é capaz de regurgitar uma parte da sua refeição para partilhar com um companheiro que não tenha conseguido alimentar-se. Trivers defende que o altruísmo recíproco se transforma numa estratégia evolucionariamente estável sempre que haja perigo de morte (por exemplo, pela fome) e em que seja

A SOCIOECOLOGIA

impossível prever qual o indivíduo que será bem sucedido numa determinada ocasião, mas que aqueles que forem bem sucedidos consigam uma quantidade superior à das suas necessidades imediatas. Nas ocasiões em que o indivíduo que já foi bem sucedido deixa de o ser, a dívida poderá ser-lhe paga. Os dois parceiros sobreviverão, enquanto que sozinhos teriam provavelmente, mais tarde ou mais cedo, morrido. Este padrão de comportamento pode ser concebido como uma versão do Dilema do Prisioneiro porque, quando cada um dos participantes coopera partilhando os seus alimentos, nunca sabe ao certo quais são as intenções do outro. A partilha beneficia ambos os intervenientes a longo prazo, mesmo que a melhor estratégia de curto prazo tivesse sido a atitude egoísta de não partilhar. A opinião de Axelrod de que a cooperação só poderá surgir onde houver uma série de trocas indefinidas é corroborada por este estudo: os morcegos regurgitam sangue mais facilmente para aqueles com quem estão em contacto há mais tempo (Trivers 1985: 364).

O melhor exemplo de um tal comportamento entre os caçadores--recolectores é o da partilha da carne: é característico dos indivíduos destes grupos compartilhar a carne dos animais de grande porte por todo o acampamento, enquanto que os vegetais são encarados como propriedade do agregado que os colheu. Estes últimos são encontrados regularmente, pelo que a sua obtenção é algo de previsível, contrariamente à caça grossa que, embora de cotação mais elevada nas tabelas da alimentação, só de vez em quando se consegue obter. No entanto, quando é obtida, as suas peças têm grandes quantidades de carne, mais do que aquelas que o agregado familiar do caçador consegue consumir. Mesmo que alguns caçadores sejam melhores que outros, ninguém pode ter a certeza de quem é que vai ser bem sucedido em determinada ocasião. Os caçadores !Kung da África Austral, Gidjingali do Norte da Austrália e os Ache do Paraguai partilham todos as peças de caça grossa que obtêm com os companheiros, embora a situação mude quando se trata dos alimentos obtidos pelas mulheres, que normalmente se destinam exclusivamente ao agregado familiar de cada uma (Altman e Peterson 1988; Kaplan e Hill 1985; Marshall 1976).

O altruísmo recíproco não se restringe às comunidades de caçadores e recolectores. Longe de o encarar como uma carac-

INTRODUÇÃO À TEORIA EM ANTROPOLOGIA

terística sintomática de um estádio da evolução social humana, a teoria darwinista prevê que tal comportamento seja adaptativo sempre que se verifiquem condições propícias. As situações de auxílio recíproco entre agregados familiares, tais como as distribuições de cerveja dos Fur, são bastante vulgares nas sociedades agrícolas, ocorrendo igualmente nos bairros de lata como Los Peloteros (ver capítulo 2). Todos esses agregados necessitam de pedir auxílio aos vizinhos quando um dos seus elementos fica doente, ou quando as colheitas falham devido a algum acidente, mas ninguém consegue prever a situação e o momento exacto em que isso vai acontecer (Erasmus 1955; Scott 1976; Painter-Brick 1933). As mesmas considerações incentivaram as pessoas a participar nas "associações de beneficiência"[*] criadas durante a Revolução Industrial, embora neste caso o padrão de contribuição se invertesse. Tal como nas "sociedades de subscrição" camaronesas (ver capítulo 5), cada elemento contribuía com uma pequena quantia, paga regularmente, destinada aos momentos de necessidade pelos quais, mais cedo ou mais tarde, todos passariam. Axelrod aplica o modelo do "Dilema do Prisioneiro" à resolução dos conflitos internacionais, em que os participantes (as nações envolvidas) devem adivinhar as intenções uns dos outros (Axelrod 1990: 186-91).

A etnografia de Weiner, baseada num trabalho de campo efectuado nas proximidades dos locais por onde Malinowski andara cinquenta anos antes, sugere que os habitantes das Ilhas Trobriand agem exactamente da maneira que deveriam agir se se encontrassem numa situação de "Dilema do Prisioneiro". As pessoas criam parcerias de troca *keyawa* de forma a conseguirem auxílio para obter recursos nas alturas de maior necessidade, devendo em troca prestar esse mesmo tipo de auxílio aos seus parceiros que dele necessitem (Weiner 1976: 57, 125):

"Os aldeões interpretam as ocasiões de troca tratando os objectos e estilos da mesma como provas de atitudes e expectativas

---

[*] *Friendly Society*, no original. Trata-se de um tipo associação de beneficiência, que surgiu em Inglaterra nos séculos XVII e XVIII, cujos membros contribuíam regularmente com donativos, recebendo, em troca, auxílio financeiro em caso de doença ou na sua velhice. (N. R.)

A SOCIOECOLOGIA

(…). A transacção declara normalmente um facto consumado, ao mesmo tempo que permite a cada um dos participantes subvertê-lo. A troca (…) dá oportunidade a que se verifique um processo permanente no qual o dador e o receptor possam reavaliar continuamente não só a sua condição actual relativamente ao sistema mas também a do parceiro." (Weiner 1976: 213).

A estratégia do "olho por olho" que resolve o Dilema do Prisioneiro explica a razão pela qual a reciprocidade está, como Mauss e Polanyi haviam salientado, intrinsecamente presente nas relações sociais. Embora os autores mais antigos tivessem tendência para partir do princípio de que as trocas recíprocas foram criadas devido ao facto de as pessoas necessitarem de relações sociais, o modelo do Dilema do Prisioneiro sugere que as pessoas necessitam das relações sociais para garantir a reciprocidade. É no entanto normal estas trocarem pequenos presentes como prova da sua boa vontade permanente.

A reciprocidade constitui uma estratégia estável sob as condições de incerteza delineadas acima, embora, noutras circunstâncias, possa ser "invadida" por estratégias alternativas. Smith considera várias alternativas (Smith 1988: 233), uma das quais é o armazenamento. Num meio ambiente altamente sazonal, como o do Árctico, a altura em que existirão excedentes alimentares é muito previsível. Os Nunamiútes, por exemplo, obtêm 80% do seu consumo anual de carne durante os quinze dias da Primavera e do Outono em que se dá a migração dos caribus (Binford 1979). Todos os agregados familiares que cooperam numa caçada aos caribus recebem imediatamente a sua parte da carne, mas é mais eficaz para cada agregado armazenar o máximo possível nessa estação de abundância para se ir comendo depois ao longo das estações mais difíceis, até porque o armazenamento é mais fácil no Árctico que nos trópicos. A grande importância dada pelos nativos da costa noroeste dos EUA ao armazenamento foi já referida no capítulo 4. É provável que a capacidade que o dinheiro tem de funcionar como reserva de valor seja responsável pelo declínio da reciprocidade, e das relações sociais que esta exige na sociedade ocidental. Se assim for, a análise de Polanyi dos efeitos destrutivos do mercado nas relações sociais é apoiada pela teoria socioecológica.

INTRODUÇÃO À TEORIA EM ANTROPOLOGIA

A territorialidade

Um *território* é uma área ocupada mais ou menos exclusivamente por um indivíduo ou grupo, que utiliza um determinado meio para assinalar a sua posse e que, se necessário, o defende fisicamente. Os socioecologistas reconhecem três formas de territorialidade:

1. Defesa de uma pequena área na qual se situa um recurso essencial, tal como o local do ninho para um pássaro ou, num contexto humano, um poço de água no deserto;

2. Garantia de um direito superior a todos os recursos alimentares numa zona maior;

3. Patrulhamento da fronteira do território para evitar que os forasteiros lá entrem.

Um *espaço de acção* é uma área no seio da qual um indivíduo ou grupo se deslocam habitualmente em busca de alimentos. Não poderá ser considerado um território se esse indivíduo ou grupo não declararem ter direito a ele perante os outros.

Contrariamente àquilo que afirmam as teses de Rousseau e dos marxistas, os caçadores-recolectores costumam manifestar os seus direitos à posse dos seus territórios. Na maioria dos casos, fazem--no declarando um direito original à posse de todos os recursos de uma determinada área, mesmo quando a grupos vizinhos é dada permissão de entrar nessa área. Uma das poucas sociedades que parecem adequar-se à imagem criada por Rousseau e Marx são os Batek De, que habitam a selva da Malásia, povo que acredita que a terra foi criada para que todos a utilizem. Se bem que os indivíduos possam ter um sentimento de associação sentimental pela zona onde nasceram, isso não lhes confere quaisquer direitos sobre a posse da mesma (Endicott 1979: 10).

Os caçadores-recolectores que vivem tanto nos trópicos como no Árctico permitem normalmente que grupos de estranhos procurem alimentos nos seus territórios, em troca de estes lhes darem o direito de fazer o mesmo (ver Smith 1991: 110-13, para um relatório de um trabalho de campo no Árctico). Tal como acontece com os participantes no *kula* estudados por Malinowski, o valor de se ter um objecto é o direito que sua a posse confere de se poder oferecê-lo a outrem. Não obstante, o tipo de territorialidade praticado pelos caçadores-recolectores varia de acordo com

A SOCIOECOLOGIA

o tipo de meio ambiente em que se encontram, sendo possível estudar as circunstâncias nas quais o acesso recíproco se afigura mais adaptativo. Uma violação de fronteiras acidental é tolerada pelos Mbuti da selva, mas os direitos de acesso mútuo na verdadeira acepção da palavra são mais comuns entre as sociedades caçadoras--recolectoras dos desertos da África Meridional e da Austrália. Ambos os procedimentos diferem daquele que tradicionalmente existia na costa noroeste da América do Norte, onde as fronteiras territoriais eram defendidas pela força, chegando-se ao ponto de matar quem as transpusesse.

A floresta de Ituri, onde vivem os Mbuti, é um meio ambiente relativamente propício, no qual a caça e os alimentos de origem vegetal se encontram distribuídos de uma forma bastante equilibrada e a maioria dos animais que este povo caça não se desloca a grandes distâncias (Turnbull 1965: 173; Harako 1981: 503). Cashdan defendeu que os grupos que habitam as zonas mais ricas do Calaári eram menos tolerantes com as visitas de outros grupos ao seu território (Cashdan 1980), embora mais tarde também tenha descrito a forma como as comunidades que viviam na região mais árida daquele deserto conseguiam controlar o acesso aos recursos através da exigência de que os visitantes pedissem autorização para acampar com os seus anfitriões (Cashdan 1983). Os Ju/ 'hoansi, ou !Kung do Dobe, vivem num meio ambiente muito mais desigual que os Mbuti. Durante três ou quatro anos por década, verifica-se uma seca na sua região e, de um ano para o outro, a pluviosidade pode variar num factor de dez numa distância de poucos quilómetros. Cada grupo vive num *n!ore* (território) centrado em redor de um poço de água semipermanente e ninguém pode contar viver indefinidamente dos recursos dessa extensão de terreno. O acesso a tais territórios não é defendido, mas os visitantes devem abordar os proprietários para acampar junto a um poço ou procurar alimentos no território adjacente ao mesmo. As pegadas são facilmente identificáveis no deserto, pelo que é quase impossível caçar ou recolher alimentos sem se ser descoberto. Os visitantes acompanham normalmente os habitantes locais quando estes vão em busca de alimentos e os grupos de dois ou mais poços costumam unir esforços para explorar um recurso "maior", tal como os feijões *tsin* ou as nozes de *mongongo* (Lee 1979: 336).

INTRODUÇÃO À TEORIA EM ANTROPOLOGIA

Contaram a Lee que "é quando eles comem sozinhos, e nós mais tarde descobrimos, que começa a luta" (Lee 1977: 336).

Os Iancunitjatjara do deserto ocidental australiano vivem num meio ambiente diversificado semelhante ao da região do Dobe, no Calaári. Segundo os procedimentos tradicionais, que antecedem o contacto colonial da década de 30, os visitantes devem pedir autorização para procurar alimentos no *ngura* (território) de outro grupo, que no entanto só muito raras vezes é recusada. As proibições de carácter totémico exprimem a relação especial com o ser ancestral que conferiu a cada grupo a posse do seu território (Layton 1986; cf. Myers 1986). Os grupos que procuram alimentos costumam acender regularmente pequenas fogueiras para indicar a sua linha de deslocação, sendo os grupos inesperadamente encontrados suspeitos de ter más intenções, seja roubar alimentos ou matar alguém por vingança. O facto de Radcliffe-Brown não ter estudado a vida quotidiana tradicional da Austrália fez com que não tivesse conseguido apreender toda a dimensão da sociedade aborígene e presumir, erradamente, que cada grupo reclamava ter direito exclusivo aos recursos existentes no seu território (ver capítulo 2).

Contrariamente à estratégia do "falcão" adoptada na defesa de fronteiras na costa noroeste da América do Norte, os caçadores--recolectores das latitudes baixas jogam uma versão suavizada da estratégia territorial "burguesa" de Maynard Smith. No deserto, pode ver-se a chuva a cair a muitos quilómetros de distância, pelo que ninguém consegue esconder a abundância temporária de alimentos vegetais que se segue à chuva. Se essa abundância produzir mais do que o grupo dessa zona necessita para a sua subsistência imediata, poderá ser mais vantajoso para o mesmo, a longo prazo, partilhar o referido excedente com os outros grupos do que comer em excesso, ganhando assim o direito a uma parte da abundância que estes possam vir a ter num dado momento do futuro.

A estratégia da reciprocidade será "invadida" pela da defesa de fronteiras sempre que a variação na abundância de recursos se torne sincronizada ao longo de uma área vasta. Num meio assim, deixa de haver necessidade de se precaver situações de escassez futura, permitindo-se aos outros a exploração dos nossos recursos.

A SOCIOECOLOGIA

Há trinta anos, foi concebido por Brown (1964) um modelo que previa as alturas em que seria rentável para os animais defender os seus territórios. Tal como a teoria de optimização energética, com a qual está directamente relacionada, o modelo de territorialidade da defensibilidade económica avalia os custos e ganhos de se defender um território, e prevê as condições em que tal defesa aumente o sucesso reprodutivo de um indivíduo ao exercer a sua territorialidade. Normalmente, diz-se que há três custos principais ao defender-se um território: um risco físico no seu patrulhamento, se houver ameaças à sua integridade por parte de outros grupos, como se verifica no jogo do falcão e da pomba; o risco de se perder tempo e energia nesse patrulhamento, que poderiam ser gastos a procurar alimentos ou a educar os mais novos; e, por último, o risco de os recursos dentro desse território se esgotarem. O principal benefício em preservar os direitos sobre um território é a eliminação da competição pelos recursos com outros elementos da mesma espécie. Nem todos os indivíduos de uma determinada população podem ter sucesso na obtenção de território, ou então alguns obterão parcelas maiores que os outros.

Reclamar o acesso exclusivo a um determinado território revela-se mais lucrativo quando os recursos se encontram ampla e equilibradamente distribuídos, mas numa quantidade suficientemente pequena para que compense lutar por eles. Conforme os recursos se vão tornando mais escassos, vai sendo necessário um território cada vez maior para se garantir a auto-subsistência e os custos do patrulhamento das suas fronteiras aumentarão assim até que, finalmente, acabarão por exceder os benefícios. Da mesma forma, conforme os recursos vão ficando mais imprevisíveis, torna-se cada vez menos certo que seja compensatório para o indivíduo defender o território, pelo que, mais uma vez, a defesa se torna pouco económica. Cashdan foi a primeira a salientar que os caçadores-recolectores das latitudes mais baixas se adaptam a uma tal situação permitindo o tipo de acesso mútuo acima descrito, em vez de abandonarem pura e simplesmente a territorialidade (Cashdan 1983).

Inspirados pelo trabalho original de Steward junto das comunidades Xoxones e de outros grupos do planalto da Grande Bacia, Dyson-Hudson e Smith aplicaram o modelo a várias

INTRODUÇÃO À TEORIA EM ANTROPOLOGIA

comunidades de caçadores-recolectores e a uma sociedade pastoril (os Karimojong) da África Oriental (Dyson e Hudson-Smith 1978). Os nativos da costa noroeste da América do Norte, tais como os Tsimshian (capítulo 2), são o melhor exemplo de entre as comunidades caçadoras-recolectoras da história recente que defendiam as fronteiras dos seus territórios contra quem viesse de fora. Os territórios estavam na posse de grupos de descendência ambilinear ou matrilinear, que obtinham toda a sua alimentação dentro do respectivo território (Richardson 1986). Qualquer caçador que encontrasse outro homem no interior do território do seu grupo atacava-o, o que muitas vezes culminava com a morte de um deles (Boas 1966: 36). Os Xoxones do ocidente, que ocupavam o planalto da bacia californiana, viviam num meio ambiente muito mais desfavorável. Steward descobriu que, durante o Verão, as famílias procuravam os seus alimentos de uma forma independente, vivendo de bolbos e da caça pequenos animais. Devido ao facto de os animais caçados não viverem em manada, não havia vantagem para este povo em cooperar na caça. Durante o Inverno, o seu principal alimento eram os pinhões. Embora várias famílias acampassem em conjunto, a produção anual de pinhões de cada bosque era imprevisível. Assim, como não havia necessidade de se defender este ou aquele pinhal, não existiam grupos familiares unidos em linhagens corporativas (Dyson--Hudson e Smith 1978: 28).

Entre as tribos de agricultores, como os Ianomami e os Wahgi, a linhagem revela uma função claramente territorial na coordenação da defesa dos campos de cultivo contra as investidas dos forasteiros. A hipótese de Rousseau de que a guerra teve a sua origem no aparecimento do cultivo é, até certo ponto, corroborada pela preponderância da guerra nas comunidades de carácter agrícola. Entre os povos da África Oriental como os Nuer e os Karimojong, podemos reconhecer três níveis de territorialidade. Tal como os primeiros, os segundos combinam a agricultura com a criação de gado. Dyson-Hudson e Smith descobriram que os agregados familiares defendem as suas hortas contra os forasteiros e ladrões devido não só ao facto de terem investido tempo e esforço no seu cultivo, mas também pelo carácter reduzido e concentrado desses terrenos, o que os torna mais fáceis de defender. Quanto ao gado,

A SOCIOECOLOGIA

o direito à sua utilização já é compartilhado pelas diversas linhagens e a sua defesa pelos guerreiros foi já referida a propósito dos Samburu (capítulo 2). Os recursos mais escassos e imprevisíveis são as pastagens e os charcos de água, e estes são-no a tal ponto que seria fisicamente impossível para uma linhagem, e ainda menos para um só agregado familiar, defender toda a área de que os seus elementos necessitariam para alimentar todo o seu gado. Lefébure argumenta que, ao partilharem os seus direitos às pastagens com toda a comunidade tribal, os diversos agregados familiares têm acesso garantido aos recursos dos quais os seus rebanhos dependem sempre que acamparam no território da comunidade (Lefébure 1979). Esta prática da adopção de diferentes estratégias consoante os recursos que se encontram disponíveis é perfeitamente compatível com a teoria socioecológica.

A socioecologia substitui o formalismo do funcionalismo estrutural e o evolucionismo progressivo implícito nalgumas vertentes do Marxismo por modelos que prevêem as alturas em que tanto os tecidos sociais que assentam sobre a troca recíproca, como as linhagens corporativas se transformarão em estratégias evolucionariamente estáveis.

Manifestação de intenções sociais
Uma das descobertas mais interessantes de Axelrod foi o facto de a reciprocidade apenas se transformar numa estratégia estável quando os participantes prevêem que vão continuar a interagir por um período indefinido. A troca recíproca de recursos de subsistência nas comunidades humanas é acompanhada por frequentes trocas de presentes que assinalam a disponibilidade do indivíduo para continuar a reconhecer as obrigações recíprocas. O constante fluxo de presentes que se verifica em muitas sociedades de caçadores-recolectores é espantoso. Quando os europeus, mesmo os antropólogos, se deparam com este facto pela primeira vez, tomam muitas vezes aquilo que na verdade é um convite para entrarem numa relação recíproca por um acto de pedinchice. Jean Briggs, falando na conferência anual de 1990 da Associação dos Antropólogos Sociais, contou que foi visitar uma comunidade inuíte já sua conhecida envergando um anoraque novo e que um amigo nativo lho pediu de imediato. Mas a antropóloga recusou,

INTRODUÇÃO À TEORIA EM ANTROPOLOGIA

considerando que o anoraque lhe iria fazer falta para assegurar a sua sobrevivência nas difíceis condições climatéricas do Árctico. O seu amigo ficou em silêncio durante alguns momentos, dizendo depois: «Não quero ficar a pensar "Quando é que a Jane morre para eu poder ter aquele anoraque?"». E, facto que não surpreende, aquela peça de vestuário mudou imediatamente de mãos! (para outros exemplos ver Briggs 1970: 209-11). No deserto da Austrália Ocidental, ninguém deve rebaixar outra pessoa fazendo-a sentir--se em dívida para consigo. Myers afirma que o valor de utilização imediato dos utensílios, peças de roupa e até mesmo alimentos trocados entre os Pintupis da Austrália Central não é elevado: qualquer pessoa os pode obter ou fabricar. A troca é importante porque expressa a base moral para se continuar a viver em conjunto e a cooperar no interior do acampamento (Myers 1988). Entre os Iancunitjatjara, nunca se diz "obrigado" de uma forma efusiva. Um simples "*Uwa, palya* (Sim, bom)" é o suficiente e as pessoas não devem olhar-se nos olhos ao dar ou receber presentes, para que esse acto não seja considerado uma manifestação de domínio sobre a outra pessoa. Os !Kung têm um sistema de trocas chamado *Hxaro* (ver capítulo 5), que mantém uma vasta rede de amizades entre pessoas tanto no interior do mesmo grupo como de grupos diferentes (Wiessner 1982). Quando os parceiros vivem afastados, torna-se importante manterem uma troca de presentes regular para assegurar um ao outro que ainda dão valor à sua relação. As mulheres desempenham o papel principal na manutenção destas relações, empreendendo longas viagens para visitar os parceiros do *Hxaro*, a quem oferecem colares de conchas de ostra, recipientes para a água, etc. Esta forma de oferta de presentes é muito diferente das trocas competitivas do *potlatch*, que asseguram agressivamente os direitos de quem dá e não de quem recebe. Garante além disso a um determinado agregado o direito de visitar os parceiros de troca sempre que o seu *n!ore* seja afectado pela seca.

Tal como os babuínos, os chimpanzés manifestam o apoio mútuo limpando-se uns aos outros. Os chimpanzés chegaram mais longe que os babuínos no desenvolvimento de rituais de abraços e beijos de reconciliação após uma disputa (de Waal 1982: 41). É necessário algum tempo para se limpar outro indivíduo, tempo esse que poderia ser gasto noutras actividades, tais como a procura

A SOCIOECOLOGIA

de alimentos. Dunbar defende que, conforme as dimensões do grupo foram aumentando no decurso da evolução humana, também a linguagem se desenvolveu de forma a proporcionar uma forma menos morosa de se manifestar uma intenção positiva, que podia ser utilizada para comunicar com várias pessoas ao mesmo tempo. Para este investigador, a função original da linguagem era idêntica à da situação de um cumprimento de rua, em que uma pessoa raramente espera para saber a resposta à sua pergunta de "Como está?" Salienta também que, entre os caçadores-recolectores, a comunidade raramente se encontra toda no mesmo local (Dunbar 1993: 865). É possível que a linguagem tenha sido favorecida como uma adaptação devido à sua capacidade única de expressar ideias sobre o passado, o futuro e as pessoas distantes no tempo e no espaço, tais como os sócios do *Hxaro* nos seus diferentes acampamentos, dos quais se podia vir a depender no futuro e que tinham ficado em dívida no passado.

A socioecologia oferece assim oportunidades aliciantes para se explicar a variação no comportamento humano. No entanto, contrariamente ao marxismo, não costuma dar grande atenção às consequências da interacção a longo prazo, as quais resultam em diferenças de riqueza e poder. O calcanhar de Aquiles deste ramo da antropologia é a sua explícita fundamentação em modelos que derivam da economia de mercado quando, tal como ficou demonstrado no capítulo 4, uma situação de mercado generalizado só é possível quando existe uma sociedade industrial. Mas qual a validade de um processo analógico que explica o comportamento animal através de modelos destinados a elucidar as políticas dos lojistas, reaplicando-os depois a populações de carácter não ocidental (cf. Maynard Smith 1982: 172)? Será esta abordagem verdadeiramente universal ou será que apenas recria as outras sociedades à imagem da nossa? Estas perguntas foram colocadas também pelos pós-modernistas, que as utilizaram para por em causa a validade das teorias gerais sobre a sociedade humana. A antropologia pós-modernista será analisada no capítulo seguinte.

7

O PÓS-MODERNISMO E A ANTROPOLOGIA

No capítulo 4 demonstrou-se que as teorias interaccionistas estiveram na base do aparecimento de duas tendências divergentes no pensamento antropológico. Uma delas, causada pela concepção da vida social como um jogo em que as movimentações consistem em transacções de bens e serviços, foi desenvolvida pela antropologia marxista (que dominou a década de 70) e adoptada, de diferentes formas, pela socioecologia. Quer uma, quer outra defendem que o resultado de um tal jogo pode ser explicado através de leis gerais que operam independentemente das intenções dos participantes. A segunda tendência, surgida da concepção da interacção cultural como linguagem, é o assunto deste capítulo. Nesta perspectiva, a vida social é interpretada como um conjunto de transacções de significado e não de substância.

Esta tendência tem as suas raízes numa tradição alemã de sociologia interpretativa, que influenciou tanto Boas como Weber. Boas, apesar da sua formação de cientista natural, começou a dada altura a favorecer uma abordagem histórico-interpretativa dos estudos interculturais. Logo em 1887, escreveu: "A civilização não é algo absoluto mas sim (...) relativo e as nossas ideias e concepções são verdadeiras apenas para a nossa civilização." (Boas, 1887: 589, citado por Stocking, 1982: 13). O sociólogo alemão Weber, recorrendo à mesma tradição filosófica, fazia a distinção entre *explicação* e *compreensão*. No seu livro *Wirtschaft und Gesellschaft* ["Economia e Sociedade"], estabeleceu um contraste

INTRODUÇÃO À TEORIA EM ANTROPOLOGIA

entre a explicação causal e a compreensão interpretativa (Weber, 1947 [1925]: 79 e segs.). Segundo ele, a explicação dependia do registo das regularidades estatísticas do comportamento humano que podiam ser explicadas pelas leis sociológicas, enquanto que a compreensão dependia da observação da interacção significativa, de forma a poder descobrir-se os significados específicos do tempo e lugar que os intervenientes atribuem não só ao seu comportamento mas também ao dos outros. Quando *explicamos* o comportamento dos outros, não é necessário que as nossas intenções coincidam com as deles: podemos explicar a razão por que um automóvel se despistou numa curva sem que necessitemos de saber a razão pela qual o condutor ia em excesso de velocidade num dia de chuva. Essa nossa explicação pode ser dada através da aplicação de leis gerais: a força centrífuga do carro a virar, a fricção dos pneus na estrada ou o efeito deslizante da água. Quando tentamos *compreender* o comportamento dos outros, o teste ao nosso sucesso prende-se com a questão de os significados que atribuímos às suas acções corresponderem ou não aos significados que eles pretendiam veicular. Conseguiremos intuir correctamente a razão pela qual o condutor seguia em excesso de velocidade? Estaria atrasado para um encontro? Teria sido provocado por outro condutor? É a comunidade e não o observador que estabelece os critérios para que se consiga o entendimento. Objectos e acções iguais poderão assumir significados muito diferentes de idioma para idioma ou de cultura para cultura. Era esta distinção a que Evans-Pritchard aludira numa sua palestra de 1950 (ver capítulo 4), existindo algumas correntes recentes, tais como a antropologia feminista, que se inserem mais na abrangente tradição interpretativa do que no Pós-Modernismo, que se baseia nessa mesma tradição.

Pós-Modernismo significa coisas diferentes para pessoas diferentes, o que constitui uma grande ironia se atendermos ao facto de se tratar de uma palavra que é utilizada para colocar em causa a possibilidade da existência de uma teoria central do comportamento humano. Neste capítulo, abordaremos quatro tendências presentes nos textos desta escola, identificando a sua relação com a tradição mais abrangente da sociologia interpretativa.

1. A arrogância do Iluminismo, ou melhor, a presunção modernista de que o homem branco e europeu se consegue abstrair

O PÓS-MODERNISMO E A ANTROPOLOGIA

da sua cultura e assumir uma atitude objectiva e abrangente na forma como estuda o mundo.

2. O erro da suposição de que as teorias permitem um conhecimento do mundo "tal como ele realmente é".

3. Se os significados são construídos através da interacção, a "consciência colectiva" de que nos fala Durkheim não lhes pode preexistir.

4. Não existe uma torre de marfim para a qual os cientistas se possam retirar: todas as teorias são, por inerência, políticas, devendo ser julgadas de acordo com o seu efeito prático na vida das pessoas.

O Modernismo, ao qual o Pós-Modernismo se opõe, é a tradição do conhecimento objectivo criada na época do Iluminismo, altura em que a aceitação da verdade revelada pelo divino e em que a ordem social estabelecida por intercessão divina foi substituída pela ideia de que é possível, através da investigação empírica, descobrirmos por nós próprios a verdade relativamente à forma como o mundo funciona e construir uma sociedade melhor para todos nós. Comte dividia a evolução do pensamento humano em três fases de objectividade crescente: a princípio, o ser humano explicava os acontecimentos como resultado das acções arbitrárias dos deuses, tornando-se depois mais sofisticado e passando a formular abstracções metafísicas. Por fim, pensamento humano atingiu uma terceira fase, na qual o mundo passou a ser explicado em termos de verdade científica. A Europa Ocidental seria única na forma como atingira este terceiro estádio. Embora muitos pensadores do século XIX (tais como Marx e Durkheim) reconhecessem que a cognição é normalmente moldada pela cultura, haviam sempre "privilegiado" a sua perspectiva, como se esta estivesse isenta de tais limitações. Durkheim, por exemplo, encarava a evolução progressiva dos sistemas de pensamento humanos a partir daquilo que considerava ser a estrutura, totalmente determinada pelo plano social, do sistema totémico original, passando pelas filosofias relativamente racionalistas da antiga China, até chegar ao pensamento totalmente objectivo da sua própria época. Os antropólogos pós-modernistas rejeitam a ideia de Martin Harris de que existe uma diferença de base entre as ideias nativas e o conhecimento objectivo do cientista. "Será só

INTRODUÇÃO À TEORIA EM ANTROPOLOGIA

pelo reconhecimento da diferença entre as definições émicas [*emic*] e éticas [*etic*] (...) que uma estratégia desmistificada poderá evitar o relativismo estéril da proposta de Boas" (Harris, 1979: 238). Com efeito, a antropologia pós-modernista aproxima-se da posição teórica de Boas, encarando o pensamento ocidental como algo, por si só, culturamente relativo.

Os pós-modernistas contemporâneos poderão, por uma questão de conveniência, ser divididos em dois grupos: os "duros", ou mais radicais, de que faz parte o filósofo francês Derrida, defendem que as estruturas de significado jamais poderão ser traduzidas em toda a sua plenitude, não estando presas ao mundo exterior pela referência. Todas as culturas, inclusivamente a nossa, construíram mundos de significados autónomos e independentes. Por seu turno, o pós-modernismo "brando", ou moderado, de Foucault, contemporâneo de Derrida, baseia o seu pensamento mais na tradição interpretativa, defendendo que existem comunidades que partilham um "discurso" comum, mas que, embora cada discurso tenha as suas próprias regras, pode fazer-se referência a coisas que existem independentemente desse discurso e que poderão afectar a sua forma.

A arrogância do homem branco europeu

Situando o antropólogo

Em 1973, os caçadores-recolectores crees e inuítes das proximidades da Baía de James, no extremo sul da baía de Hudson, obtiveram uma providência cautelar para deter a construção de uma barragem que iria alimentar um gerador hidroeléctrico até que o seu direito à posse daquelas terras fosse reconhecido (Feit, 1983). Durante as audiências que se seguiram, uma testemunha inuíte, após uma troca de palavras murmurada com o intérprete, recusou-se a jurar dizer "a verdade, toda a verdade e nada mais que verdade" porque só podia dizer "aquilo que sabia" (Harvey Feit, comunicação pessoal; cf. Clifford, 1986; 8). Os antropólogos pós-modernistas louvam bastante a precaução desta testemunha inuíte.

O PÓS-MODERNISMO E A ANTROPOLOGIA

A antropologia feminista

Um dos mais importantes desafios à presunção de objectividade abrangente do observador masculino europeu é aquele que lhe é colocado pela antropologia feminista.

No mundo anglófono, a reapreciação do trabalho de campo levado a cabo por Malinowski teve um impacto seminal: quando o seu diário foi publicado a título póstumo (Malinowski, 1967), tornou-se claro que as emoções que sentira no terreno eram muitas vezes diferentes daquelas que admitia na sua obra escrita. Este facto revelou-se particularmente nefasto, uma vez que fora Malinowski, antecipando-se a todos os outros funcionalistas, quem começara a orientar-se para o lado etnográfico, descrevendo as suas emoções e frustrações e fornecendo um relato das suas observações (Malinowski, 1922: principalmente 4-8, e ver capítulo 2, acima). Mais tarde, o trabalho de campo de Weiner viria igualmente a demonstrar a incompletude da explicação de Malinowski.

Em 1971 e 1972, Anette Weiner efectuou uma pesquisa de dez meses numa aldeia das Ilhas Trobriand, próxima do local onde Malinowski estivera meio século antes. Praticamente na altura em que chegou, foi convidada para assistir a uma cerimónia fúnebre. Caminhou até ao local da cerimónia juntamente com as mulheres da aldeia, que levavam ramos de folha de bananeira seca e usavam saias de palha. Chegadas ao local, a investigadora começou a observá-las, verificando então que, juntamente com as mulheres oriundas das outras aldeias, se tinham começado a dedicar a complicadas transacções que incluíam empilhar milhares daqueles ramos na praça central da aldeia. Nessa noite, ao regressar a casa, procurou em vão na obra de Malinowski uma referência a este costume.

O seu trabalho de campo subsequente viria a confirmar muito daquilo que o seu antecessor descobrira a respeito dos rituais funerários dos nativos das Ilhas Trobriand. No entanto, verificou também que a sua própria resposta emocional a estes divergia em muito da de Malinowski. O diário deste deixava transparecer um sentimento de revolta em relação à forma como a morte era tratada e esse sentimento, na opinião de Weiner, explicava a razão pela qual Malinowski destacara "a natureza bizarra e «primitiva» dos

INTRODUÇÃO À TEORIA EM ANTROPOLOGIA

rituais relativos à morte (…) [enquanto que nela] aqueles rituais despertam uma sensação de beleza: um sentimento de que morrer em Kiriwina é muito mais humano do que morrer num quarto estéril de um hospital" (Weiner, 1976: 63).

Contrariamente ao dinheiro, utilizado no Ocidente, nas Trobriand as transacções de artigos estão incluídas nas relações sociais. Os homens deste povo controlam a propriedade, que utilizam para obter poder através das cadeias de transacção estudadas por Malinowski, e que ligam determinados indivíduos ao longo de várias gerações, como acontece por exemplo na transmissão da posse de uma determinada parcela de terreno. Weiner conclui que o poder detido pelos homens se situa num tempo e num espaço históricos. No entanto, na ideologia deste povo, o papel dos homens na procriação é irrelevante: é às mulheres que cabe a exclusiva responsabilidade pela concepção e nascimento das crianças, e desempenham um papel crucial nos funerais, assegurando que o espírito da pessoa falecida regresse à intemporal terra dos mortos. O poder das mulheres das Trobriand situa-se assim num *continuum* a-histórico, através do qual a conservação do grupo matrilinear é constantemente recapitulada, uma dimensão que escapara à análise de Malinowski (Weiner, 1976: 20, 231), o que não quer dizer que Weiner, com este seu trabalho, pretendesse pôr em causa a qualidade dos dados e conclusões do seu antecessor tal como ele os recolhera. Como refere Diane Bell (Bell, 1993: p. 29), a força da antropologia feminista não advém da defesa do total relativismo de todos os pontos de vista, uma vez que tal enfraqueceria a sua perspectiva, mas sim da compreensão do papel desempenhado pela emoção em termos de percepção, o que torna o entendimento mais profundo. Weiner pretendeu não só destacar o papel das mulheres mas também revelar os pontos em que as interpretações de Malinowski tinham sido limitadas pelos sentimentos e tipo de deduções inerentes ao seu sexo e cultura. "As nossas deduções relativamente à construção social da realidade estão destinadas a seguir um caminho dominado pelo masculino quando negamos, por exemplo, a importância de objectos considerados «coisas de mulheres» (Weiner, 1976: 12). Tal como a testemunha inuíte acima referida, Malinowski apenas podia dizer aquilo que sabia.

O PÓS-MODERNISMO E A ANTROPOLOGIA

Henrietta Moore demonstra-nos a forma como um antropólogo do sexo masculino trabalhando com os Maracuetes, do Quénia, teria adquirido uma visão muito parcial do domínio masculino que se verifica entre os naturais daquele povo: a organização do espaço naquela sociedade é uma objectivação da perspectiva masculina do mundo. Com efeito, as cabeças de gado pertencentes aos homens são avaliadas a um preço mais alto que as colheitas das mulheres e enquanto os primeiros são normalmente sepultados próximo do monte de esterco no exterior da aldeia, as segundas costumam sê-lo próximo do monte de cascas dos cereais malhados. Ao mesmo tempo, a capacidade retórica e a responsabilidade conferem prestígio aos homens, pelo que os maridos devem falar em nome das suas mulheres nas discussões públicas. As mulheres podem contribuir mas os homens dizem que as mulheres, tal como as crianças, falam antes de pensar. O conhecimento é visto como um conjunto de tradições mantido em comum pelos homens. Estes herdam a propriedade por direito, enquanto que as mulheres têm que negociar com os seus maridos para a adquirir. Não obstante, este modelo cultural não deturpa as verdadeiras relações de produção, trivializando a verdadeira contribuição das mulheres: embora concordem com os pontos de vista masculinos sempre que se encontram junto dos homens, as mulheres dizem coisas diferentes quando estão sozinhas. As suas cerimónias de iniciação têm lugar quase todos os anos, reunindo mulheres de numerosas aldeias. Um *corpus* de conhecimentos rituais é transmitido entre as diversas gerações femininas durante o tempo em que as iniciadas permanecem isoladas, um *corpus* que é apreendido de forma gradual ao longo dos anos. Embora a obediência aos maridos seja destacada, as jovens também são ensinadas relativamente ao poder da sexualidade feminina e da solidariedade entre mulheres. Ensinam-lhes assim que poderão pressionar os maridos a fazer aquilo que elas pretendem se evitarem ter relações sexuais com eles e que, se alguma vez forem maltratadas pelos maridos, poderão chamar outras mulheres para os amarrar e açoitar até que eles lhes prometam algumas cabeças de gado. "A expressão declarada de coisas que nunca deveriam ser ditas em público é uma componente importante do ritual" (Moore 1986: 174). Conforme a iniciação das jovens vai prosseguindo, as mulheres mais velhas mantêm-se

INTRODUÇÃO À TEORIA EM ANTROPOLOGIA

no exterior da casa onde as iniciadas estão fechadas e gritam ofensas aos homens. Embora as expressões utilizadas sejam normalmente muitíssimo metafóricas, são sempre obscenas e as mulheres gostam de as proferir. E, quando os homens passam por perto, estas expressões são ainda reforçadas por gestos igualmente obscenos.

Kamala Ganesh, que crescera no Norte da Índia, estudou um pequeno grupo do sul deste país, que adquirira notoriedade por viver numa fortaleza de muralhas de argila situada em Tirunelveli e da qual as mulheres nunca podiam sair. Após bastante tempo de trabalho junto das mesmas, a investigadora surpreendeu-se ao concluir que, longe de se considerarem encurraladas e descriminadas, aquelas mulheres tinham orgulho por ser as principais responsáveis pela perpetuação do grupo. E, embora esta função implicasse algumas limitações e dificuldades, "viam-se como as portadoras da tradição feminina clássica perpetuada pela mitologia e pela literatura" (Ganesh 1993: 137).

Nem as culturas ocidentais nem as do Terceiro Mundo são uniformes: o ponto a que determinadas experiências culturais, que incluem um dos sexos, está vedado aos elementos do sexo oposto varia de cultura para cultura. Tanto os antropólogos ocidentais como os seus congéneres do Terceiro Mundo vão para o terreno condicionados por simpatias e pontos de vista que derivam em parte das suas experiência de vida. Não obstante, a ideia de que nenhum investigador de campo poderá alguma vez alcançar uma objectividade distanciada tem sido avançada energicamente pelos antropólogos indígenas para sustentar a sua teoria de que são mais sensíveis ao impacto adverso do colonialismo do que os seus colegas ocidentais (Amadiume 1993: 196-7; Raharijoana 1989: 193). As próprias estruturas sociais indígenas que os antropólogos ocidentais se propõem estudar poderão ser, também elas, um produto da era colonial: Pancrace Twagiramutara conta-se entre aqueles que defendem que os termos *Hutu*, *Tutsi* e *Twa* eram antigamente utilizados para identificar modos de subsistência partilhados por gente de diversas origens na região central de África que foi colonizada pelos Belgas (Twagiramutara 1989). E, na sequência dessa perspectiva, conclui que foram as potências coloniais que inventaram a ideia de que os indígenas que cons-

O PÓS-MODERNISMO E A ANTROPOLOGIA

tituíam as três classes acima mencionadas pertenciam a grupos raciais diferentes, acabando mesmo por formalizar essa divisão ao emitir bilhetes de identidade em que vinha especificado o grupo a que cada pessoa pertencia (de Waal, 1994).

Acção ou reflexão?

A tomada de consciência de que a antropologia estivera implicada não só no apoio aos regimes coloniais em África mas também na agressão dos E.U.A. no Sudeste Asiático levou os antropólogos marxistas a apelar a uma mobilização consciente relativamente ao efeito opressivo das relações do mundo ocidental com o Terceiro Mundo. Embora motivados pelos mesmos acontecimentos nas relações internacionais, os pós-modernistas revelam tendência para ver as coisas pelo lado oposto, ou seja, defendem que a pretensa capacidade do Ocidente para apresentar uma descrição uniforme da humanidade é irrevogavelmente posta em causa pelo inevitável envolvimento dos académicos nessa mesma opressão. "Não existe uma narrativa-chave que consiga reconciliar os enredos trágicos e cómicos da história cultural geral" (Clifford 1988: 15). Os antropólogos pós-modernos colocam muitas reticências à utilização de teorias para promover mudanças sociais.

A observação participante, técnica de investigação básica da antropologia social, depende da interacção entre o antropólogo e o grupo que está a ser estudado. O Pós-Modernismo baseia-se assim na visão interpretativa de que a objectividade total é impossibilitada pelo facto de o antropólogo ter de se *situar* no seio da comunidade. Assim, os homens terão tendência a adoptar o ponto de vista masculino, da mesma forma que os membros de uma cultura europeia predominante terão por vezes mais dificuldade em ouvir vozes discordantes ou revolucionárias. Além disso, quando chega à comunidade que vai ser alvo do seu estudo, o antropólogo já se encontra *situado* nas suas próprias experiências prévias, obtidas maioritariamente no seio da sua própria cultura. O sociólogo austríaco Alfred Schutz desenvolveu esta abordagem interpretativa na sua crítica às recomendações de Weber relativamente a uma compreensão interpretativa (Schutz 1972 [1932]). O significado, segundo Schutz, é aquilo que o indivíduo

INTRODUÇÃO À TEORIA EM ANTROPOLOGIA

associa aos seus actos. A consciência e o significado obtêm-se através de uma "reflexão" *a posteriori*, ou de um olhar retrospectivo sobre as experiências vividas (*Erlebnisse*) à medida que nos fazem progredir. Para o antropólogo, uma tal reflexão irá necessariamente conduzir à recordação das experiências por si vividas antes de iniciar o trabalho de campo. Os significados particulares que atribuímos a experiências passadas alterar-se-á de acordo com a altura em que as recordarmos. Existirão sempre muitos esquemas interpretativos a que poderemos recorrer, acabando inevitavelmente por escolher aquele que considerarmos mais adequado para o projecto que temos em mãos. Uma actividade de tal forma subjectiva varia até mesmo entre indivíduos frequentemente em contacto, acentuando-se ainda mais essa variação no caso de pessoas separadas no tempo ou no espaço. Schutz utiliza o termo "inter subjectividade" para descrever a condição segundo a qual experimentamos o mundo como algo cujo significado é partilhado pelos outros (Schutz 1972: 139). Para intuirmos os significados subjectivos que outros atribuem a esse mesmo mundo, tentamos imaginar o "projecto" em que eles estão envolvidos. No entanto, na medida em que as nossas experiências prévias divergem, jamais conseguiremos alcançar um entendimento subjectivo completo. "Aquilo que eu descrevo aos outros é um ambiente que já foi previamente interpretado por mim segundo o meu ponto de vista subjectivo" (Schutz 1972: 105).

Mais do que partir do pressuposto de que são dotados de uma capacidade exclusivamente ocidental para a objectividade, os antropólogos têm sido obrigados a aprender a ser reflexivos, a perguntar-se a si próprios quais as experiências passadas a que recorrem sempre que interpretam um determinado acontecimento e como é que a sua presença é subjectivamente interpretada por aqueles com quem trabalham. A reflexibilidade possibilitou o aparecimento de uma nova forma de discurso etnográfico, tornando aceitável aos antropólogos incluirem-se seus relatórios, nomeadamente através da descrição das ansiedades que sentiram durante os seus trabalhos de campo e das suas discussões com os informadores. Permitiu além disso a apresentação dos debates entre o antropólogo e os informadores, fazendo assim com que as pessoas que trabalharam com os antropólogos passassem de meros objectos

O PÓS-MODERNISMO E A ANTROPOLOGIA

de pesquisa a sujeitos activos que participam num discurso intercultural com o antropólogo.

Um excelente exemplo desta nova atitude é a obra de Paul Rabinow *Reflections on Fieldwork in Morocco* (1977). Rabinow descreve a sua apresentação ao proprietário de um café num bairro antigo da cidade, onde o seu trabalho de campo se iniciou. Admite então que, "como nova-iorquino e devoto da vida urbana" se sentia mais à vontade no café do que no bairro dos europeus. Soussi, o proprietário de uma loja que ficava do lado oposto da rua, e Ali, um curandeiro, transformaram-se nos seus principais introdutores no seio da comunidade. A actividade de Ali não tinha um paralelo óbvio em nenhuma das experiências prévias de Rabinow e, ao questioná-lo sobre as suas práticas, o "mundo do senso comum" do antropólogo começou a alterar-se. Da mesma forma, Ali, ao serem-lhe feitas perguntas que o levavam a reflectir naquilo que costumava fazer, teve de aprender a apresentar as suas práticas a um forasteiro. "Começou a surgir um *corpus* de experiências e compreensão mutuamente construído, com um reino de senso comum muito ténue a ser constantemente quebrado, reconstruído e re-examinado" (Rabinow 1977: 39). Rabinow revela-se sincero quando nos fala da preocupação por discutir com Ali, de sentir que tinha de afirmar constantemente os seus sentimentos para evitar tornar-se uma não pessoa e reflecte no porquê de se ter sentido posto em causa pelo comportamento daquele seu interlocutor. Conforme Ali o vai apresentando à cultura local, parece ir-se tornando tanto uma ajuda como um empecilho. Quando o antropólogo se muda para a aldeia onde espera descobrir a verdadeira cultura da região, descobre que os seus motivos estão a ser sujeitos a interpretações totalmente inesperadas. Assim, há quem pense que ele é um missionário cristão, para ali deslocado para subverter o Islão. Sendo a família de Ali pertencente a uma das facções da aldeia, um homem da outra facção garante que a conversa que Rabinow entretanto manteve com o chefe da polícia local é um sinal de que todos aqueles que falarem com ele serão presos (o que na realidade se passou foi que o polícia estava apenas a perguntar ao antropólogo se o seu carro se encontrava devidamente registado).

INTRODUÇÃO À TEORIA EM ANTROPOLOGIA

As teorias devem também ser vistas no seu contexto: o evolucionismo defendido por Herbert Spencer no século XIX pode muito facilmente servir para legitimar a expansão colonial, apresentando-se a economia de mercado livre da Europa Ocidental como corolário inevitável de um processo de desenvolvimento contínuo, de cujas fases iniciais ainda sobrevivem exemplos nas regiões mais isoladas do planeta. O funcionalismo pode ser visto como uma teoria que serve para negar os efeitos do domínio colonial, facilitando assim a implementação da política imperial britânica de governação indirecta, graças à recuperação que faz dos mecanismos de governação pré-colonial. A obra de Edward Said, *Orientalism* (1978), constitui um esforço bastante extensivo no sentido de situar o modo como os ocidentais compreendem "os outros". E a própria estrutura da presente obra é inegavelmente condicionada pelas minhas próprias experiências indirectas do meu tempo de estudante (1968), pela mais recente queda do comunismo na Europa Ocidental, pelo trabalho que efectuei a respeito da reclamação de terras por parte dos aborígenes australianos e pela minha estada em Inglaterra durante um período prolongado de governação por um partido defensor das políticas de mercado livre.

As teorias não permitem um conhecimento do mundo "tal como ele realmente é"

A linguagem apresenta uma propriedade fundamental que foi reconhecida por Rousseau e destacada por Saussure: a associação entre os sons ou formas escritas e as ideias é *convencional*: os sons que utilizamos para transmitir ideias apenas "significam" algo porque a nossa tradição cultural assim o estipulou. É arbitrário o facto de utilizarmos a designação *cavalo*, *cheval* ou *equus* para representar o animal quadrúpede que relincha. A um nível mais fundamental, embora igualmente contencioso, há quem defenda que a própria forma como a linguagem estrutura a nossa experiência do mundo é, também ela, arbitrária. Segundo esta teoria, convincentemente defendida na década de 1930 por Benjamin Whorf, os nossos conceitos de tempo e de espaço são impostos ao mundo através da linguagem: para este autor, enquanto a língua inglesa representa o tempo em três categorias de base – passado, presente e futuro –, a hopi recorre a apenas duas, que Whorf não

O PÓS-MODERNISMO E A ANTROPOLOGIA

conseguiu traduzir de forma exacta, mas tentou fazer corresponder a conceitos mais aproximados no inglês (Whorf 1956 [*c*. 1936]: 58): assim, os Hopi dividem o tempo entre o *manifesto*, ou objectivo, e *manifestante*, ou subjectivo. Segundo Whorf, aquilo a que chamamos passado e presente corresponde, sem distinção, ao manifesto, enquanto o futuro é considerado manifestante. No entanto, o manifesto inclui não só o futuro mas também todos os desejos intencionais, relativos tanto a pessoas como ao crescimento das plantas ou a um aglomerado de nuvens carregadas de chuva. Mesmo o passado distante, que já foi esquecido, é matizado em tempo manifestante. Por fim, o momento de transição situado entre o manifestante e o manifesto é chamado "a tornar-se verdade". Para Whorf, isto prova que os Hopis colocam muito mais ênfase na preparação de acontecimentos futuros do que aquilo que um anglófono consideraria normal. A esperança sincera e as boas intenções influenciam a forma como o crescimento das plantas, assim como o cumprimento, por parte dos humanos, dos planos por eles estabelecidos se realiza. Whorf dá-nos alguns exemplos convincentes da forma como o comportamento diário dos falantes de língua inglesa é também ele condicionado pelas categorias existentes no seu idioma (Whorf 1956: 135-7).

Steven Pinker chama a atenção para o facto de o linguista Edward Sapir, cujas ideias influenciaram Whorf, ter sido aluno de Boas. Ao mesmo tempo que considera interessante a análise que Sapir faz da forma como as diversas línguas remetem para aspectos da realidade igualmente diversos, Pinker nem por isso deixa de tecer severas críticas à teoria de Whorf e, nesse sentido, destaca que os Hopis possuem um calendário sofisticado, registando os dias e as estações do ano com nós feitos em cordas ou marcas gravadas em paus (Pinker, 1994: 59-67). A conclusão de Pinker é que qualquer língua é adequada para descrever o mundo, e os exemplos que utiliza na sua crítica à obra de Whorf têm como base principal aquilo a que Quine (1960) chamou "frases de observação" (assunto ao qual regressaremos mais adiante neste capítulo), o que não implica necessariamente que as diversas línguas incorporem diversas teorias da causalidade.

Mais extremista do que a teoria de Whorf é a do pós-modernista francês Derrida. Embora se tenha defendido no capítulo 6 que a

INTRODUÇÃO À TEORIA EM ANTROPOLOGIA

capacidade do ser humano para a linguagem constitui um elemento essencial no desenvolvimento, não só da escala singular mas também da complexidade da sociedade humana, essa capacidade pode ser reinterpretada como um mito da origem irónico, de acordo com o qual o ser humano, desde o momento em que representa pela primeira vez o mundo recorrendo a signos arbitrários, deixa de o conhecer tal como ele realmente é (cf. Derrida 1976 [1967]: 145; 1978: 292). Derrida argumenta que a impossibilidade de uma tradução exacta entre línguas demonstra a inexistência de um significado que exista fora da linguagem. Como ele próprio referiu, não há qualquer "significado transcendental". Visto que só podemos conhecer o mundo em termos do que ele significa para nós, o conhecimento é um produto da linguagem, e tão arbitrário quanto ela própria (Derrida, 1976 [1967]: 49-50). Conforme a linguagem se vai alterando, vai-se tornando impossível recuperar os significados que as pessoas atribuíam aos diferentes conceitos ou objectos no passado.

Derrida salienta que termos como cultura, racionalidade e progresso apenas fazem sentido porque se opõem a outros termos: natureza, superstição e estagnação. A virtude da antropologia tem sido questionar a validade do familiar demonstrando que este não é, por si só, evidente ou significativo (Derrida 1978: 282). Hobbes e Rousseau questionaram a validação divina da sociedade europeia sua contemporânea, contrastando-a com outra condição: a anarquia, ou nobreza, da suposta condição humana original. Nos capítulos anteriores, ficou demonstrada a forma como o funcionalismo e a socioecologia, cada um por si, questionaram esse carácter em si mesmo evidente da "condição humana natural", demonstrando que esta última era forjada. No entanto, mesmo apesar de chamar a atenção para aspectos como este, a antropologia viu-se sempre obrigada a utilizar as categorias do discurso ocidental. A teoria socioecológica da territorialidade parece esclarecer uma das fraquezas do Marxismo ao demonstrar que a posse colectiva da propriedade no seio das sociedades mais pequenas não é fruto da natureza das mesmas, mas sim o resultado de um interesse comum racional. No entanto, esta crítica é feita através do modelo culturalmente específico dos valores de mercado. A "violência" da antropologia surge no momento em

O PÓS-MODERNISMO E A ANTROPOLOGIA

que o espaço cultural de uma cultura exótica é "moldado e reorientado pelo olhar do estrangeiro" (Derrida 1976 [1967]: 113). Derrida segue Lévi-Strauss ao considerar a escrita uma forma de opressão, na qual se verifica uma apropriação e uma reconstituição do exótico por parte do nosso sistema pessoal de oposições cognitivas. Deste ponto de vista, a história da antropologia não é muito mais do que a história da deturpação de outros através de jogos de palavras e das limitações existentes na nossa própria cultura.

A "feitiçaria" azande

O relato intenso que Evans-Pritchard nos faz daquilo a que chama "feitiçaria" azande (1976 [1937]) tem levantado repetidas vezes questões sobre a tradução mais apropriada de conceitos que não existem nas línguas ocidentais, questões essas que constituem bons exemplos daquilo a que Derrida se refere. Os Azande vivem na região que hoje constitui o ponto de confluência entre as fronteiras do Sudão, do Congo e da República Centro-Africana.

Evans-Pritchard recebeu a informação de que certas pessoas daquele povo herdam uma substância, denominada *mangu*, que lhes fica no corpo e cuja existência é comprovada nas autópsias. Supostamente, esta substância confere aos seus portadores a capacidade de desejar mal aos outros. Para compreender o seu potencial, o portador deve desejar ardentemente que algo de mal aconteça a outra pessoa, tornando-se assim um *boro mangu*, expressão que Evans-Pritchard traduz por "feiticeiro". Este envia o poder da sua feitiçaria à noite, altura em que esse poder pode ser visto a deslocar-se sob a forma de um raio de luz branca que, lentamente, vai roubar os órgãos vitais ao corpo da vítima. Numa ocasião, Evans-Pritchard chegou a ver um desses raios a passar pela sua cabana, indo deter-se numa cabana vizinha e, "curiosamente", o dono da mesma encontrava-se doente na manhã seguinte (Evans-Pritchard 1976: 11).

O investigador descobriu entretanto que os Azande não consideravam a feitiçaria algo de miraculoso: qualquer um podia ser feiticeiro, até mesmo sem o saber. Evans-Pritchard concluiu então que a feitiçaria é um *idioma* através do qual os elementos daquele povo explicam os azares que lhes vão acontecendo. Os

INTRODUÇÃO À TEORIA EM ANTROPOLOGIA

oleiros sabem que, para que as suas peças cozam perfeitas, é necessário eliminar-se as bolhas de ar e as pedras do barro, tal como os entalhadores sabem que devem utilizar madeira bem seca se quiserem que as suas obras não acabem por rachar. Por seu turno, também Malinowski assinala que os habitantes das Trobriand "compreendem que a magia, embora eficaz, não justifica a má qualidade do trabalho de um artesão" (Malinowski 1922: 115). Mas, se todas as precauções acima referidas tiverem sido tomadas e, mesmo assim, a peça de barro ou a madeira talhada se partir ou rachar, os artesãos azandes atribuirão esse facto à feitiçaria, por muito que outros possam continuar a insistir que a culpa é da falta de qualidade do seu trabalho.

O mais famoso exemplo fornecido por Evans-Pritchard da utilização pelos Azande da feitiçaria como idioma que explica os azares é o caso da queda do celeiro: quando o calor do meio-dia se faz sentir, as pessoas abrigam-se por vezes à sombra das palhotas onde se guarda os cereais, que são construídas sobre postes de madeira, para evitar que as ratazanas lá entrem. Mas as térmitas comem a madeira, provocando por vezes a queda do celeiro e, se alguém morrer vítima desta queda, as pessoas sabem que a sua morte foi provocada pela necessidade que teve de se abrigar do sol, aliada à acção das térmitas. Mas é a feitiçaria que explica o facto de a vítima se ter abrigado à sombra daquela estrutura precisamente no dia em que ela caiu (Evans-Pritchard 1976: 22). O cerne do problema é que, na sociedade azande, chama-se feitiçaria àquilo que o pensamento científico ocidental veria como uma coincidência, ou seja, algo que não é susceptível ou merecedor de ser explicado. Por essa razão, foi muito difícil ao autor encontrar uma tradução adequada para a designação desse fenómeno.

Quando um Azande suspeita que está a ser vítima de feitiçaria, a primeira coisa que normalmente faz é convocar um conselho daqueles a quem Evans-Pritchard chama os "feiticeiros", um termo tendencioso, principalmente no contexto das missões cristãs. O poder destes feiticeiros advém do facto de comerem as substâncias certas da maneira certa. Evans-Pritchard chama às reuniões destes notáveis "sessões espíritas", que constituem um espectáculo deveras interessante para quem assiste, embora aquilo que é adivinhado pelos feiticeiros não tenha validade segundo a lei

260

O PÓS-MODERNISMO E A ANTROPOLOGIA

azande: uma disposição legal exige sempre a utilização do chamado "oráculo do veneno", que descreveremos mais à frente.

Evans-Pritchard sustenta que uma sessão espírita apresenta três vantagens sobre o oráculo do veneno: em primeiro lugar, aumenta o prestígio do homem que a convoca; em segundo, as bruxas podem ser afastadas pelos actos dos feiticeiros, eliminando-se assim a necessidade de se recorrer a outras opções para o fazer; por último, estas sessões constituem uma oportunidade para, em público, se expressar os desacordos entre vizinhos e cônjuges. Quando actua diante de uma assistência de gente comum, o feiticeiro assume uma pose emproada e intimidatória, que não lhe seria permitido assumir no dia a dia, mas que aqui não gera problemas dado que ele se encontra num estado de consciência superior, como que em transe. A assistência não o leva a mal uma vez que sabe que os seus actos e palavras se encontram imbuídos do poder das substâncias que ingeriu. Talvez o comportamento dos apresentadores televisivos, naquelas ocasiões em que sujeitam pessoas do público a uma humilhação perante toda a plateia, constitua um paralelo mais de acordo com aquilo que se passa entre os Azandes que a simples ideia de "feiticeiro". Quando este último acusa alguém de bruxaria, as suas acusações têm uma autoridade que as dos outros elementos da tribo nunca possuem.

Evans-Pritchard conversou longamente com vários destes "feiticeiros", com o intuito de descobrir a forma através da qual identificavam os responsáveis pelos actos de bruxaria. Soube assim que o feiticeiro deve, desde o início, estar ciente dos antagonismos que se verificam na região e das disputas que ocorrem em cada aldeia, encontrando-se assim a par, como um bom sociólogo, da existência de um conjunto de inimizades típicas da vida azande, como é o caso das que surgem entre co-esposas ou vizinhos mais e menos abastados. Antes de iniciar a sessão, solicita ao cliente que pronuncie, em público, o nome das suas mulheres e vizinhos. Seguidamente, utiliza a sua magia para identificar o responsável pela bruxaria, dançando até à exaustão para o conseguir. Evans--Pritchard salienta que o simples facto de se convidar o cliente a divulgar esses nomes faz com que este último, consciente ou inconscientemente, seleccione aqueles que são mais susceptíveis de lhe desejar mal. O feiticeiro dança ao som de um nome de cada

INTRODUÇÃO À TEORIA EM ANTROPOLOGIA

vez, eliminando progressivamente aqueles que acredita não serem os responsáveis e utilizando para isso tanto o seu estado superior de consciência como a sua intuição pessoal relativamente às relações interpessoais dos habitantes da aldeia para adivinhar qual a pessoa que, naquela altura, alberga em si sentimentos destrutivos para com o seu cliente. Evans-Pritchard revelou-se satisfeito por os feiticeiros não serem charlatães, acreditando tão convictamente como os outros Azande nas práticas a que recorriam.

Quando finalmente identifica o culpado, o feiticeiro revela muitas vezes a sua identidade de forma indirecta, sem dizer o seu nome. Desta forma, só o cliente, que é quem melhor sabe da sua situação pessoal, poderá ter a certeza de quem é a pessoa que foi identificada. Mais uma vez, o cliente fornece alguns dos elementos de ligação necessários para este processo de identificação. Poderíamos comparar isto aos horóscopos da imprensa dos nossos dias, que declaram que "as situações românticas no escritório vão mudar de rumo", embora uma tal comparação banalize aquilo que, para os Azande, é um procedimento sério. O processo de se trazer os problemas latentes para o domínio público, persuadindo o cliente a falar das suas preocupações, foi já também comparado à psicoterapia.

Se o cliente decidir testar a intuição do feiticeiro, deverá consultar o oráculo do veneno. Para o fazer, tem de esperar até ao cair da noite e levar algumas galinhas para um local tranquilo com alguns amigos, entre os quais se deverá preferencialmente incluir uma testemunha imparcial. É aí que se prepara o *benge*, líquido extraído do caule de uma trepadeira da floresta, que se destina a ser administrado, à vez, a cada uma das galinhas. Ao ser administrado pela primeira vez, o *benge* é questionado dentro da galinha. Embora Evans-Pritchard tenha traduzido *benge* por "veneno", os Azande vêem esta substância como um agente senciente, que pode comunicar. A pessoa que pergunta deve certificar-se de que o *benge* não só sabe os factos relevantes que dizem respeito à pessoa que está a ser vítima de bruxaria, mas também que este agente compreende a pergunta. Seguidamente, o *benge* tem duas alternativas:

Se for X, mate-se a galinha.

Se não for X, poupe-se a galinha.

O PÓS-MODERNISMO E A ANTROPOLOGIA

O *benge* responde, mas a sua resposta deve ser testada colocando-se a pergunta de uma forma inversa após ter sido administrado à galinha seguinte. Assim, nesta segunda ocasião, a fórmula será:

Se for X, poupe-se a galinha.

Se não for X, mate-se a galinha.

Uma vez tirada uma conclusão, a asa da galinha utilizada como diagnóstico é levada ao príncipe ou governador da região, com um pedido de que se ordene à pessoa responsável pelos actos de bruxaria que desista de os praticar. Um cavalheiro, mesmo que esteja convicto da sua inocência, apresentará sempre um pedido de desculpas se for indicado como responsável por um destes actos: se respondesse com azedume, estaria apenas a dar provas do seu carácter malévolo.

Evans-Pritchard sentiu-se obrigado a concluir que, embora raciocinassem logicamente dentro dos limites da sua cultura, os Azande não conseguiam alhear-se da mesma e aperceber-se da falta de lógica inerente a todas aquelas práticas. "Não é possível alguém expressar correctamente na sua língua objecções que não sejam formuladas pela sua cultura" (Evans-Pritchard 1976: 150).

Ahern demonstrou com grande a propósito que também Evans--Pritchard estava a ser vítima das mesmas limitações (Ahern 1982): ao traduzir *benge* por veneno, este autor estava a partir do pressuposto de que aquela substância era um químico mortal. Tentou além disso, em diversas ocasiões, levar os Azande a aceitar essa verdade, mas estes encaravam as suas afirmações como não fazendo sentido. Quando lhes perguntou o que aconteceria se começassem a administrar *benge* a uma galinha numa quantidade cada vez maior, pretendia levá-los a admitir que o animal acabaria por morrer envenenado, mas eles responderam-lhe que, se o fizessem sem colocar uma pergunta ao líquido, era natural que a galinha acabasse por rebentar. E, quando o antropólogo lhes chamou a atenção para o facto de retirarem o estômago e o pescoço à galinha antes de a cozinharem para comer, os Azande responderam-lhe que isso era uma forma de evitar que o *benge* continuasse a responder à pergunta após ter sido ingerido pelos humanos. Contrariamente àquilo que Evans-Pritchard pensara, os Azande não pareceram ficar incomodados com estas perguntas, nem pensaram que aquilo em que

INTRODUÇÃO À TEORIA EM ANTROPOLOGIA

acreditavam estava a ser posto em causa pelas mesmas. Acharam antes que elas não faziam sentido, tendo dito a Evans-Pritchard: "Você não compreende estas coisas" (ver Ahern 1982: 308-9). Ahern vai buscar à linguística o conceito de regras regulativas e constitutivas (ver Searle 1969), comparando o oráculo azande a um jogo (conceito originado por Wittgenstein; ver Baker e Hacker 1980). As regras implícitas do ténis, por exemplo, definem a etiqueta (usar equipamento branco, não discutir as decisões do árbitro nas bolas duvidosas, etc.). Já as regras constitutivas são aquilo que faz daquele jogo o ténis. Se um antropólogo extraterrestre aparecesse em Wimbledon e perguntasse aos jogadores por que não atiravam duas bolas para o lado oposto da rede, garantindo assim que o adversário não conseguisse apanhar uma delas, estes provavelmente responder-lhe-iam: "Não seja idiota. Isso não seria ténis". As perguntas de Evans-Pritchard convidavam os Azande ao não cumprimento das regras constitutivas da consulta do oráculo, que no entanto tinham de ser seguidas para se poder comunicar com o mesmo.

O filósofo Quine, cuja obra se insere na tradição interpretativa, imagina um antropólogo ou um linguista a chegar a uma comunidade estranha e a tentar compreender o seu idioma. Quine defende que é possível fazer-se uma distinção entre as palavras que se referem a objectos e as outras. As palavras como "coelho", que se referem a objectos, podem ser aprendidas por "demonstração directa", ou seja, apontando-se para um objecto da mesma classe daquele que pretendemos definir (Quine 1960: 17). O seu significado encontra-se claramente exposto no meio em redor. Quine reconhece que muitas palavras só parcialmente poderão ser explicadas por este método. Por exemplo, uma expressão como "solteiro" não é passível de ser totalmente explicada por este tipo de demonstração: é necessária uma "informação colateral", ou seja, o conhecimento da estrutura cognitiva da cultura, para se poder chegar a uma compreensão completa daquilo que se pretende dizer com essa expressão. As teorias causais pertencem à estrutura cultural, e uma frase como "Os neutrinos não têm massa" (ou "Os feiticeiros enviam os seus feitiços para fazer mal aos outros") situam-se no extremo oposto do "coelho" da situação acima referida (Quine 1960: 76). A experiência nunca é adequada de

O PÓS-MODERNISMO E A ANTROPOLOGIA

forma a determinar qual de entre muitas teorias é a correcta: "as alternativas surgem: as experiências levam-nos a alterar as teorias, mas nunca indicam onde e como" (Quine 1960: 64); "Seriam inúmeras as teorias alternativas que surgiriam para o primeiro lugar" (Quine 1960: 23). Os argumentos de Quine apoiam, até certo ponto, a subsequente perspectiva pós-modernista de que os significados culturais não são condicionados pelo mundo exterior. No entanto, à semelhança de Foucault, considera que as referências a esse mundo podem estabelecer uma ponte entre culturas que, de outra forma, jamais se conheceriam.

Não existe consciência colectiva

Tal como os interaccionistas, através do seu estudo do processo social, tinham substituído a teoria da estrutura social de Radcliffe-Brown, também os antropólogos, ao começarem a investigar o simbolismo cultural da vida quotidiana, não ficaram satisfeitos com os modelos holísticos de Lévi-Strauss relativamente à estrutura da cultura. Nos seus modelos do totemismo e das castas, ou na sua análise do mito, este autor parte do pressuposto de que a cultura tem uma existência independente, como se fosse uma espécie de consciente colectivo: todos os elementos de uma cultura "primitiva" aprendem exactamente o mesmo conjunto de equações simbólicas durante o seu crescimento porque estas lhes são impostas a partir do exterior, pela colectividade. Qualquer elemento de individualismo iria necessariamente debilitar este entendimento colectivo, destruindo a capacidade de comunicação dos símbolos (Lévi--Strauss 1960: 66, e ver capítulo 3 da presente obra). A tendência verificada no seio do interaccionismo para se interpretar a vida cultural como um processo de negociações do significado levaria mais tarde ao aparecimento da antropologia pós-moderna.

Pierre Bourdieu escreveu uma das primeiras críticas à teoria estruturalista da cultura em 1972, baseando-se no trabalho de campo por si efectuado junto dos Cabilas, uma comunidade berbere argelina (Bourdieu 1977). Este autor critica vários aspectos da antropologia estrutural muito em voga no início da década de 70. O antroplólogo, um estranho, parece encarar a compreensão de uma cultura estranha como um exercício de descodificação, tentando encontrar significados ou sentidos familiares por detrás

INTRODUÇÃO À TEORIA EM ANTROPOLOGIA

de todo um conjunto de costumes aparentemente estranhos. É como se o antropólogo estivesse a ouvir uma mensagem de rádio transmitida por um submarino inimigo que, embora fosse emitida de uma forma codificada, era passível de ser compreendida se o código fosse decifrado, concluindo-se nesse caso que o seu conteúdo era algo de tão simples como "emergir para desembarcar espião às 8 horas" (ver capítulo 3). Da mesma forma, os antropólogos reduzem o comportamento exótico a categorias conhecidas, como a troca de presentes, os diferendos e os laços familiares. Mas até que ponto serão essas demonstrações de comportamento significante importantes para a forma como as actividades sociais são compreendidas pelos seus participantes?

O relato do antropólogo, além do mais, define as estruturas culturais de uma forma explícita, enquanto que aqueles que se encontram inseridos nessas mesmas estruturas aceitam as regras a elas inerentes de uma forma irreflectida. A diferença é semelhante àquela que se verifica entre a aprendizagem de uma língua estrangeira a partir de um livro que estabelece as regras gramaticais (como por exemplo, as formas dos verbos regulares e irregulares) e a aprendizagem dessa mesma língua por ouvido. Nesta última situação, será difícil (senão mesmo impossível, a menos que o falante esteja particularmente treinado para o efeito) formular as regras implícitas que servem de base ao idioma em questão. As pessoas de outras culturas apenas poderão compreender o seu comportamento significante através dos pressupostos implícitos e indistintos em que o seu comportamento se baseia. Bourdieu refere--se a este *corpus* de conhecimento implícito como *habitus* (comparar com os "imponderáveis da vida quotidiana" de Malinowski, capítulo 2). Os participantes possuem aquilo a que Bourdieu chama o *domínio prático* do tacto e o comportamento apropriado. Os rituais elaborados que demonstram explicitamente o *status* de cada um, embora muito apreciados pelos antropólogos são, na realidade, raros. É perigoso para os antropólogos dedicar demasiado espaço a rituais de tal maneira exóticos nas suas etnografias, pelo que seria mais aconselhável preocuparem-se sobretudo com as rotinas implícitas da vida diária.

O PÓS-MODERNISMO E A ANTROPOLOGIA

A cultura como texto

Tal como ficou demonstrado acima, Derrida segue Lévi-Strauss ao considerar a escrita etnográfica como algo de intrinsecamente opressivo, defendendo que esta se apropria do exótico e o reconstitui segundo o sistema de oposições cognitivas do próprio autor. A darmos razão a Derrida, até mesmo os esforços de Bourdieu para fugir ao colete de forças do estruturalismo seriam vãos, uma vez que este último é sempre obrigado a apresentar as conclusões dos seus trabalhos de campo (neste caso com os Cabilas) numa perspectiva ocidental.

Derrida defende que a escrita, não o discurso, é a manifestação primária da linguagem, criticando Rousseau e Saussure por a terem encarado apenas como um meio secundário, uma mera representação do discurso: com efeito, ambos lamentaram a tendência da escrita para levar as pessoas a pronunciar mal as palavras através da sua leitura fonética. Em parte, o argumento de Derrida baseia-se no facto de tanto a ciência como a literatura serem tradições essencialmente escritas (Derrida 1976 (1967): 27). Neste ponto, a sua posição é idêntica à de Goody e Ong, que defendem que certos tipos de conhecimento apenas poderão ser adquiridos através de meios literários (Goody 1977; 1987; Ong 1982). A defesa do ponto de vista de que a escrita tem assumidamente primazia sobre o discurso não pode ser aplicada às sociedades de cultura oral, mas tal não é relevante para a linha de argumentação de Derrida: Saussure reconhecia que a ciência e a literatura têm uma relação especial com a escrita e Derrida assevera não ser sua intenção questionar "a verdade daquilo que Saussure afirmou" (Derrida 1976: 39), o que é uma posição que não pode deixar de se afigurar irónica uma vez que aquilo que o próprio Saussure afirmou suscita dúvidas (ver capítulo 3)!

Em vez disso, num passe de magia, Derrida redefine a escrita como sendo toda e qualquer manifestação da linguagem que deixe uma marca ou inscrição (Derrida 1976: 46-8). Neste sentido, o próprio discurso torna-se uma forma de "escrita", apesar do seu carácter infinitamente mais transitório que o da escrita, no sentido mais restrito da palavra. Derrida rejeita a ideia de uma existência do significado exterior à linguagem, concordando com Saussure ao defender que o significado é criado por uma cadeia de *dife-*

INTRODUÇÃO À TEORIA EM ANTROPOLOGIA

renças: os sons ou letras (significantes) diferenciam-se uns dos outros, associando-se individualmente a um determinado significado, ou imagem mental. O significado de cada uma destas imagens é, por sua vez, determinado pelo lugar que ela ocupa no sistema, em que se diferencia das outras (ver capítulo 3). A ausência de um significado "transcendental" exterior à linguagem tem duas consequências: em primeiro lugar, é só com a prática da linguagem que as diferenças são estabelecidas. Uma língua não pode existir apenas no presente, uma vez que na realidade é o resultado de uma prática continuada, através da qual poderemos "detectar" sinais opostos. Em segundo lugar, se não forem impostas condições externas a esta prática, os significados continuarão sempre a mudar, graças ao "jogo" aleatório da diferenciação linguística (ver Derrida 1976: 50-60). Um texto persiste enquanto uma língua evolui, pelo que só poderá ser lido de acordo com o estado actual do jogo aleatório dessa língua (Derrida 1976: 102).

Geertz (1988) apresentou argumentos semelhantes, se bem que menos radicais, segundo os quais não nos é possível voltar atrás e verificar os acontecimentos descritos pelo etnógrafo: a vida nas Ilhas Trobriand vai-se alterando, pelo que é impossível que hoje em dia pudesse ser observada de forma semelhante àquela como Malinowski a observou. Devemos por isso encarar as obras etnográficas como textos, questionando-nos sobre quais serão os seus aspectos que os tornam convincentes para o leitor. Se todas as culturas fossem sistemas de valores e significados autónomos, sem ligação a um mundo que nós, os nativos das Trobriand, os Azande e os Nuer poderíamos sentir, como parecem então os antropólogos descrever as outras culturas de uma forma tão perceptível? Geertz afirma que é através da retórica, do estilo persuasivo da escrita. As etnografias são exercícios de talento literário, mais do que a apresentação de provas verificáveis. Geertz submete as obras de muitos antropólogos a uma crítica literária, afirmando: "A questão aqui não é a veracidade destas afirmações" (Geertz 1988: 63), mas sim a forma como elas nos são transmitidas (Geertz 1988: 64). Tenta igualmente desmontar a "exímia mestria" de Evans-Pritchard: de que forma conseguiu este último levar-nos a pensar que tínhamos encontrado directamente o mundo dos Azande ou dos Nuer? É característico de Evans-Pritchard nunca

O PÓS-MODERNISMO E A ANTROPOLOGIA

citar referências nas suas obras. Em vez disso, o leitor reconhece as suas alusões a Weber ou a Comte, sentindo-se lisonjeado por ter sido como que admitido num clube intelectual em que toda a gente partilha os mesmos valores e aceita as mesmas autoridades. Os exemplos são escolhidos e apresentados de uma forma viva, como se de uma sessão de projecção de *slides* se tratasse, em que nos são servidas fatias do exótico directamente do local onde elas ocorrem, tais como aquela em que os "infelizes Azande procuram refugiar-se do sol debaixo do celeiro no preciso momento em que as térmitas estão a acabar de roer o que falta das suas fundações" (Geertz 1988: 64-5). Evans-Pritchard escreve sempre no mesmo tom descontraído e confiante, quer esteja a descrever os perigos de se caminhar pelo meio do capim mais alto ou de se estar debaixo de fogo inimigo. O leitor segue-o assim de uma forma tão cega como um soldado segue um oficial carismático num campo de batalha.

O livro de Geertz baseia-se em palestras por si proferidas um ano antes da conferência "Escrever a Cultura", que viria a ter um efeito seminal no confrontar da antropologia com o desafio do Pós-Modernismo. Rosaldo, enquanto colaborador dessa mesma conferência, desenvolve muitos dos argumentos de Geertz, indo mesmo mais longe ao colocar as teorias de Evans-Pritchard em causa por apresentarem a cultura nuer como um todo unificado e intemporal e não como um fenómeno em evolução, negociado entre agentes vivos. Evans-Pritchard apresenta os Nuer como exemplares de um arquétipo antropológico: o do nómada orgulhoso mas democrático (Rosaldo, 1986). Crapanzano, no mesmo volume, salienta por seu turno a vulnerabilidade da escrita do próprio Geertz a uma crítica literária (Crapanzano 1986: 68-76).

Se o que os pós-modernistas afirmam for verdade, o significado dos seus textos estaria posto em causa assim que fossem a imprimir. Se a sua posição nos tiver sido correctamente transmitida, então deverá ser falsa. Mas Tylor, no seu contributo para "Escrever a Cultura", justifica a sua caracterização da etnografia pós-moderna recorrendo à citação de outras autoridades (Tylor 1986: 132). Da mesma forma, também Derrida afirma conseguir "ler" Saussurre com toda a confiança e cita Pierce como sendo uma autoridade. A ironia de todo este processo é-nos salientada por Umberto Eco:

INTRODUÇÃO À TEORIA EM ANTROPOLOGIA

"Se Derrida parte do princípio de que a sua interpretação é que é a correcta, deveria partir igualmente do princípio de que o texto de Pierce teve um significado *privilegiado* por ter sido isolado, reconhecido como tal e transmitido sem ambiguidades" (Eco 1990: 35).

As obras de Heródoto e Tácito têm sido questionadas ao longo dos tempos por revelarem a construção de sistemas de diferença, não tendo assim validade enquanto relatos de factos exteriores aos seus autores: na imagem construída por Tácito, os Germanos são apresentados como igualitários, limitados nos seus desejos materiais e castos, ou seja, o oposto da cultura do próprio autor. Quanto aos Citas de Heródoto, parecem uma transposição da imagem dos Egípcios. Estes eram o mais antigo dos povos, os Citas afirmavam ser o mais novo. E, enquanto o Egipto era dominado por uma arquitectura monumental, a Cítia não tinha cidades, templos ou sequer agricultura (para uma interessante avaliação destas críticas, ver Gould 1989: 100-9, e comparar Whitehead 1995). Poderia da mesma forma afirmar-se que Rousseau e Hobbes reabriram um debate clássico, no qual a construção de uma imagem da condição humana "natural" ou "original" passou por uma série de transformações, livres de qualquer observação empírica de várias sociedades de pequena dimensão. Torna-se menos plausível fazer uma tal afirmação relativamente aos funcionalistas, pese embora o facto de estes terem sem quaisquer dúvidas partido de algumas estruturas conceptuais herdadas do século XIX.

A teoria do significado de Derrida mantém-se rigidamente saussuriana no sentido em que defende que os signos apenas adquirem significado a partir da posição que ocupam num sistema de outros signos. Diverge no entanto de Saussure ao negar que os signos linguísticos façam alguma referência a objectos que existam fora própria língua. Trata-se de uma teoria do significado "de dicionário", no sentido em que um dicionário apenas consegue definir palavras através de outras palavras, ou de significados prévios da mesma palavra (ou seja, é "auto-referencial"). Este sistema é fechado e apenas se usa a si próprio como referência.

De forma a melhor podermos deslindar a origem das teorias paradoxais de Derrida, começaremos por afirmar que existem duas

O PÓS-MODERNISMO E A ANTROPOLOGIA

questões que precisam de ser referidas: a compreensão intersubjectiva no terreno e a subsequente comunicação dos dados recolhidos através de textos etnográficos.

A cultura enquanto texto dramático ou narrativa
O carácter compósito dos significados culturais é inquestionável. Bourdieu defendia que, em qualquer momento, o significado daquilo que as pessoas fazem no momento em que interagem depende daquilo que aconteceu previamente: o comportamento com significado é algo que, tal como Derrida defendeu relativamente à linguagem, vai sendo construído através dos tempos. Apresenta uma estrutura narrativa: uma pessoa dá algo a outra porque, num dado momento do passado, foi ela a receber algo dessa outra pessoa. Aquilo que acontece a seguir permanecerá sempre como incerto, pois existem diversas possibilidades: o *habitus* é improvisação, não um conjunto de regras pré-determinadas. As pessoas poderão dar valor a esta incerteza justamente pelo facto de ela lhes permitir resolver uma situação ambígua a seu favor. Longe de ser contrária à vida cultural, a individualidade é fulcral para a forma como o comportamento significativo se concretiza. Os Cabilas dizem que "um homem que não tenha inimigos é um burro" (ou seja, é uma pessoa demasiado passiva). Embora este provérbio nos pareça paradoxal, os Cabilas encaram o desafio à honra de alguém como "um ponto alto na vida de um homem": é uma oportunidade para os elementos daquele povo se aperceberem do seu potencial individual enquanto pessoas de honra (comparar com o código de honra dos Saracatsani, referido no capítulo 2). Um antropólogo que analise a vida social como estrutura fixa de relações nunca conseguirá aperceber-se desta dimensão. O conceito de Bourdieu da construção da vida com significado através da acção é muito semelhante à teoria da estruturação de Giddens (ver capítulo 4). Giddens chamou a atenção para os processos através dos quais a utilização está relacionada com a estrutura de um sistema social. Embora Saussure reconhecesse a intervenção de uma forma que Durkheim não reconhecia, ao introduzir o conceito de *seleccionar* a partir do sistema, considerava ainda, basicamente, os indivíduos como utilizadores de um sistema que existia independentemente deles e

INTRODUÇÃO À TEORIA EM ANTROPOLOGIA

não como modificadores e veículos de um outro sistema, que só se materializa pela utilização. Para Bourdieu e Giddens, contudo, existia uma constante interacção, ou negociação, entre as utilizações novas e as já existentes.

Isto surge bem ilustrado na alteração de significado sofrida pela expressão *Band Aid* em Inglês: *Band Aid* é a marca registada de uma empresa que fabrica pensos rápidos para proteger cortes e arranhões enquanto estes saram. Há alguns anos, era frequente utilizar-se a expressão *band-aid solution* ["solução provisória"] para denegrir uma resposta inadequada e de curto prazo a um determinado problema. Mas, quando o famoso músico Bob Geldof lançou a ideia de uma campanha de angariação de fundos para ajudar ao combate da fome no Terceiro Mundo, convidando várias bandas para tocar em concertos de beneficiência na Grã-Bretanha e nos EUA, chamou a essa iniciativa *Band Aid**. A iniciativa teve um sucesso imediato e as conotações da expressão escolhida foram transformadas. Isto não é muito diferente da teoria do "jogo livre" de Derrida, segundo a qual as palavras adquirem o significado que apresentam num determinado momento através de uma utilização que as coloca em oposição a utilizações anteriores. Cada utilização deixa assim um "vestígio" que, com o passar do tempo, acaba por ser erradicado pelas sucessivas transformações do significado.

Victor Turner assumiu uma perspectiva parecida, mas diferente da de Bourdieu num aspecto importante: Turner adoptou o conceito dos filósofos Schutz e Dilthey de *Erlebnisse* (ou "vivência"), no qual a vida assume significado pelo facto de os problemas actuais estarem relacionados com o passado que sobrevive nas diferentes culturas (Turner 1990). Para Turner, contudo, os espaços mais criativos nem sequer se encontram na rotina diária, mas sim nas margens da vida social, no jogo e no divertimento. A arte e a vida, cada uma por si, informam-se e transformam-se mutuamente através de desempenhos repetidos. Os momentos "liminares", tais como aqueles que van Gennep identificou nos ritos de iniciação,

---

* Nome que joga com o duplo significado da palavra *band* – fita ou banda – e *aid* — ajuda – bem como com o facto de este nome ser também o de uma marca de pensos rápidos. (N. do T.)

O PÓS-MODERNISMO E A ANTROPOLOGIA

prestam-se notavelmente a transformar a percepção ou a "leitura" da vida social por parte do ser humano. Seguindo a mesma linha, poderá argumentar-se que o desempenho do mito e a produção ou criação de obras de arte são momentos em que o artista/narrador *faz uma afirmação* sobre a interpretação de acontecimentos culturais. É isto que o perito em rituais dos Lega faz quando recorre às possibilidades indefinidas fornecidas pelo cesto na cerimónia *bwami* para louvar ou ridicularizar um candidato (ver capítulo 3). Kirin Narayan dá-nos um bom exemplo deste processo criativo no seu relato da forma como uma professora indiana dá um novo significado a um conto tradicional ao identificar as personagens dessa história com alguns dos alunos que a ouviam (Narayan 1993). Uma situação mais radical foi aquela em que Narritjin e outros artistas oriundos da etnia iolngu (do Norte da Austrália) renegociaram o conteúdo e a exibição da sua arte ao tentar explicar os seus valores e afinidades a um público euro-australiano (Morphy 1991). O processo através do qual os antropólogos assumem perspectivas teóricas nos seus relatos etnográficos é, talvez, comparável a estas situações.

Dentro da própria comunidade que se encontra a ser alvo de um estudo, as pessoas podem discordar entre si relativamente à interpretação dos factos. Se as pessoas concordarem com o significado de um simples gesto ou um ritual elaborado, deve-se tentar descobrir de que forma foi esse consenso obtido, mais do que encará-lo como um dado adquirido derivado da "consciência colectiva". Stephen Tylor considera a descrição de tais processos como a característica que melhor define a etnografia pós-moderna: "A etnografia pós-moderna tenta recriar textualmente esta espiral de desempenho poético e ritual (...) como se de um processo de efabulação cooperativa se tratasse, (...) encontrando-se todos os seus participantes excluídos da possibilidade de ter a última palavra, sob a forma de uma história mais geral ou de uma síntese abrangente" (Tylor 1986: 126).

A cultura enquanto desempenho

Se a "escrita" pode ser apresentada, segundo Derrida, como a forma primeira da expressão linguística, o trabalho de campo antropológico poderá então ser interpretado como exercício de

273

INTRODUÇÃO À TEORIA EM ANTROPOLOGIA

leitura de textos. Os antropólogos pós-modernos têm defendido esta perspectiva (Geertz 1973b: 443-5; Crapanzano 1986: 51). Pessoalmente, considero que, ao assumirem uma tal posição, ignoram uma diferença importante: quando efectua o seu trabalho de campo, o investigador não está a estudar textos que foram construídos no passado mas sim desempenhos actuais que estão a concretizar-se no momento que, segundo Whorf, os Hopi designam por "tornar-se verdade". "A experiência do trabalho de campo em si mesma (contrariamente àquilo que acontece com a sua representação em texto) apresenta uma inequívoca duplicidade" (Ganesh 1993: 139). Os processos do trabalho de campo não devem assim ser confundidos com a produção de um relato etnográfico.

Schutz defende que cada comunidade participa num "mundo da experiência" distinto (Schutz 1972: 136). Embora nos encontremos separados pelo facto de a nossa experiência ter ocorrido no passado, altura em que participámos nessa mesma "experiência do mundo", o ouvinte está presente na altura em que o orador se envolve num discurso com significado e esse mesmo ouvinte responde. Pelo contrário, se lermos um livro, a interpretação será vicariante: "o leitor revive a escolha de palavras do autor, como se a selecção dessas palavras tivesse sido feita mesmo perante os seus olhos" (Schutz 1972: 134). Derrida procurou negar esta distinção através de uma redefinição da escrita como tudo o que separava a linguagem do carácter imediato da percepção não mediada (Derrida 1976: 24). Ricoeur, no entanto, demonstrou não existirem motivos para que essa distinção não permaneça válida (Ricoeur 1979), defendendo que as interacções sociais, tal como ocorrem, constituem actos em que os participantes têm algum acesso às intenções efémeras e subjectivas uns dos outros. Se o ouvinte corresponder de uma forma que não seja apropriada, o falante poderá tentar transmitir novamente a sua intenção subjectiva. Isto pode ser ilustrado através de dois exemplos de trabalhos de campo efectuados na Austrália Central: a palavra da língua iancunitjatjara *punganyi* tanto pode ser traduzida por "bater" como por "matar". Tal como acontece com muitas palavras em muitas outras línguas, o significado circunstancial apenas pode ser intuído pelo contexto em que o vocábulo é empregue. Quando os Iancunitjatjara falam em inglês, traduzem normalmente

O PÓS-MODERNISMO E A ANTROPOLOGIA

punganyi por "matar" [*kill*]. Certa vez estava a falar com um amigo meu deste povo, que se apercebeu de repente que o seu cão preferido tentava roubar uma peça de carne pendurada numa árvore. «Mata o cão!», gritou ele. Se eu não tivesse compreendido aquilo que ele realmente pretendia dizer, teria caído numa situação embaraçosa. Noutra ocasião, esse meu amigo e o respectivo cão saltaram para a nossa carrinha todo-terreno para irmos dar uma volta pelo mato. Aprenderamos já que *kapi palya* se traduz por "água boa" (isto é, "potável") e conhecíamos também a expressão que, naquele idioma, é utilizada para responder a um agradecimento (*uwa, palya*, ou seja, "sim, bom"). A dada altura, a minha mulher, Roz, acariciou o animal na cabeça e disse: "*Papa palyia*". Mas, o nosso amigo, Paddy Uluru, corrigiu-a: "*Papa wiru* [cão simpático]", disse, projectando os lábios semi-cerrados. "*Papa palyia* é um cão sem dentes". Começámos assim a compreender que *palya* corresponde mais a "doce", ou "dócil", que a "bom". Derrida encarava a linguagem como um sistema auto-referencial em que as palavras apenas se definem em relação às outras palavras. Contudo, durante os trabalhos de campo, interagimos com pessoas num meio ambiente que tem significado para elas e para o qual podem apontar. As palavras são utilizadas para fazer referências ostensivas, enquanto que a linguagem é utilizada para coisas práticas (cf. Sarup 1989: 59, 61). Quando alguém diz: "Aquele homem é o meu pai" mas a genealogia demonstra ser aquilo a que chamamos tio), ou "A *mangu* provocou a queda daquele celeiro" é verdade que tanto nós como aqueles com quem trabalhamos apenas poderemos fazer uma ideia desse homem ou celeiro em termos do seu significado respectivo na nossa língua. No entanto, tanto um como o outro constituem nesse momento *em si próprios* pontes entre mundos que, de outra forma, estariam fechados. As palavras proferidas passam por uma ténue linha que oscila entre o significado e a referência. Carrithers defendeu já que, nas emoções humanas, existe uma ponte semelhante: podemos reconhecer em que alturas um ticopeano está zangado mesmo que as razões que o levaram a esse estado sejam características apenas da cultura ticopeana (Carrithers 1992).

Quine propunha uma distinção entre "frases teóricas" e "frases de observação" (Quine 1960: 17). À semelhança do estudo de Frake

INTRODUÇÃO À TEORIA EM ANTROPOLOGIA

sobre a classificção das doenças entre os Subanames (capítulo 3), têm sido muitos os estudos etnobiológicos que se baseiam no acesso à cultura que as frases de observação nos proporcionam, produzindo listas de nomes indígenas que designam espécies animais e vegetais, zonas ecológicas, etc. (por exemplo, Williams e Baines 1993; Reid *et al.* 1993). Contudo, Puttnam questiona-se sobre o facto de a distinção feita por Quine poder alguma vez ficar completa (Puttnam 1995: 17, 61). Com efeito, na prática, até mesmo um objecto como um coelho se encontra abrangido por um corpo de conhecimento (Baker *et al.* 1993). Certa vez, ao percorrer um trilho do mato da Austrália Central, dois cangurus atravessaram-se à frente da minha carrrinha. Uma rapariga iancunitjatjara que vinha connosco pôs-se imediatamente de pé, gritando (em inglês): «Olha, mamã, carne!» (a palavra iancunitjatjara *kuka* pode ser traduzida por "animal de caça" ou "carne"). Noutra ocasião, em que me juntei a um grupo de homens daquele povo numa caçada aos coelhos, encontrámos um destes animais que se recusava a fugir, mas em que ninguém conseguia acertar. Após algumas tentativas, um dos homens disse: «Deixem--no. Pode ser *mamu*» e voltou para a carrinha. Este e outros acontecimentos semelhantes levaram-me a inferir que *mamu* são agentes malevolentes que podem apoderar-se tanto de pessoas como de animais. Puttnam sugeriu que o problema relativamente à distinção apresentada por Quine residia no facto de um termo como *bosorkanyok* tanto poder significar "mulher velha e feia com uma verruga no nariz" como "bruxa". O segundo termo parece estar contido numa teoria do ser, o que já não parece acontecer com o primeiro. Pessoalmente, acredito que termos como "bruxa" ou "feiticeiro" possam ser explicados por uma descrição da forma como os objectos e os acontecimentos estão relacionados. "A *mamu* faz com que os animais assumam um comportamento antinatural", ao passo que "uma «bruxa» provoca doenças nas pessoas, viajando de noite sob a forma de uma luz branca". Confrontados com afirmações como estas nos trabalhos de campo, apercebemo-nos de quão diferentes podem ser as associações lógicas que as pessoas constroem entre referentes. No entanto, se as representações forem completamente determinadas pela experiência, mais não poderemos fazer que dar o nosso melhor para encontrar uma forma

O PÓS-MODERNISMO E A ANTROPOLOGIA

de as representar — e a tradução ficará, inevitavelmente, incompleta. O ponto crucial do dilema antropológico torna-se assim saber até que ponto termos como "bruxa" e "intervenção malévola" são os adequados para as situações e conceitos acima descritos (por que não "diabo"?).

Não existe uma torre de marfim: a política da escrita

O termo *fabricação* possui dois significados: as caixas de metal e outros objectos são fabricados, mas os álibis falsos também o são. Uma ambiguidade semelhante é aquela explorada na concepção da etnografia como uma ficção, associada à conferência "Escrever a Cultura" (Clifford e Marcus 1986). Os autores que contribuíram para essa mesma concepção basearam-se na teoria de Derrida para desafiar a transparência dos textos etnográficos, chamando a atenção para a utilização por parte dos etnógrafos de variados estilos literários, que o levavam a concluir que a etnografia era algo que era construído por quem a escrevia.

O aparente carácter natural da etnografia factual é, apropriadamente, colocado em causa a partir do momento em que esta é redefinida como sendo uma forma de ficção, um pouco à semelhança da forma como o mesmo Derrida também questionou a aparente transparência do discurso ao redifini-lo como uma forma de escrita. Ambas as reformulações destacam características inesperadas das categorias aparentemente naturais (discurso, descrição), mas fazem-no à custa da importação de qualidades inapropriadas dos termos aparentemente artificiais aos quais aquelas se opõem (escrita, ficção). Como Eco escreveu: "Para destacar verdades não óbvias, Derrida ignora verdades extremamente óbvias, que ninguém pode deixar de comentar" (Eco 1990: 36). O processo de acomodação mútua que se verifica na interpretação de significados durante os trabalhos de campo termina mal essa mesma interpretação seja passada para o papel, embora as pessoas descritas continuem a existir.

Geertz foi o primeiro a apresentar a teoria que encara a etnografia como ficção, ao afirmar da sua própria escrita que construir descrições centradas nos agentes de chefes berberes, mercadores judeus e soldados franceses em Marrocos, não era muito diferente de construir romances sobre a vida na França rural

INTRODUÇÃO À TEORIA EM ANTROPOLOGIA

do século XIX (Geertz 1973a: 15). Pessoalmente, considero que, ao tratar a etnografia como um sistema auto-referencial, Geertz não tem em conta a distinção fundamental que se verifica entre a hipotética trajectória de Madame Bovary pela cultura da França rural e as trajectórias verdadeiras (embora recordadas) das personagens do trabalho de campo que ele próprio efectuou. Clifford justifica o conceito de etnografia como ficção ao lembrar a definição de arte como a concepção de artefactos úteis (Clifford 1986: 6), reconhecendo no entanto que "não podemos referir-nos aos Samoanos como uma cultura 'meadiana' [de Margaret Mead, antropóloga] ou aos Ticopeanos como uma cultura 'firthiana' [de Raymond Firth] com a mesma liberdade com que nos referimos a palavras dickensianas ou flaubertianas" (Clifford 1986: 13). Com efeito, contrariamente a Oliver Twist e Fagin, os Samoanos e Ticopeanos existem independentemente daquilo que sobre eles é escrito e a etnografia faz referência à sua existência.

Foucault fala-nos da existência de uma comunidade de conhecedores que partilham um "discurso" comum e defende que, embora esses "discursos" influenciem radicalmente a forma como falamos do mundo, nem por isso deixam de fazer referência a coisas que existem fora do discurso (Foucault 1972 (1969). Foucault posiciona-se assim algures entre a relatividade completa e a objectividade absoluta. Cada disciplina, na sua análise, é caracterizada por uma forma de escrita (ou de discurso) própria. Um matemático nunca poderia descrever, nos seus textos sobre o cálculo, a forma como uma ideia lhe surgira ao preparar-se para sair de casa, porque expressões como "duas quantidades que sejam iguais a uma terceira quantidade são também iguais entre si" são consideradas verdadeiras independentemente das circunstâncias em que o matemático se encontre a escrever. Este é um pressuposto do *discurso* matemático. As disciplinas como as ciências naturais, a psiquiatria e a economia reconhecem cada uma certos "objectos" à volta dos quais o seu discurso ocorre: a selecção natural, a loucura ou o mercado. Para Foucault, contrariamente àquilo que Quine afirmou, não podem existir "frases de observação". As regras de um discurso determinam quais as afirmações relativas a esses "objectos" que fazem sentido e quais as que são consideradas irrelevantes, marginais ou não científicas. O interesse de Foucault

O PÓS-MODERNISMO E A ANTROPOLOGIA

está na forma como as regras dirigem o curso de um debate. Poder-se-ia, por exemplo, referir a forma como o discurso de mercado livre torna a escolha do consumidor num "objecto" mas, ao falar do "direito de escolha do consumidor", marginaliza o efeito de desigualdade da posse dos meios de produção, recusando conceder-lhe relevância. Foucault reconhece que os factores exteriores ao discurso o podem moldar. Entre estes, contam-se o papel do discurso em decisões governamentais e nas lutas políticas, ou a apropriação do mesmo por pessoas que reclamam o direito exclusivo de o utilizar. Estas relações externas definem um espaço cultural no seio do qual poderão ser praticados vários discursos possíveis. Pessoalmente, Foucault não está interessado em estudar um tal "espaço" dado que isso "neutralizaria" as relações internas do respectivo discurso, transformando-as num "sinal de" (ou seja, referência a) outra coisa. Seria possível descobrir-se o objecto a que o termo "neurose" *se refere*, pelo que "tal história do referente seria sem dúvida possível" (Foucault 1972: 47), o que torna Foucault um pós-modernista menos radical do que Derrida. Contudo, a observação do referente não consegue explicar a forma como, a dada altura, uma especialidade médica se arrogou a autoridade para diagnosticar a loucura como crime.

A análise do estilo e da ilusão em arte feito por Gombrich esteve na origem de muitos dos pontos que, posteriormente, Foucault referiria em relação ao discurso escrito; contudo, salienta a qualidade referencial da arte figurativa. Gombrich defendia que não fazia sentido experimentar e interpretar um motivo artístico quando não se tivesse aprendido previamente a classificá-lo e a localizá-lo no seio da tradição artística em que se inseria (Gombrich 1960: 63). O conceito de estilo de Gombrich encontra-se muito próximo do conceito de discurso de Foucault: uma pintura "correcta" não é, para o primeiro, um registo fiel de uma experiência visual, mas sim uma construção fiel de um modelo relacional (Gombrich 1960: 78); da mesma forma, também Foucault escreveu que "um discurso não é a mera junção de palavras e de coisas, mas sim uma prática que dá sistematicamente forma aos objectos de que fala" (Foucault 1972: 49). No entanto, enquanto Foucault deixava de lado "a história do referente" (Foucault 1972: 47), Gombrich interessou-se pela forma como o

INTRODUÇÃO À TEORIA EM ANTROPOLOGIA

artista plástico resolvia a dificuldade derivada do facto de "a quantidade de informação que nos chega do mundo ser incalculavelmente grande e o meio do artista plástico ser inevitavelmente restrito e granular" (Gombrich 1960: 182). Concluiu, assim, que não se trata de uma simples questão de se tentar fornecer o máximo de informação visual possível, mas sim de os estilos serem utilizados para transmitir determinadas mensagens acerca do mundo: "Afirmar-se de um desenho que se trata de uma vista correcta do Tivoli (...) significa que aqueles que compreenderem a afirmação *não retirarão informações falsas* da obra" (Gombrich 1960: 78, destaque seu). Não se pode culpar mais um escritor por utilizar um determinado estilo do que um artista plástico: da mesma forma que um estilo artístico tem tendência para reduzir os inúmeros detalhes da percepção visual a formas regulares, também os estilos escritos tendem a reduzir a riqueza da experiência a distinções categóricas. A pergunta "Será esta uma perspectiva correcta dos Nuer?" será assim tão válida como a de "Será esta uma perspectiva correcta do Tivoli?" e só poderá ser respondida com referência aos próprios Nuer.

Dado que, não obstante, todos os estilos são escolhidos com uma determinada finalidade, é também legítimo perguntar se o autor terá sido honesto relativamente ao seu objectivo. Se as teorias, opiniões políticas e emoções influírem na análise, deverão então ser referidas de uma forma explícita. O "truque" que os críticos pós-modernos tão bem identificaram é fazer com que o estilo pareça sempre "natural". Se o naturalismo é impossível, o autor deverá tornar o seu estilo visível, da mesma forma que o artista plástico pós-moderno torna a tinta visível na tela, em vez de tentar seduzir o olhar para o mundo que se situa "para lá" da mesma.

O estilo de escrita de Evans-Pritchard em *The Nuer* é guiado pela teoria do funcionalismo estrutural de Radcliffe-Brown. Este defendia que "as verdadeiras relações entre o Tom, o Dick e o Harry poderão ser assinaladas no nosso caderno de apontamentos (...) mas aquilo que necessitamos para fins científicos é de um relatório sobre a forma da estrutura" (Radcliffe-Brown 1952: 192). As razões pelas quais este investigador optou por uma tal abordagem foram já referidas no capítulo 2 e explicam o porquê de o estilo etnográfico de Evans-Pritchard não deixar espaço para

O PÓS-MODERNISMO E A ANTROPOLOGIA

a vivacidade que caracteriza os estudos etnográficos de Malinowski e Firth. Tal como afirma Rosaldo: "O objecto do conhecimento científico para Evans-Pritchard é a estrutura social, mais do que as contingências históricas e a acção política" (Rosaldo 1986: 93). A etnografia clássica procurava separar o autor da etnografia das pessoas acerca das quais a sua obra se debruçava, para distinguir as experiências subjectivas do antropólogo do "objectivo referente do texto". A etnografia pós-modernista coloca novamente o antropólogo no relato etnográfico, "situando-o" no seu próprio texto. Trata-se de um estilo de etnografia diferente, sendo útil reparar nas técnicas estilísticas utilizadas, tal como faz Crapanzano na sua análise dos textos de Catlin, Goethe e Geertz (Crapanzano 1986). A socioecologia, ao centrar-se sobre os custos e os benefícios dos participantes nas transacções em que se encontram directamente envolvidos, exige um relato mais detalhado da vida social do que o do Marxismo, embora em detrimento das consequências a longo prazo das alterações que se verificam no controlo dos meios de produção, que Marx salientou.

Conclusão

Lineu acreditava que as alterações sofridas pelas diversas espécies desde a sua criação divina eram reduzidas. As variações verificadas no seio de uma espécie eram consideradas as provas dos efeitos do solo e do clima num "tipo" pré-determinado. Contudo, a teoria da selecção natural de Darwin reorientou a atenção dos cientistas para a variação que se verificava entre as populações. Esta variação fornecia agora provas consideradas cruciais da existência de um quase imperceptível lento processo que levava à origem de novas espécies. Poderia afirmar-se que as duas teorias exigiam estilos de escrita diferentes, continuando cada uma delas no entanto a ser útil às ciências biológicas. Da mesma forma, as teorias das ciências sociais exigem um estilo de escrita apropriado à perspectiva específica que cada uma delas apresenta relativamente à complexidade da vida social, existindo a possibilidade de serem várias as que se revelam úteis para o analista. Por vezes, uma teoria fornece uma perspectiva comparativamente mais pormenorizada sobre fenómenos anteriormente estudados à luz de uma outra teoria. A socioecologia e o Marxismo

INTRODUÇÃO À TEORIA EM ANTROPOLOGIA

alargaram as perspectivas propostas pelo funcionalismo, ao mesmo tempo que a sociologia interpretativa fornecia uma compreensão mais trabalhada dos processos de construção do significado que aquela que fora suscitada pelo estruturalismo. Noutras ocasiões, as teorias levaram a conclusões que entravam em conflito umas com as outras, como parece ser o caso do estruturalismo e da socioecologia.

Se por um lado não se afigura correcto rejeitar-se a abordagem de Lineu como um mero exercício do domínio político, não se pode, por outro, ignorar a sua inegável dimensão política. Com efeito, a classificação apresentada por este autor mantém-se como algo de grande valor enquanto meio de estudo da variação biológica, embora a sua visão das populações humanas como manifestações deste ou daquele "tipo" possa servir para justificar o racismo. A mesma distinção pode ser feita relativamente ao funcionalismo e à socioecologia: qualquer teoria susceptível de ser aplicada na prática terá sempre implicações políticas, pelo que deveremos estar sempre cientes das consequências práticas de se escolher esta ou aquela teoria.

No seu contributo para a conferência "Escrever a Cultura", Stephen Tylor defende que a ciência tentou apresentar a percepção sem ser mediada por conceitos e falhou, uma vez que tal objectivo era inalcançável (Tylor 1986: 123). Este autor concorda com Derrida ao afirmar que a escrita é algo que só pode ser auto--referencial (Tylor 1986: 138-9). Conclui assim que a etnografia pós-moderna pode assumir uma forma qualquer, dado que "qualquer que seja a tentativa que se faça, esta será sempre incompleta" (Tylor 1986: 136). Trata-se de uma posição de desespero que, no entanto, não significa necessariamente que todas as teorias não passem de ideologias políticas (ver Layton 1986b). O estilo é utilizado para representar material trazido à luz pela teoria e as teorias fazem referência a um mundo de objectos. Tal como Carrithers salientou, o ataque dos pós-modernistas à ciência é fruto de uma noção empobrecida da forma como aquela é praticada (Carrithers 1992: 152-4): até mesmo os grandes nomes do Iluminismo estavam cientes de que a nossa percepção do mundo é condicionada pelas nossas teorias. Richard Watson demonstrou que os teóricos do século XVII também consideravam os resultados

O PÓS-MODERNISMO E A ANTROPOLOGIA

das suas experiências um "conhecimento provisório", debatendo o método científico com os cépticos que defendiam ser "impossível saber se as representações e interpretações do mundo são verdadeiras ou mesmo se existe um mundo exterior às impressões e imaginações sensórias" (Watson 1991: 275; cf. Gower 1997). Watson defende que basta um simples olhar para os resultados práticos de levar a ciência a sério para se verificar que esta se foi tornando cada vez mais eficaz. Embora, em parte, isto responda às críticas dos pós-modernistas, não trata a questão de como poderemos decidir os critérios através dos quais esses julgamentos serão feitos.

A tradução antropológica das ideias indígenas depara-se com o mesmo problema: se as representações não forem satisfatoriamente determinadas pela experiência, uma tradução completa será sempre impossível. O melhor que o antropólogo pode então fazer é tentar criar uma correspondência o mais aproximada possível entre as ideias indígenas e as construções da sua própria cultura. É esta a razão pela qual Malinowski comparou os objectos do *kula* às jóias da coroa e a troféus desportivos, salientando no entanto que não havia um paralelo exacto para aqueles objectos na cultura ocidental. Mas por que razão escolherá o antropólogo uma determinada tradução e não outra qualquer? A etnografia tem sido normalmente escrita pela cultura dominante sobre a mais frágil e a prática da tradução confere poder. Assim, quando o antropólogo escolhe o que tornar compreensível ou racional a respeito de outra cultura, está a usar esse poder. Se Quine tinha razão ao afirmar que a experiência nunca é suficiente para determinar qual de entre inúmeras teorias alternativas é a correcta, com que autoridade poderemos favorecer uma teoria em lugar das outras?

A crença na feitiçaria não impede os Azande de descobrir que, para se fazer objectos de cerâmica de qualidade, se deve tirar as pedras e as bolhas de ar da massa de barro. Este povo utiliza pelo menos duas teorias da causalidade, o que lhes permite calcular se foi a falta de qualidade do oleiro ou a feitiçaria que provocou a quebra de várias peças após sucessivas cozeduras. Quando estava no campo, Evans-Pritchard achou mais conveniente partir do pressuposto de que a feitiçaria existia e organizar a sua vida diária com base nessa crença. Mas o problema com que se deparou ao

INTRODUÇÃO À TEORIA EM ANTROPOLOGIA

começar a escrever a sua etnografia foi que a "feitiçaria" dos Azandes explicava aquilo que na subcultura científica deste investigador se chamava "pouca sorte". Escolheu assim transmiti--la sob a forma de uma desacreditada e historicamente situada teoria da causalidade. Retrospectivamente, a dimensão política da sua tradução é evidente: se tivesse traduzido a "sessão de espiritismo do feiticeiro" por "psicoterapia", teríamos avaliado os Azande de uma forma diferente.

Agora que os mais fracos fizeram ouvir a sua voz, como se poderá justificar que o os antropólogos continuem a traduzir as diversas culturas (Clifford 1986: 8-10)? Como seria uma antropologia comparativa escrita pelos Azande? Será que iriam avaliar o grau de desenvolvimento de uma sociedade de acordo com a capacidade desta para reconhecer a feitiçaria? O trabalho de Worth e Adair com realizadores navajos sugere quão inesperadamente este povo poderia escrever as suas próprias narrativas etnográficas (Worth e Adair 1972). Henry Reynolds reconstruiu a forma como os indígenas australianos terão interpretado os primeiros colonos europeus, nomeadamente o facto de terem achado incrível que os novos habitantes da sua terra armazenassem grandes quantidades de gado, tabaco, etc., que seriam incapazes de consumir nos próximos dias (Reynolds 1982: 68). Que ganância e preversão extraordinárias os impediriam de repartir aqueles produtos com eles, de forma a estabelecerem relações sociais com as gentes daquela terra? Reynolds cita o caso de um grupo de caçadores aborígenes que mataram um boi castrado e ofereceram a gordura dos seus rins ao atemorizado dono, branco, dizendo-lhe que "contrariamente aos brancos, não eram gananciosos". As mulheres eram vistas pelos aborígenes como um importante recurso do ponto de vista político: oferecer as mulheres em casamento era provavelmente a principal fonte de poder secular (Reynolds 1982: 70). Os pioneiros brancos, achando--se numa zona desprovida de mulheres da sua raça, tiravam frequentemente partido das ofertas de mulheres aborígenes de que eram alvo, não compreendendo que, ao oferecê-las, os nativos lhes estavam a dar uma oportunidade de entrarem para uma teia de obrigações recíprocas. Em vez disso, tomavam aquelas ofertas como meras transacções comerciais, ou seja, prostituição. Os

O PÓS-MODERNISMO E A ANTROPOLOGIA

registos demonstram que as mulheres eram frequentemente expulsas ao fim de pouco tempo, sem o menor sinal de pagamento em comida, roupa ou machados, previamente acordado. Um tal comportamento era à época justificável em termos da ortodoxia científica vigente (inspirada em Spencer), segundo a qual os indígenas australianos eram os sobreviventes de uma fase primária da evolução humana, estando condenados a desaparecer com a entrada em cena de uma raça superior; que eram um povo irracional em termos de pensamento que, devido ao seu modo de vida caçador-recolector, desconhecia qualquer conceito de direito sobre a propriedade. Poderá a utilização da teoria da socioecologia fazer uma injustiça semelhante à sociedade aborígene?

Se, por um lado, as implicações políticas da teoria de Spencer nos fornecem bases suficientes para a questionarmos, existem outras razões pelas quais actualmente ela não nos parece satisfatória. Com a multiplicação das teorias antropológicas ao longo dos tempos, conseguimos aperceber-nos da forma como cada uma delas nos traz uma perspectiva diferente de interpretação das nossas experiências de campo. As teorias desenvolvidas desde a época de Spencer colocam os nossos pressupostos pessoais sobre a natureza humana mais profundamente em questão, proporcionando-nos uma visão mais detalhada dos processos da vida social.

Torna-se igualmente possível verificar que a etnografia, ou escrita sobre os povos, se torna impossível sem que haja uma teoria que oriente a nossa escolha dos acontecimentos a descrever e o estilo através do qual os poderemos representar. As teorias não são neutras: são escolhidas com uma determinada finalidade, para chamar a nossa atenção e a dos leitores para aspectos da vida social e para propor a existência de ligações causais entre acontecimentos. Embora o nosso desejo possa ser apenas o de elaborar uma descrição o mais completa possível da vida social, escrevemos sempre com um propósito que, em maior ou menor grau, tem origem nos problemas do nosso tempo e espaço, bem como na nossa experiência de vida. Nunca nos deveremos esquecer de que aquilo que escrevemos pode levar a ou justificar as acções de outros no futuro. A teoria encontra-se inapelavelmente ligada à política. E quanto melhor compreendermos o seu papel na antropologia, melhor apreciaremos tanto os seus perigos como a sua utilidade.

REFERÊNCIAS BIBLIOGRÁFICAS

Abegglan, J. C. e Shack, G. (orgs.) 1985 *Kaisha, the Japanese corporation*, Nova Iorque: Basic Books.

Ahern, E. M. 1982 'Rules in oracles and games', *Man*, NS, 17: 302-12.

Ahmed, A. S. 1976 *Millenium and charisma among Pathans*, Londres: Routledge.

Altman, J. C. 1987 *Hunter-gatherers today. An Aboriginal economy in north Australia*, Camberra: Aboriginal Studies Press.

Altman, J. e Peterson, N. 1988 'Rights to Game and Rights to Cash among Contemporary Hunter-Gatherers', *in* T. Ingold, D. Riches e J. Woodburn (orgs.), *Hunters and gatherers: property, power and ideology*, Oxford: Berg, pp. 75-94.

Amadiume, I. 1993 'The mouth that spoke a falsehood will later speak the truth: going home to the field in Eastern Nigeria', *in* D. Bell, P. Caplan e W. J. Karim (orgs.), *Gendered fields: women, men and ethnography*, Londres: Routledge, pp. 182-98.

Ardener, E. 1971 'Introductory essay: social anthropology and language', *in* E. Ardener (org.), *Social anthropology and language*, Londres: Tavistock, pp. ix-cii.

Asad, T. 1972 'Market model, class-structure and consent', *Man*, 7: 74-94.

Asad, T. (org.) 1973 *Anthropology and the Colonial encounter*, Londres: Ithaca Press.

Axelrod, R. 1990 *The evolution of co-operation*, Harmondsworth: Penguin (1ª edição 1984, Nova Iorque: Basic Books).

Baker, G. P e Hacker, P. M. S. 1980 *Wittgenstein: understanding and meaning*, Oxford: Blackwell.

Baker, L., Woenne-Green, S. e a comunidade Mutitjulu 1993 'Anangu knowledge of vertebrates and the environment', *in* J. Reid, J. Kerle e S. Norton (orgs.) 1993, *Uluru fauna: the distribution and abundance of vertebrate fauna of Uluru (Ayers Rock-Mount Olga) National Park*, pp. 79-132.

Balikci, A. 1970 *The Netsilik Eskimo*, Nova Iorque: Garden City.

Barnard, A. 1989 'Nharo kinship in social and cosmological perspective: comparisons between southern African and Australian hunter-gatherers', *Mankind*, 19: 198-214.

Barnes, J. 1954 'Class and committee in a Norwegian island parish', *Human Relations*, 7: 39-58.

Barth, F. 1959a *Political leadership among Swat Pathans*, Londres: Athlone.

— 1959b 'Segmentary opposition and the theory of games', *Journal of the Royal Anthropological Institute*, 89:5-21.

— 1967a 'On the study of social change', *American Anthropologist*, 69: 661-9.

INTRODUÇÃO À TEORIA EM ANTROPOLOGIA

— 1967b 'Economic spheres in Darfur, *in* R. Firth (org.), *Themes in economic anthropology*, Londres: Tavistock, pp. 149-74.

Barthes, R. 1967 *Elements of Semiology*, Londres: Cape [*Elementos de Semiologia,* Lisboa: Edições 70, 1984].

Bell, D. 1993 'Yes Virginia, there is a feminist ethnography: reflections from three Australian fields, in D. Bell, P. Caplan e W J. Karim (orgs.), *Gendered fields: women, men and ethnography*, Londres: Routledge, pp. 28-43.

Benedict, R. 1934 *Patterns of culture*, Boston: Houghton Mifflin.

Berger, P. L. e Luckmann, T. 1966 *The social construction of reality*, Harmondsworth: Penguin.

Berreman, G. 1968 'Is anthropology alive? Social responsibility in social anthropology', *Current Anthropology*, 9:391-6.

— 1973 'The social responsibility of the anthropologist, *in* T. Weaver (org.), *To see ourselves: anthropology and modern social issues*, Glenview: Scott Foresman, pp. 8-10.

Bertalanffy, L. von 1951 'Problems of general systems theory', *Human Biology*, 23: 301-12.

Biebuyck, D. 1973 *The Lega: art, initiation and moral philosophy*, Berkeley: University of California Press.

Binford, L. 1979 'Organisation and formation processes: looking at curated technologies', *Journal of Anthropological Research*, 35: 255-73.

Blau, P. 1964 *Exchange and power in social life*, Nova Iorque: Wiley.

Bloch, M. 1983 *Marxism and anthropology: the history of a relationship*, Oxford: Clarendon.

Boas, F. 1887 'Museums of ethnology and their classification', *Science*, 9: 587-9.

— 1940a 'The limitations of the comparative method of anthropology', *in* F. Boas, *Race, language and culture*. Nova Iorque: Macmillan. pp. 270-80.

— 1940b 'The study of geography', *in* F. Boas, *Race, language and culture*, Nova Iorque: Macmillan, pp. 639-47.

— 1966 *Kwaliutl ethnography*, org. H. Codere, Chicago: University of Chicago Press.

Bohannan, P. 1963 *Social Anthropology*, Nova Iorque: Holt Rinehart.

Borgerhoff Mulder, M. 1987 'Adaptation and evolutionary approaches to anthropology', *Man*, NS, 22:25-41.

Bourdieu, P. 1977 *Outline of a Theory of Practice*, Cambridge: Cambridge University Press.

Briggs, J. L. 1970 *Never in anger: portrait of an eskimo family*, Cambridge, Mass.: Harvard University Press.

Brown, J. L. 1964 'The evolution of diversity in avian territorial systems, *Wilson Bulletin*, 76:160-9.

Buckley, W. 1967 *Sociology and modern systems theory*, Englewood Cliffs, New Jersey: Prentice-Hall.

Burnham, P. 1979 'Spatial mobility and political centralisation in pastoral societies', *in Equipe Ecologique* (org.), *Pastoral production and society*, Cambridge: Cambridge University Press, pp. 349-60.

REFERÊNCIAS BIBLIOGRÁFICAS

Burrow, J. W. 1981 *A liberal descent: Victorian historians and the English past*, Cambridge: Cambridge University Press.

Campbell, J. K. 1964 *Honour, family and patronage*, Londres: Oxford University Press.

Caplan, P. 1993 'Socialism from above in Tanzania: the view from below, *in* C. Hann (org.), *Socialism: Ideas, ideologies and local practice*, Londres: Routledge, pp. 77-91.

Carrithers, M. 1992 *Why humans have cultures: explaining anthropology and social diversity*, Oxford: Oxford University Press.

Cashdan, E. 1980 'Egalitarianism among hunters and gatherers, *American Anthropologist*, 82: 116-20.

— 1983 'Territoriality among human foragers: ecological models and an application to four bushman groups, *Current Anthropology*, 24:47-66.

Chagnon, N. 1968 *Yanomamö, the fierce people*, Nova Iorque: Holt, Rinehart and Winston.

—1982 'Sociodemographic attributes of nepotism in tribal populations: man the rule-breaker', *in* King's College Sociobiology Group (orgs.), *Current problems in sociobiology*, Cambridge: Cambridge University Press, pp. 291-318.

Clark, R. C. 1979 *The Japanese company*, Tóquio: C. E. Tuttle.

Clifford, J. 1986 'Introduction', *in* J. Clifford e G. Marcus (orgs.), *Writing culture: the poetics and politics of ethnography*, Berkeley: University of California Press, pp. 1-26.

— 1988 *The predicament of culture: twentieth-century ethnography, literature and art*, Cambridge, Mass.: Harvard University Press.

Crapanzano, V. 1986 'Hermes' dilemma: the masking of subversion in ethnographic description', *in* J. Clifford e G. E. Marcus (orgs.), *Writing culture: the poetics and politics of ethnography*, Berkeley: University of California Press, pp. 51-76.

D'Andrade, R. 1995 *The development of cognitive anthropology*, Cambridge: Cambridge University Press.

Dawkins, R. 1980 'Good strategy or evolutionarily stable strategy?' *in* G. W. Barlow e J. Silverberg (orgs.), *Socio-biology: beyond nature/nurture*, Boulder: Westview, pp. 331-67.

Derrida, J. 1976 *Of grammatology*, Baltimore: Johns Hopkins University Press.

— 1978 *Writing and difference*, Londres: Routledge.

Dinham, B. e Hines, C. 1983 *Agribusiness in Africa*, Londres: Earth Resources Research.

Douglas, M. 1966 *Purity and danger*, Londres: Routledge [*Pureza e Perigo*, Lisboa: Edições 70, 1991].

Douglas, M. e Isherwood, B. 1979 *The world of goods: towards an anthropology of consumption*, Londres: Alan Lane.

Drucker, P. e Heizer, R. F. 1967 *To make my name good: a re-examination of the southern Kwakiutl potlatch*, Berkeley: University of California Press.

INTRODUÇÃO À TEORIA EM ANTROPOLOGIA

Duffield, M. 1981 *Maiurno: capitalism and rural life in Sudan*, Londres: Ithica Press, Sudan Studies No. 5.

Dunbar, R. 1993 'Coevolution of neocortical size, group size and language in humans, *Behavioural and Brain Sciences Evolution*, 16: 681-735.

Durham, W. H. 1991 *Coevolution: genes culture and human diversity*, Stanford, Calif.: Stanford University Press.

Durkheim, E. 1915 *The elementary forms of the religious life*, Londres: Unwin.

— 1933 *The division of labour in society*, Londres: Macmillan [*A Divisão Social do Trabalho*, 2 vols., Lisboa, Presença, 1977].

— 1938 *The rules of sociological method*, Londres: Macmillan [*As Regras do Método Sociológico*, Lisboa, Presença, 1998].

Durkheim, E. e Mauss, M. 1963 *Primitive classification*, Londres: Cohen and West.

Dwyer, R D. 1985 'A hunt in New Guinea: some difficulties for optimal foraging theory', *Man*, 20:243

Dyson-Hudson, R. e Smith, E. A. 1978 'Human territoriality: an ecological reassessment, *American Anthropologist*, 80:21-41.

Eco, U. 1990 *The limits of interpretation*, Bloomington: Indiana University Press [*Os Limites da Interpretação*, Lisboa, Difel, 1993].

Elliott, C. M. 1974 'Agriculture and economic development in Africa: theory and experience 1880-1914', *in* E. L. Jones e S. J. Woolf (orgs.), *Agrarian change and economic development: the historical problems*, Londres: Methuen, pp. 123-50.

Endicott, K. 1979 *Batek negrito religion: the world view and rituais of a hunting and gathering people*, Oxford: Clarendon.

— 1988 'Property, power and conflict among the Batek of Malaysia', *in* T. Ingold, D. Riches e J. Woodburn (orgs.), *Hunters and gatherers: property, power and ideology*, Londres: Berg, pp. 110-27.

Epstein, A. L. 1958 *Politics in an urban African community*, Manchester: Manchester University Press, para o Rhodes-Livingstone Institute.

Erasmus, C. J. 1955 'Culture, structure and process: the occurrence and disappearance of reciprocal farm labour', *Southwestern Journal of Anthropology*, 12:444-69.

Evans-Pritchard, E. E. 1940a *The Nuer*, Oxford: Clarendon.

— 1940b 'The Nuer of the southern Sudan', *in* M. Fortes e E. E. Evans-Pritchard (orgs.), *African political systems*, pp 272-96.

— 1950a 'Kinship and the local community among the Nuer', *in* A. R. Radcliffe-Brown e D. Forde (orgs.), *African systems of kinship and marriage*, pp. 360-91.

— 1950b 'Anthropology and history', Man, 1950: 118-24.

— 1951 *Kinship and marriage among the Nuer*, Oxford: Clarendon.

— 1976 *Witchcraft, oracles and magic among the Azande*, Oxford: Clarendon.

Feit, H. 1983 'Negotiating recognition of aboriginal rights: history, strategies and reactions to the James Bay and Northern Quebec agreement', *in* N. Peterson

REFERÊNCIAS BIBLIOGRÁFICAS

e M. Langton (orgs.), *Aborigines, land and land rights*, Canberra: Australian Institute of Aboriginal Studies, pp. 416-38.

Fichter, J. H. 1957 *Sociology*, Chicago: University of Chicago Press.

Firth, R. 1929 *Primitive economics of the New Zealand Maori*, Londres: Routledge.

— 1936 *We, the Tikopea: a sociological study of kinship in primitive Polynesia*, Londres: Unwin.

— 1939 *Primitive Polynesian economy*, Londres: Routledge.

— 1954 'Social organisation and social change', *Journal of the Royal Anthropological Institute*, 84: 1-20.

— 1955 'Some principies of social organisation', *Journal of the Royal Anthropological Institute*, 85: 1-18.

Fortes, M. 1940 'The political system of the Tallensi of the northern territories of the Gold Coast, in M. Fortes e E. E. Evans-Pritchard (orgs.), *African political systems*, pp. 239-71.

— 1945 *The dynamics of clanship among the Tallensi*, Londres: Oxford University Press for the International African Institute.

— 1949a 'Time and the social structure: an Ashanti case study', in M. Fortes (org.), *Social structure: studies presented to A. R. Radcliffe-Brown*, Oxford: Clarendon, reimpresso em M. Fortes, 1970, *Time and the social structure, and other essays*, Londres: Athlone, pp. 1-32.

— 1949b *The web of kinship among the Tallensi*, Londres: Oxford University Press for the International African Institute.

— 1950 'Kinship and marriage among the Ashanti', *in* A. R. Radcliffe-Brown e D. Forde (orgs.), *African systems of kinship and marriage*, pp. 252-84.

Fortes, M. e E. E. Evans-Pritchard (orgs.) 1940 *African political systems*, Londres: Oxford University Press for the International African Institute.

Foucault, M. 1972 *The archaeology of knowledge*, Londres: Tavistock.

Fox, R. G. 1971 *Kin, clan, raja and rule*, Berkeley: University of Califomia Press.

Frake, C. O. 1961 'The diagnosis of disease among the Subanam of Mindanao, *American Anthropologist*, 63: 113-32.

Friedman, J. 1975 'Tribes, states and transformations, *in* M. Bloch (org.), *Marxist Analyses and social anthropology*, Londres: Malaby, pp. 161-202.

Ganesh, K. 1993 'Breaching the wall of difference: fieldwork and a personal journey to Srivaikuntam, Tamil Nadu', *in* D. Beil, P. Caplan e W. J. Karim (orgs.), *Gendered fields: women, men and ethnography*, Londres: Routledge, pp. 128--42.

Garfield, V. e Wingert, P. S. 1966 *The Tsimshian Indians and their arts*, Seattle: University of Washington Press.

Geertz, C. 1973a 'Thick description: towards an interpretive theory of culture', *in* C. Geertz, *The interpretation of culture*, Londres: Hutchinson, pp. 3-30.

— 1973b 'Deep play: notes on the Balinese cockfight', *in* C. Geertz, *The interpretation of culture*, Londres: Hutchinson, pp. 412-53.

— 1988 *Works and lives: the anthropologist as author*, Stanford, Calif.: Stanford University Press.

INTRODUÇÃO À TEORIA EM ANTROPOLOGIA

Gennep, A. van 1960 *The rites of passage*, Londres: Routledge.

Giddens, A. 1979 *Central problems in social theory: action, structure and contradiction in social analysis*, Londres: Macmillan.

Glickman, M. 1971 'Kinship and credit among the Nuer', *Africa*, 41:306--19.

Gluckman, M. 1955 *The judicial process among the Barotze of northern Rhodesia*, Manchester: Manchester University Press for the Rhodes-Livingstone Institute.

— 1970 *Custom and conflict in Africa*, Oxford: Blackwell.

Godelier, M. 1972 *Rationality and irrationality in economics*, Nova Iorque: Monthly Review Press.

— 1974 'On the definition of a social formation: the example of the Incas, *Critique of Anthropology*, 1: 63-73.

— 1975 'Modes of production, kinship and demographic structures', *in* M. Bloch (org.) *Marxist analyses and social anthropology*, Londres: Malaby, pp. 3--27.

— 1977 *Perspectives in Marxist anthropology*, Cambridge: Cambridge University Press.

Goldschmidt, W. 1979, 'A general model for pastoral social systems', *in* Equipe Ecologique (org.), *Pastoral production and society*, Cambridge: Cambridge University Press, pp. 15-28.

Gombrich, E. 1960 *Art and illusion*, Londres: Phaidon.

Goodenough, W. H. 1965 'Rethinking «status» and «role»: toward a general model of the cultural organisation of social relationships, *in* M. Banton (org.), *The relevance of models for social anthropology*, Londres: Tavistock.

Goody, J. 1977 *The domestication of the savage mind*, Cambridge: Cambridge University Press.

— 1983 *The development of the family and marriage in Europe*, Cambridge: Cambridge University Press.

— 1987 *The interface between the oral and the written*, Cambridge: Cambridge University Press.

Gould, J. 1989 *Herodotus*, Londres: Weidenfeld and Nicolson.

Gower, B. 1997 *Scientific method: an historical and philosophical introduction*, Londres: Routledge.

Grillo, R. 1985 'Applied anthropology in the 1980s: retrospect and prospect', in R. Grillo and A. Rew (orgs.), *Social anthropology and development policy*, Londres: Tavistock, pp. 1-36.

— 1991 Trabalho apresentado na conferência anual da Association of Social Anthropologists. Uma versão revista vem indicada em baixo como Grillo 1993.

— 1993 'The construct of "Africa" *in* "African Socialism", *in* C. Hann (org.), *Socialism: ideals, ideologies and local practices*, Londres: Routledge, pp. 59-76.

Hames, R. B. e Vickers, W. 1982 'Optimal diet breadth theory as a model to explain variability in Amazonian hunting', *American Ethnologist*, 9: 359-78.

Hamilton, W. D. 1964 'The evolution of social behaviour', *Journal of Theoretical Biology*, 12:1-52.

REFERÊNCIAS BIBLIOGRÁFICAS

Harako, R. 1981 'The cultural ecology of hunting behaviour among Mbuti pygmies', *in* R. V. 0. Harding e G. Teleki (orgs.), *Omnivorous primates: gathering and hunting in human evolution*, Nova Iorque: Columbia University Press, pp. 499-555.

Harris, M. 1979 *Cultural materialism: the struggle for a science of culture*, Nova Iorque: Random House.

Hart, C. W. W. e Pilling, A. 1966 *The Tiwi of north Australia*, Nova Iorque: Holt, Rinehart and Winston.

Hawkes, K., Hill, K. e O'Connell, J. F. 1982 'Why hunters gather: optimal foraging and the Ache of eastern Paraguay', *American Ethnologist*, 9: 379-98.

Hedeager, L. 1992 *Iron Age societies: from tribe to state in northern Europe, 500BC to AD700*, Oxford: Blackwell.

Heródoto 1954 *The Histories*, Harmondsworth: Penguin. [*Histórias – livro 1º*, Lisboa, Edições 70, 1994; *Histórias – livro 3º*, Lisboa, Edições 70, 1997; *Histórias – livro 6º*, Lisboa, Edições 70, 2000].

Hertz, R. 1960 *The pre-eminence of the right hand*, trans. R. and C. Needham, Londres: Cohen and West.

Hill, C. 1958 *Puritanism and revolution*, Londres: Secker and Warburg.

Hobbes, T., 1970 *Leviathan, or the matter, form, and power of a commonwealth, ecclesiastical and civil*, Londres: Dent [*Leviatã*, Lisboa INCM, 1995].

Hobsbawm, E. J. 1964, 'Introduction', *in* K. Marx, *Pre-capitalist economic formations*, pp. 9-65.

Hymes, D. 1974 'The uses of anthropology: critical, political, personal', *in* D. Hymes (org.), *Reinventing anthropology*, Nova Iorque: Random House, pp. 3-79.

Irons, W. 1979 'Investment and primary social dyads', *in* N. Chagnon e W. Irons (orgs.), *Evolutionary biology and human social behaviour*, North Scituate, Mass.: Duxbury, pp. 181-213.

Jakobson, R. e Halle, M. 1956 *Fundamentals of language*, 'S-Gravenhage: Mouton.

Jones, R. 1980 'Hunters in the Australian coastal savanna', *in* D. R. Harris (org.), *Human ecology in Savanna environments*, Londres: Academic Press, pp. 107-46.

Jones, R. e Mechan, B. 1989 'Plant foods of the Gidjingali: ethnographic and archaeological perspectives from northern Australia on tuber and seed exploitation', *in* D. Harris e G. Hillman (orgs.), *Foraging and farming: the evolution of plant exploitation*, Londres: Unwin, pp. 120-35.

Kaberry, P. 1957 'Myth and ritual: some recent theories', *Bulletin of the Institute of Classical Studies, University of London*, 4:42-54.

Kaplan, H. e Hill, K. 1985 'Food sharing among Ache foragers: tests of explanatory hypotheses", *Current Anthropology*, 26: 223-46.

Keen, I. 1982 'How some Murngin men marry ten wives', *Man*, 17:620-42.

— 1994 *Knowledge and secrecy in an Aboriginal religion*, Oxford: Clarendon.

Kenyatta, J. 1968 *Suffering without bitterness*, Nairóbi: East African Publishing House.

INTRODUÇÃO À TEORIA EM ANTROPOLOGIA

Krebs, J. R. e Davis, N. B. 1984 *Behavioural ecology: an evolutionary approach*, 2ª edição, Oxford: Blackwell.

Kuper, A. 1983 *Anthropology and anthropologists: the modern British School*, Londres: Routledge.

— 1988 *The invention of primitive society: transformations of an illusion*, 2ª edição, Londres: Routledge.

Lawrence, W E. e Murdock, C. P. 1949 'Murngin social organisation', *American Anthropologist*, 51: 58-65.

Layton, R. 1986 'Political and territorial structures among hunter-gatherers', *Man*, 21: 18-33.

— 1989a 'Are sociobiology and social anthropology compatible? The significance of sociocultural resources in human evolution', *in* V. Standen e R. Foley (orgs.), *Comparative socioecology: the behavioural ecology of mammals and man*, Oxford: Blackwell, pp. 433-55.

— 1989b 'Introduction', *in* R. Layton (org.), *Conflict in the archaeology of living traditions*, Londres: Unwin, pp. 1-21.

Layton, R., Foley, R. e Williams, E. 1991 'The transition between hunting and gathering and the specialized husbandry of resources', *Current Anthropology*, 32: 255-74.

Leach, E. R. 1954 *Political systems of highland Burma*, Londres: Athlone.

— 1961a 'Rethinking anthropology', *in* E. R. Leach, *Rethinking anthropology*, Londres: Athlone, pp. 1-27.

— 1961b'The structural implications of cross-cousin marriage', *in* E. R. Leach, *Rethinking anthropology*, Londres: Athlone, pp. 54-104.

— 1976 *Culture and communication: the logic by which symbols are connected. An introduction to the use of structuralist analysis in social anthropology*, Cambridge: Cambridge University Press [*Cultura e Comunicação*, Lisboa, Edições 70, 1992].

Lee, R.B. 1968 'What hunters do for a living, or How to make out on scarce resources', *in* R. B. Lee e I. DeVore (orgs.), *Man the hunter*, Chicago: Aldine, pp. 30-48.

1979 *The!Kung San: men, women and work in a foraging society*, Cambridge: Cambridge University Press.

Lefébure, C. 1979 'Introduction, *in* Equipe écologie et anthropologie des sociétés pastorales (orgs.), *Pastoral production and society*, Cambridge: Cambridge University Press, pp. 1-14.

Lévi-Strauss, C. 1952 'Social structure', *in* A. L. Kroeber (org.), *Anthropology today*, Chicago: Chicago University Press, pp. 524-53.

— 1960 *Entretiens avec Claude Lévi-Strauss*, org. G. Charbonnier, Paris: Plon.

—1963 *Structural anthropology*, Nova Iorque: Basic Books (reeditado com o título *Structural anthropology I*).

— 1966 *The savage mind*, Londres: Weidenfeld and Nicolson.

— 1969 *The elementary structures of kinship*, trad. J. H. Bell and J. R. von Sturmer, Londres: Eyre and Spottiswoode.

1970 *The raw and the cooked: introduction to a science of mythology*, Londres: Cape.

REFERÊNCIAS BIBLIOGRÁFICAS

— 1973 *From honey to ashes*, Londres: Cape.

Linton, R. 1936 *The study of man*, Nova Iorque: Appleton-Century-Crofts.

Lounsbury, F. G. 1964 'A formal account of the Crow- and Omaha-type kinship terminologies', *in* W. H. Goodenough (org.). *Explorations in cultural Anthropology*, Nova Iorque: McGraw-Hill, pp. 351-93.

Lukes, S. 1973 *Emile Durkheim, his life and work: a historical and critical study*, Harmondsworth: Penguin.

MacDougall, H. A. 1982 *Racial myth in English history*, Londres: University Press of New England.

Malinowski, B. 1922 *Argonauts of the Western Pacific: an account of native enterprise and adventure in the archipelagoes of Melanesian New Guinea*, Londres: Routledge.

— 1929 *The sexual life of savages*, Londres: Routledge.

— 1947 *Freedom and civilisation*, Londres: Unwin.

— 1954 *Magic, science and religion*, Nova Iorque: Doubleday [*Magia, Ciência e Religião*, Lisboa, Edições 70, 1988].

— 1967 *A diary in the strict sense of the term*, Londres: Routledge.

Marshall, L. 1976 'Sharing, talking and giving: relief of social tensions among the !Kung', *in* R. B. Lee e I. DeVore (orgs.), *Kalahari hunter-gatherers: studies of the !Kung San and their neighbours*, Cambridge, Mass.: Harvard University Press, pp. 350-71.

Marx, K. 1930 *Capital (volume 1)*, Londres: Dent [*O Capital*, Lisboa, Editorial Avante, 1990].

— 1964 *Pre-capitalist economic formations*, Nova Iorque: International Publishers.

— 1971 *A contribution to the critique of political economy*, Nova Iorque: International Publishers.

— 1973 *Grundrisse*, trad. M. Nickolaus, Harmondsworth: Penguin.

Marx, K. and Engels, F. 1967 *The communist manifesto*, Harmondsworth: Penguin [*O Manifesto Comunista*, Editorial Avante, 1975].

— 1970 *The German ideology (part one)*, Londres: Lawrence and Wishart.

Mauss, M. 1965 *The gift: forms and functions of exchange in archaic societies*, Londres: Cohen and West [*Ensaio sobre a Dádiva*, Lisboa, Edições 70, 1988, 2ª ed. 2001].

Mayer, A. 1966 'The signfficance of quasi-groups in the study of complex societies', *in* M. Banton (org.), *The social anthropology of complex societies*, Londres: Tavistock, pp. 97-122.

Maynard Smith, J. 1982 *Evolution and the theory of games*, Cambridge: Cambridge University Press.

McCarthy, F. e McArthur, M. 1960 'The food quest and the time factor in Aboriginal economic life', *in* C. P. Mountford (org.), *Records of the Australian--American Scientific Expedition to Arnhem Land, vol. 2: anthropology and nutrition*, Melbourne: Melbourne University Press.

McLeod, M. 1981 'The Ashanti', Londres: British Museum Publications.

Mead, M. 1928 *Coming of age in Samoa*, Londres: Cape.

INTRODUÇÃO À TEORIA EM ANTROPOLOGIA

Meillassoux, C. 1964 *L'Anthropologie économique des Gouro de Côte d'Ivoire*, Paris: Mouton.

Moore, H. 1986 *Space, text and gender: an anthropological study of the Marakwet of Kenya*, Cambridge: Cambridge University Press.

Morphy, H. 1978 'Rights in paintings and rights in women: a consideration of the basic problems posed by the asymmetry of the Murngin system', *Mankind*, 11(3): 208-19.

— 1984 *Journey to the crocodile's nest*, Camberra: Aboriginal Studies Press.

— 1991 *Ancestral connections: art and an Aboriginal system of knowledge*, Chicago: Chicago University Press.

Murphy, R. F. 1977 'Introduction: the anthropological theories of Julian H. Steward', *in* J. C. Steward e R. F. Murphy (orgs.), *Evolution and ecology: essays on social transformation*, Urbana: University of Illinois Press, pp. 1-39.

Myers, F. 1986 'Always ask: resource use and land ownership among Pintupi Aborigines of the Australian Western Desert', *in* N. Williams e E. Hunn (orgs.), *Resource managers: North American and Australian hunter-gatherers*, Camberra: Aboriginal Studies Press, pp. 173-96.

— 1988 'Burning the truck and holding the country: time and the negotiation of identity among Pintupi Aborigines', *in* T. Ingold, D. Riches e J. Woodburn (orgs.), *Hunters and gatherers: property, power and ideology*, Oxford: Berg, pp. 52-74.

Narayan, K. 1993 'On nose cutters, gurus and story tellers', *in* R. Rosaldo, S. Lavie e K. Narayan (orgs.), *Creativity/Anthropology*, Ithaca: Corneu University Press, pp. 30-53.

Needham, R. 1963 'Introduction', *in* E. Durkheim e M. Mauss, *Primitive Classification*, pp. vii-xlvii.

1974 *Remarks and inventions: skeptical essays about kinship*, Londres: Tavistock.

Neumann, J. von and Morgenstern, O. 1953 *Theory of games and economic behaviour*, Princeton, N. J.: Princeton University Press.

O'Connell, J. e Hawkes, K. 1981 'Alyawara plant use and optimal foraging theory', *in* B. Winterhalder e E. A. Smith (orgs.), *Hunter-gatherer foraging strategies. Ethnographic and archaeological analyses*, Chicago: University of Chicago Press, pp. 99-125.

Odling-Smee, J. 1995 'Biological evolution and cultural change', *in* E. Jones e V. Reynolds (orgs.), *Survival and religion: biological evolution and cultural change*, Nova Iorque: Wiley, pp. 1-43.

O'Hanlon, M. 1989 *Reading the skin: adornment, display and society among the Wahgi*, Londres: British Museum Publications.

— 1995 'Modernity and the "graphicalization" of meaning: New Guinea Highland shield design in historical perspective', *Journal of the Royal Anthropological Institute*, NS, 1: 469-93.

Ong, W. 1982 *Orality and literacy: the technologising of the world*, Londres: Methuen.

Ostrom, E. 1990 *Governing the commons: the evolution of institutions for collective action*, Cambridge: Cambridge University Press.

REFERÊNCIAS BIBLIOGRÁFICAS

Panter-Brick, C. 1993 'Seasonal organisation of work patterns', *in* S. J. Ulijaszek e S. S. Strickland (orgs.), *Seasonality and human ecology*, Cambridge: Cambridge University Press, pp. 220-34.

Parry, J. P. 1979 *Caste and kinship in Kangra*, Londres: Routledge.

Pinker, S. 1994 *The language instinct*, Nova Iorque: William Morrow.

Polanyi, K. 1945 *Origins of our time: the great transformation*, Gollancz (1ª edição 1944, Nova Iorque: Holt, Rinehart e Winston; as páginas citadas referem--se à edição britânica).

— 1957 'The economy as instituted process, *in* K. Polanyi, C. M. Arensberg e H. W. Pearson (orgs.), *Trade and market in the early empires*, Nova Iorque: Free Press, pp. 243-70.

Pospisil, L. 1963 *Kapauku Papuan economy*, Newhaven: Yale University Press.

Puttnam, H. 1995 *Pragmatism, an open question*, Oxford: Blackwell.

Quine, W. V. O. 1960 *Word and object*, Cambridge, Mass.: MIT Press.

Rabinow, P. 1977 *Reflections on fieldwork in Morocco*, Berkeley: University of California Press.

Radcliffe-Brown, A. R. 1930-1 'The social organisation of Australian tribes', *Oceania*, 1: 34-63, 206-46, 322-41, 426-56. — 1940a 'On socialstructure', *Journal of the Royal Anthropological Institute*, 70; reprinted in Radcliffe-Brown 1952, pp. 188-204.

— 1940b 'Preface', *in* M. Fortes e E. E. Evans-Pritchard (orgs.), *African political systems*, pp. xi-xxiii.

— 1950 'Introduction', *in* A. R. Radcliffe-Brown e D. Forde (orgs.), *African systems of kinship and marriage*, pp. 1-85.

— 1951 'Murngin social organisation, *American Anthropologist*, 53: 37-55.

— 1952 *Structure and function in primitive society*, Londres: Cohen and West [*Estrutura e Função nas Sociedades primitivas*, Lisboa, Edições 70, 1989].

Radcliffe-Brown, A. R. e Forde, D. (orgs.), 1950 *African systems of kinship and marriage*, Londres: Oxford University Press for the International African Institute.

Raharijoana, V. 1989 'Archaeology and oral traditions in the Mitongoa--Andrainjato area (Betsfleo region of Madagascar), *in* R. Layton (org.), *Who needs the past: indigenous values and archaeology*, Londres: Unwin, pp. 189--94.

Reid, I., Kerie, J. e Norton, S. (orgs.), 1993 *Uluru fauna: the distribution and abundance of vertebrate fauna of Uluru (Ayers Rock-Mount Olga) National Park*, Canberra: Australian National Parks Service.

Reynolds, H. 1982 *The other side of the frontier: Aboriginal resistance to the European invasion of Australia*, Melbourne: Penguin.

Richardson, A. 1986 'The control of productive resources on the Northwest coast of North America', *in* N. Williams e E. Hunn (orgs.), *Resource managers: North American and Australian hunter-gatherers*, Camberra: Aboriginal Studies Press, pp. 93-112.

Ricoeur, P. 1979 'The model of the text: meaningful action considered as a

INTRODUÇÃO À TEORIA EM ANTROPOLOGIA

text', *in* P. Rabinow e W. M. Sullivan (orgs.), *Interpretive social science, a reader*, Berkeley: University of California Press, pp. 73-101.

Ridley, M. 1996 *The origins of virtue*, Londres: Viking. Robertson, J. 1985 *Future work: jobs, self-employment and leisure after the industrial age*, Aldershot: Gower/Temple Smith.

Rogers, E. S. e Black, M. B. 1976 'Subsistence strategy in the fish and hare period, northern Ontario: the Weagamow Ojibwa, 1880-1920', *Journal of Anthropological Research*, 32:1-43.

Rosaldo, R. 1986 'From the door of his tent: the fieldworker and the inquisitor', *in* J. Clifford e G. E. Marcus (orgs.), *Writing culture: the poetics and politics of ethnography*, Berkeley: University of California Press, pp. 77-97.

Rosman, A. e Ruebel, P. 1971 *Feasting with mine enemy: rank and exchange among Northwest Coast societies*, Nova Iorque: Columbia University Press.

Ross, E. B. 1980 'Patterns of diet and forces of production: an economic and ecological history of the ascendancy of beef in the United States', *in* E. B. Ross (org.), *Beyond the myths of culture: essays in cultural materialism*, Nova Iorque: Academic Press.

Rousseau, J. J. 1963 *The social contract and discourses*, org. G. D. H. Cole, Londres: Dent.

Rowlands 1979 'Local and long distance trade and incipient state formation on the Bamenda plateau in lhe late 19th Century, *Paideuma*, 25: 1-19.

Safa, H. I. 1974 *The urban poor of Puerto Rico*, Nova Iorque: Holt Rinehart.

Sahlins, M. 1963 'Poor man, big-man, rich man, chief: political types in Melanesia and Polynesia', *Comparative studies in societv and history*, 5: 285-303.

— 1974 *Stone age economics*, Londres: Tavistock.

— 1976a *Culture and Practical Reason*, Chicago: University of Chicago Press.

— 1976b *The use and abuse of biology: an anthropological critique of sociobiology*, Ann Arbor, Michigan: University of Michigan Press.

— 1985 *Islands of History*, Chicago: Chicago University Press.

Said, E. 1978 *Orientalism*, Londres: Routledge.

Sanderson, S. K. 1990 *Social evolutionism, a critical history*, Oxford: Blackwell.

Sarup, M. 1989 *An introductory guide to post-structuralism and postmodernism*, Athens: University of Georgia Press.

Saussure, F. de 1959 *Course in general linguistics*, Londres: Owen [*Curso de Linguística Geral*, Lisboa, D. Quixote, 1999].

Schutz, A. 1972 *The phenomenology of the social world*, Londres: Heinemann

Scott, J. 1976 *The moral economy of the peasant: rebellion and subsistence in Southeast Asia*, New Haven: Yale University Press.

Searle, J. R. 1969 *Speech acts: an essay in the philosophy of language*, Cambridge: Cambridge University Press [*Os Actos de Fala*, Coimbra, Almedina, 1984].

Seligman, C. G. 1910 *The Melanesians of British New Guinea*, Cambridge: Cambridge University Press.

REFERÊNCIAS BIBLIOGRÁFICAS

Service, E. R. 1962 *Primitive social organisation: an evolutionary perspective*, Nova Iorque, Random House.

Sherman, P. 1980 'The limits of ground squirrel nepotism', *in* G. B. Barlow e J. Silverberg (orgs.), *Sociobiology: beyond nature/nurture*, Boulder, Colorado: Westview, pp. 505-44.

Smith, A. 1976 [1776] *An enquiry into the nature and causes of the wealth of nations*, Oxford: Clarendon [*Riqueza das Nações*, 2 vols., Lisboa, INCM].

Smith, E. A. 1983 'Anthropological applications of optimal foraging theory: a critical review', *Current Anthropology*, 24:625-51.

— 1988 'Risk and uncertainty in the "original affluent society": evolutionary ecology of resource-sharing and land tenure', *in* T. Ingold, D. Riches e J. Woodburn (orgs.), *Hunters and gatherers: history, evolution and social change*, Londres: Berg, pp. 222-51.

— 1991 *Inujjuamiut foraging strategies: evolutionary ecology of an arctic hunting economy*, Nova Iorque: Aldine de Gruyter.

Spencer, B. e Gillen, F. J. 1899 *The native tribes of central Australia*, Londres: Macmillan.

Spencer, H. 1972 *Herbert Spencer on social evolution: selected writings*, org. J. D. Y. Peel, Chicago: University of Chicago Press.

Spencer, P. 1965 *The Samburu: a study of gerontocracy in a nomadic tribe*, Londres: Routledge.

— 1973 *Nomads in alliance: symbiosis and growth among the Rendille and Samburu of Kenya*, Londres: Oxford University Press.

Steward, J. H. 1936 'The economic and social basis of primitive bands', *in* R. H. Lowie (org.), *Essays on anthropology in honour of Alfred Louis Kroeber*, Berkeley: University of California Press, pp. 311-50.

— 1938 *Basin-Plateau Aboriginal sociopolitical groups*, Bureau of American Ethnology, Builetin 120, Washington: Smithsonian Institution.

— 1977a 'Evolutionary principies and social types', *in* J. H. Steward, *Evolution and ecology: essays on social transformation*, org. J. C. Steward e R. F. Murphy, Urbana: University of Illinois Press, pp. 68-86.

— 1977b 'The evolution of prefarming societies', *in* J. H. Steward, *Evolution and ecology: essays on social transformation*, org. J. C. Steward e R. F. Murphy, Urbana: University of Illinois Press, pp. 103-27.

— 1977c 'The foundations of Basin-Plateau Shoshonean society', *in* J. H. Steward, *Evolution and ecology: essays on social transformation*, org. J. C. Steward e R. F. Murphy, Urbana: University of Illinois Press, pp. 366-406.

Stocking, G. W. 1982 'Introduction: the basic assumptions of Boasian anthropology', *in* G. W. Stocking (org.), *A Franz Boas reader*, Chicago: University of Chicago Press, pp. 1-20.

— 1986 'Essays on culture and personality', *in* G. W. Stocking (org.), *Malinowski, Rivers, Benedict and others: essays on culture and personality*, Madison: University of Wisconsin Press, pp. 3-12.

Strehlow, C. 1907-20 *Die Aranda- und Loritja-stämme in zentral Australien*, publicado em cinco partes, Frankfurt: Veröffentlichungen des Frankfurter Museums für Volkerkunde.

INTRODUÇÃO À TEORIA EM ANTROPOLOGIA

Tácito, C. 1985 *The Agricola and the Germania*, Harmondsworth: Penguin.

Terray, E. 1972 *Marxism and 'primitive' societies*, Nova Iorque: Monthly Review Press.

Tertre, J. B. du 1992 'Jean Baptiste du Tertre and the Noble Savages', *in* P. Hulme e N. Whitehead (orgs.), *Wild majesty*, Oxford: Clarendon, pp. 128-37.

Trigger, B. 1989 *A history of archaeological thought*, Cambridge: Cambridge University Press.

Trivers, R. 1985 *Social evolution*, Menlo Park: Benjamin/Cummins.

Turnbull, C. 1965 *Wayward servants: the two worlds of the African pygmies*, Westport: Greenwood. Turner, V. W. 1990 'Are there any universals of performance in myth, ritual and drarna?' *in* R. Schechner e W. Appel (orgs.), *By means of performance: intercultural studies of theatre and ritual*, Cambridge: Cambridge University Press, pp. 8-13.

Twagiramutara, P. 1989 'Archaeological and anthropological hypotheses concerning the origin of ethnic divisions in sub-Saharan Africa', *in* R. Layton (org.), *Conflict in the archaeology of living traditions*, Londres: Unwin, pp. 88--96.

Tylor, S. 1986 'Post-modern ethnography: from the document of the occult to occult document, *in* J. Clifford e G. E. Marcus (orgs.), *Writing culture: the poetics and politics of ethnography*, Berkeley: University of California Press, pp. 122-40.

Verdon, M. 1982 'Where have all the lineages gone? Cattle and descent among the Nuer', *American Anthropologist*, 84:566-79.

Waal, A. de 1989 *Famine that kills*, Oxford: Clarendon.

— 1994 'Genocide in Rwanda, *Anthropology Today*, 10: 1-2.

Waal, F. de 1982 *Chimpanzee politics: power and sex among apes*, Baltimore: Johns Hopkins University Press.

Warner, W. L. 1958 [1937] *A black civilisation*, Nova Iorque: Harper and Row.

Watson, R. A. 1991 'What the new archaeology has accomplished, *Current Anthropology*, 32: 275-592.

Watson, W. 1958 *Tribal cohesion in a money economy*, Manchester: Manchester University Press.

Weber, M. 1930 *The Protestant Ethic and the Spirit of Capitalism*, Londres: Unwin [*A Ética Protestante e o Espírito do Capitalismo*, Lisboa, Presença].

— 1947 *The theory of social and economic organisation*, Londres: Hedge and Co.

Weiner, A. 1976 *Women of value, men of renown: new perspectives in Trobriand exchange*, Austin: University of Texas Press.

White, I. 1981 'Mrs.Bates and Mr.Brown: an examination of Rodney Needham's allegations', *Oceania*, 52: 193-210.

White, L.A. 1943 'Energy and the evolution of culture', *American Anthropologist*, 45: 335-56. 1949 *The science of culture: a study of man and civilisation*, Nova Iorque: Farrar, Straus and Giroux.

Whitehead, N. L. 1995 'The historical anthropology of text: the interpretation of Raleigh's *Discoverie of Guiana'*, *Current Anthropology*, 36: 53-74.

REFERÊNCIAS BIBLIOGRÁFICAS

Whorf, B. L. 1956 *Language, thought and reality: selected writings of Benjamin Lee Whorf*, org. J. B. Carroll, Nova Iorque: Wiley.

Wiessner, P. 1982 'Risk, reciprocity and social influences on !Kung San economics', *in* E. Leacock e R. Lee (orgs.), *Politics and history in band societies*, Cambridge: Cambridge University Press, pp. 61-84.

Wilder,W. 1971 'Purum descent groups: some vagaries of method, *in* R. Needham (org.), *Rethinking kinship and marriage*, Londres: Tavistock, pp. 203--18.

Wilkinson, G. 1984 'Reciprocal food sharing in the vampire bat, *Nature*, 308: 181-4.

Williams, N. e Baines, G. (orgs.) 1993 *Traditional ecological knowledge; wisdom for sustainable development*, Camberra: Aboriginal Studies Press.

Winterhalder, B. 1981 'Foraging strategies in the Boreal forest: an analysis of Cree hunting and gathering', *in* B. Winterhalder e E. Alden Smith (orgs.), *Hunter-gatherer foraging strategies: ethnographic and archaeological analyses*, Chicago: Chicago University Press, pp. 66-98.

Winterhalder, B. e Goland, C. 1993 'On population, foraging efficiency and plant domestication, *Current Anthropology*, 34: 710-15.

Wolf, E. 1982 *Europe and the people without history*, Berkeley: University of California Press.

Woodburn, J. 1968 'An introduction to Hadza ecology', *in* R. B. Lee e I. de Vore (orgs.), *Man the hunter*, Chicago: Aldine, pp. 49-55.

— 1982 'Egalitarian societies', *Man*, 17: 431-51.

Worseley, P. 1956 'The kinship system of the Tallensi: a revaluation', *Journal of the Royal Anthropological Institute*, 86: 37-73.

Worth, S. e Adair, J. 1972 *Through Navajo eyes: an exploration in film communication and anthropology*, Bloomington: Indiana University Press.

Wouden, F. A. E. van 1968 [1935] *Types of social structure in Eastern Indonesia*, Haia: Nijhoff.

ÍNDICE

Nota sobre o texto 9

CAPÍTULO I
A ideia de sistema social 11

CAPÍTULO II
O funcionalismo 45

CAPÍTULO III
O estruturalismo 89

CAPÍTULO IV
As teorias interaccionistas 133

CAPÍTULO V
A antropologia marxista 169

CAPÍTULO VI
A socioecologia 209

CAPÍTULO VII
O pós-modernismo e a Antropologia 245

Referências bibliográficas 287

Índice 303

Impressão e acabamento
da
CASAGRAF - Artes Gráficas Unipessoal, Lda.
para
EDIÇÕES 70, LDA.
Outubro de 2001